ke Kitajima

Tadahito Iguchi

Mari Motohashi

Yuta Tabuse

Hiroyuki Tomita

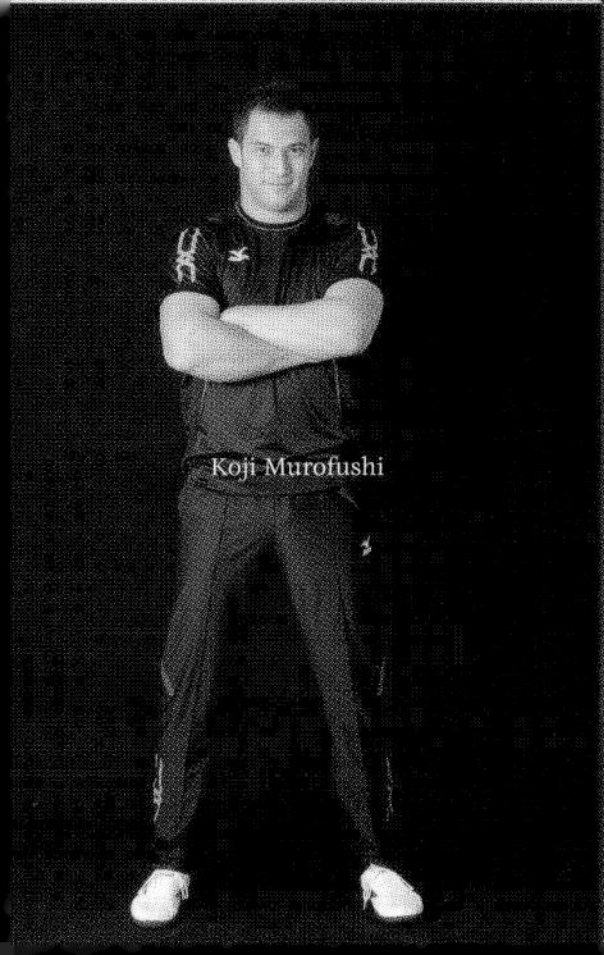
Koji Murofushi

Fumie Suguri

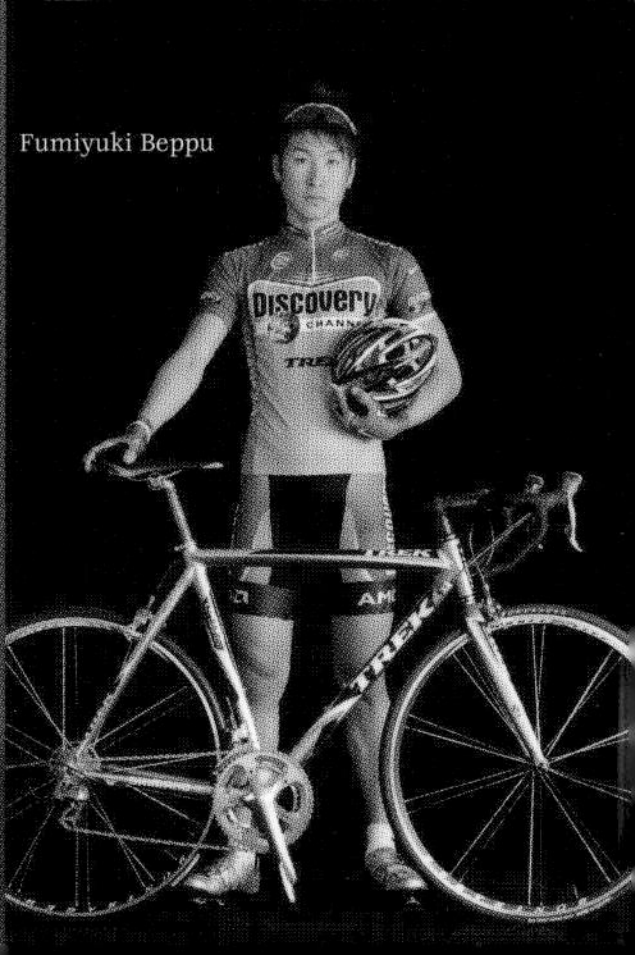
Fumiyuki Beppu
Discovery

トップアスリート

小松成美

扶桑社

邂逅《かいこう》

躍動するアスリートたちの肉体は時に雄弁だ。苦痛に耐え、自らの力を誇示し、未知の領域へ挑み、やがて歓喜に震える。

私はその姿に触れるたび、途轍《とてつ》もなく熱い固まり〈感情〉を抱えることになる。

なぜ人は肉体を鍛え上げるのか。

なぜ人は極限状態に向かって走るのか。

なぜ人は孤独な戦いに向かうのか。

なぜ人は勝利を信じることができるのか。

そうした思いが螺旋《らせん》になって体を貫き、気がつけば涙を流していたこともあった。思わず、その選手の名を叫んでいたこともあった。

スポーツは渾身で戦うことの尊さを教え、常に未来への希望を培ってくれた。勝敗の先にある感動は、自分がこの世界に存在する証《あかし》であり、前へと進むエネルギーとなった。

私は、選手たちが生み出すドラマの目撃者となりたい、その場面《シーン》を克明に文字で綴りたい、と願い続けてきた。未踏の頂を目指すトップアスリートたちを取材し、そこにある真実を伝えたいという思いこそが、スポーツノンフィクションというジャンルへの取り組みのスタートだった。

私にとってスポーツは、人生を豊かにし、また魂の高揚を誘う大切な「機会」に他ならなかった。

ピッチの上に立つとどんな光景が見えるのか。

フィールドに吹く風は、何を運んでくるのか。

勝者と敗者を分けた瞬間はいつなのか。

世界一、日本一という称号は、いったい何をもたらしたのか。

アスリートに聞けば、そこにはいつも明快な答えがあった。勝利という快楽、支えてくれた家族や友人への感謝、さらに自己を高めたいと勇む心。アスリートの真摯《しんし》で率直な思いを耳にするたびに胸が躍り、スポットライトを浴び眩しそうに目を細める彼らを心から誇りに思った。

しかしその一方で、私は強い衝撃を抱くことにもなった。トップアスリートにロングインタビューを重ねていくと、彼らにはそぐわない曇った表情に触れ、計り知れない不安を垣間見ることになったからだ。

彼らは、暗闇のなかで震え、焦り、苦しんでいた。

独りであることの寂しさをトレーニングで払拭し、それでも取り去れない不安に縛られていた。

トップアスリートは強者である。鍛え上げられた肉体は、まるで彼らをサイボーグのように見せている。ところが、彼らは人知れず声をあげて泣いていた。ときには自分の可能性に絶望し、地面に伏して立ち上がれないこともあった。

英雄たるアスリートたちは、実は、誰もが小さなひとりの人間であり、この時代を懸命に生きる若者だったのだ。

彼らは、弱い——。

彼らの弱き姿、儚《はかな》き心にこそ真実がある。

いつしか、私はアスリートにそうした思いを寄せるようになっていったのである。

ここに登場する35人のトップアスリートたちは紛れもない成功者だ。折れない心の持ち主だからこそ、肉体をもって表現する各種の競技で秀でることができた。自らの手で勝ち得た栄光の名のもとに、今日も激しいトレーニングに励んでいる。

けれど同時に、彼らは自らの弱さ、苦しみに真正面から向き合ってもいた。真実の姿を知って欲しいともがく姿は、愛しくさえあった。

誠実であるから、自分の弱さを否定せず走り続けることができるのだ。

剝《む》き出しの魂をさらけ出してくれた彼らの言葉は、必ずや私たちの人生の光となる。

なぜそう思うことができるのかと言えば、私こそ、彼らに生きる勇気を与えられているからだ――。

本書が、スポーツを愛する読者にとって、未来を照らす光になることを、私は信じている。

二〇〇八年七月十四日　小松成美

目次

Contents

はじめに　邂逅 —— 002
挑戦　松坂大輔　野球 —— 009
闘志　吉田沙保里　レスリング —— 019
決意　為末大　400mハードル —— 029
目標　中嶋一貴　レーサー —— 039
進化　清水宏保　スピードスケート —— 049
情熱　菅山かおる　バレーボール —— 059
頂点　朝青龍　相撲 —— 069
前進　柳沢敦　サッカー —— 079
成長　野口みずき　マラソン —— 089
使命　井口資仁　野球 —— 099
没頭　冨田洋之　体操 —— 109
疾走　別府史之　自転車ロードレース —— 119
宿命　北島康介　水泳 —— 129
道標　田臥勇太　バスケットボール —— 139
探求　村主章枝　フィギュアスケート —— 149
鍛錬　井上康生　柔道 —— 159

邁進　本橋麻里　カーリング　169
研鑽　室伏広治　ハンマー投げ　179
献身　五郎丸歩　ラグビー　189
黙黙　小笠原道大　野球　199
英知　石川佳純　卓球　245
最速　末續慎吾　陸上短距離　255
優美　鈴木絵美子　シンクロナイズドスイミング　265
未知　柴田亜衣　水泳　275
期待　山本隆弘　バレーボール　285
勇者　田山寛豪　トライアスロン　295
一途　上野由岐子　ソフトボール　305
突破　梅崎司　サッカー　315
意志　土佐礼子　マラソン　325
感動　伊調千春・馨　レスリング　335
存在　田中将大　野球　347
純真　福士加代子　陸上　357
哲学　宮本慎也　野球　367
躍動　鈴木徹　走り高跳び　377

装丁、本文デザイン　岡本一宣デザイン事務所

挑戦

野球

松坂　大輔

Daisuke Matsuzaka

幾層にも重なり合う筋肉が、彼の肉体の輪郭《りんかく》を流線形に見せている。笑顔を絶やさない穏やかな表情とは裏腹な鍛えられた体躯《たいく》は、紛れもなく、相手を屈するための最大の武器だ。

水流のごとく滑らかに動く腕、そして上半身を支える腰と強靭な両脚は、白球に150キロものスピードを与える。

松坂大輔のピッチングフォームは、まるで鳥が大空を飛ぶがごとく優雅で美しい。マウンドに立ち、何度も翼を羽ばたかせるように投げ込む彼を見ていると、彼こそ、野球というスポーツに挑み、ピッチャーになるために生まれてきたと思えるのだ。私がそう告げると、彼は照れて下を向き、小さく微笑んだ。

「ピッチャーにとってフォームは、もっとも気を使うものです。どんなに調子が良いと思っても、フォームにわずかな狂いが生じれば、コントロールやスピードは本来の輝きを失います。僕自身、物凄く注意深くフォームを確認するんですよ」

松坂の体は常人のものとは違う。マウンドに立ってバッターを打ち取るべく、ピンポイントでボールを投げ込んでいくためには、まるで精密機械に施すような調整が必要になる。

「僕の場合、ピッチングによる顔や体の動き、腕の振りの軌道、ボールを放すタイミングなどをチェックするのですが、その注意箇所は15ほどあります」

シーズン前のキャンプでは、全身の神経を尖らせ、フォームをつくり込んでいく。徐々に調整が進むと、意識する場所の数は少なくなるのだという。

「しかし、慢心は禁物ですね。少しでも気を抜くと、狂いが生じていることに気づかない。

シーズンを通して、自分のフォームを理想に近づけたいと思い続けなければ、良いピッチングはできません。常にチェックを怠らないことを自分に課していますよ」

松坂が18歳でプロ野球界にデビューした時には、剛速球と新人らしからぬマウンド度胸から〝平成の怪物〟と呼ばれた。投球の豪快さやファンに向けられる爽やかな笑顔は、彼の魂の強さを印象づけた。しかし、フォームに対するこまやかな神経同様、松坂は硝子《がらす》のように繊細な心をもっている。

04年のペナントレース、松坂有する西武ライオンズは、2位でプレーオフに進出し、1位のダイエー（現・ソフトバンク）を下してパ・リーグの優勝を飾った。中日と戦った日本シリーズでは最終戦に勝利し、西武は日本一に輝いた。

初めての日本一に歓喜した松坂ではあったが、その心は揺れ続けていた。

「確かに、結果としては最高の成績を残せました。けれど僕自身、後悔がないと言ったら嘘になりますね。ペナントレースでもっと勝ち星を挙げてチームに貢献できたら、ダイエーホークスを抑え1位でシーズンを終えられたでしょうし、日本シリーズでもっと踏ん張れたなら、最終戦にもつれ込む前に優勝を決められたでしょう。『どうしてそれができなかったのか』と考えていると悔しくて眠れないし、自分を許せない気分にさえなるんです」

過ぎ去った時間は決して取り戻せない。過去のゲームもまた、二度とはやり直せない。松坂は、それを知りながら自分を責め続ける。

「終わったことを気に病んでも仕方がない。それは道理です。それでも僕は、一瞬一瞬の悔しさを忘れたくない。ボールを投げる瞬間に、『二度と後悔はするまい』と強く思う。

そのことは、僕が前進するための大切な足掛かりなんです」

エースの背番号18を付け、「両リーグで最高のピッチャー」と称《たた》えられようと、松坂は惨敗の記憶を胸に秘め、それを糧に自分を奮い立たせている。自分の投げる一球が勝負を分けることを強烈に意識し、その一球のためにすべての時間が流れている、と考える。彼がいつでも謙虚であるのは、頂点に立つ選手になりながら、挑戦者として上を見ているからだ。

「日本一になったとしても、その一時は喜んで騒ぎますが、安堵することなんてありません。次の瞬間には、自分はチャレンジャーであることを思い起こしている。『もう満足だ』などと下を向いたら、自分を滅ぼすだけですよ」

自己を見つめる屈強な精神を持った松坂だが、04年、球界に吹き荒れた「球界再編」の嵐には大きな衝撃を受けた。このままではパ・リーグが消滅するかもしれないという危機に瀕し、彼はその現実の大きさと向き合ったのである。

「実際パ・リーグのゲームはずっと観客の動員数が少なかった。その責任の一端は、紛れもなく僕ら選手にあるんだと思います」

松坂はシーズン中にファンから届いた手紙を、何度も読み返していた。

「その手紙には、『お金を払いチケットを買って観に来る価値のあるプレーをしている選手がどれだけいると思いますか？』と、書いてありました。また別の手紙には、『わざわざ球場にまで行ってゲームを観たいとは思いません』と書いてある。観客はここまで冷めていたのかと、愕然としましたね」

選手が渾身の力で野球に取り組むのは当然のこと。だが、そのひとりひとりが、本当にファンのことを考えていたのか――。

　彼は立ち止まって自らを省りみていた。

「そうした手紙を読むことはつらかった。でも、そこには正しいことが書かれていたんです。選手は、お金を払って観に来てくださるファンに応えるプレーを見せることこそが仕事です。もし、それができていない選手がいるならば、反省し努力しなければならない。日本の野球が『つまらない』と言われるようになった責任は、僕ら選手が負わなければならないんだ、と考えています」

　そう話す彼は強く唇を結び、拳《こぶし》を硬く握っていた。

「子供の頃、プロ野球がない世界なんて考えられなかった。野球選手はヒーローでした。小学校の頃、ＰＬ学園時代の清原さんや桑田さんの真似ばかりしていましたよ。憧れの存在がいたからこそ、僕はここまで野球をやってこられた」

　彼の心を躍らせ、勇気を与えてくれた野球が、遠く日本人の心から離れようとしていた。

「過去の時代を築いた先輩たちや、これから野球をやる子供たちのためにも、ここで踏ん張るしかない」

　松坂はこの状況にたじろいでいるばかりではなかった。野球への真摯《しんし》な愛情が滲《にじ》んだ瞳には、静かな力が漲《みなぎ》っている。

「もっと高いレベルの野球を見せ付けたいと思うし、ピッチャーのなかでも抜きん出た力を発揮して、一番になりたいです」

80年生まれの松坂が西武ライオンズに入団したのは98年末のドラフトだった。彼と同い年の村田修一（横浜）、後藤武敏（西武）、杉内俊哉（ソフトバンク）らは「松坂世代」とよばれ、日本プロ野球界のヤングパワーの象徴とされていた。

「僕たち同年代の選手たちが中心になって、プロ野球全体を盛り上げたい。それがさらに若い選手たちを刺激することにもなるでしょう。常に心に残るプレーを見せることを目標にしたい。ファンの心に残る一球や一打があれば、球場に渦巻く歓声は、必ず返ってくるはずですから」

ただ漫然と戦うだけでなく、プロとして高度な切れのあるゲームを繰り広げたい。そう願う彼は、いくつかの曲げられない信念をもっている。そのひとつが、防御率（投手の自責点の1試合当たりの平均）への強烈なこだわりだ。

彼は以前からこう言っている。自分が真に目指すのは最多勝より最優秀防御率だ、と。

「ゲームは投打のバランスで勝敗が決まります。打線の援護さえあれば、ピッチャーが4点5点を失っていても勝利投手になれるんです。しかし、もし僕が大量点を取られ、打撃の援護で勝てたとしても、僕は喜べない。自分に敗者としての烙印を押すでしょう」

打たれても最後に勝っていればいい、というピッチング内容では自分自身が納得できないのだ。

「僕にとっては、得点を与えない投球こそが究極の目標なんです」

そして、球場を沸かせるためには、バットが空を切る瞬間を演出したい、とも思っている。

「三振は積極的に奪っていきたいですね。三振は球場に咲いた花です。鮮やかに、いくつも咲かせ、ファンの方たちを楽しませたい」

さらに、松坂が力を注いでいるのがマウンド上でのフィールディング（守備）だ。

「投手の本領がピッチングであることは間違いないのですが、僕自身は守備も大事な見せ場になると思っています。ピッチャーも野手ですから、バント処理やピッチャーゴロを華麗に処理したいし、その守備の動きも観てほしい。そこのところは妥協したくないんです」

彼の特注のグローブは、いつもジュラルミンのケースに入れて運ばれる。コンディションを最良に保つためだ。

「僕は、ランナーをどうしても塁に進めたくない。だからこそ守備練習は怠りません。アウトをひとつ自分で取れれば、それだけ楽になるわけですからね。03年もゴールデングラブ賞をいただきましたけど、今年も狙っていきたいです」

日本の野球の存亡の危機に直面し、そこから歩き出した松坂の気合は、これまでにないほど充実している。

「横浜高校時代、98年の甲子園で春・夏の大会連覇を成し遂げたときのことを最近よく思い出すんです。自分が投げたゲームなのですが、思い起こすと胸が熱くなります。時間がたてばたつほど、あの優勝の重さがわかってくるんですよ」

高い技術に裏打ちされ、無我夢中で挑んだゲームや数々のプレーは、ずっと後になってからも人の心を惹きつけるはずだ。

「ファンを魅了する、そんなゲームを地道に積み上げていきたいです。そのためにもと、今年のオフには集中して筋肉の勉強をしました。そして、ピッチャーにとって重要な筋肉を鍛え上げてきましたから」

　松坂の気持ちがこんなにも野球に集中できるのは、その生活を支えてくれる人がいるからだ。6年の交際を経て結婚した倫世さんは、松坂のために栄養学を勉強し、食生活を充実させてくれた。

「食事はコンディションに合わせてメニューを考えてくれているようです。そのほか、僕がリラックスできるような環境をつくるために物凄く気を使ってくれています。彼女は、自分の時間を全部僕のために使ってくれているのですから、感謝しかありません」

　闘争心と集中力を絡め、野球に打ち込む松坂は、その未来にメジャーリーグを見ることもある。

「日本の野球の技術が高いことは自負しています。けれど同時に、世界最高のレベルでボールゲームが日々、行われているメジャーにはやはり挑戦してみたい。やるからには、メジャーへ移籍したことだけに満足するのではなく、目を見張るような活躍をしなければ意味がないと思っています」

　03年の日米対抗野球でメジャー軍団を1点に抑え完投で勝利を収めた松坂は、メジャーリーガーはもちろん、同行したスカウトたちをも唸らせた。

「普段から『いつかはメジャーへ』と話しているのに結果を出さなければ情けないでしょう。そう思ったので必死で挑戦しました。最初は、2戦目と7戦目に投げる予定だったのですが、日本シリーズが終わったばかりだったので王監督に『調整にもう少し時間をくだ

1980年東京都生まれ。横浜高校のエースとして98年に春・夏甲子園で連覇。その夏の大会の決勝でノーヒットノーランを達成。99年に西武ライオンズへ入団し、1年目に16勝を挙げて最多勝と新人王を獲得。2004年にはアテネ五輪で銅メダルを獲得するとともに初の日本一に。06年のWBCでは世界一の原動力となりMVP受賞。07年ポスティングシステムでボストン・レッドソックスに入団。その年のワールドシリーズを制覇

さい』と願い出て、7戦目だけに専念させてもらったんですよ」

メジャーに移籍するためには、昇らなければならない階段が残されている。しかし、いずれは必ずその場所へ踏み出せると、彼は信じている。

「一度だけワールドシリーズを観戦したことがあります。入団1年目の99年にヤンキース対ブレーブス戦を観ました。ゲームの最中に何度もスタンディングオベーションがあって、凄いなあと言葉もなかった。そのとき、マウンドに立っている自分の姿が、ふと浮かんだんですよ」

いつかその右腕は、アメリカの地で剛速球を生むのだろう。私がそう呟《つぶや》くと、彼は、こくりと頷いた。

「ワールドシリーズを観た瞬間から、僕がやってきた野球とメジャーは繋《つな》がっている実感を持ちました。まったく別の世界のものではないと感じるようになった。メジャーへの挑戦は、自分が果たすべき使命でもあると思っています」

松坂は投げる——、選手たちの熱が渦巻くマウンドで。そこが日本であってもアメリカであっても、彼が心に秘める野球への愛情は、決して変わらない。

レスリング

闘志

吉田　沙保里

Saori Yoshida

マットの上で繰り広げられる激しい力の拮抗《きっこう》――。

日本女子レスリング界の頂点に立つ吉田沙保里は、対戦相手を倒す技術、そこから押さえ込む技術において他の追随を許さない。

ずば抜けた筋力と瞬発力、そして、身体の機能を完全に掌握しての動きを併せ持ち、女子には不可能とされた高度な技とスピードを身に付けている。

私がレスリングという競技について聞くと、吉田はこう言った。

「レスリングは、がっちりと組み合って相手を倒し、両肩を僅《わず》か2秒間だけマットに付ければ勝ちです。すごく単純な競技ですよ。でも、フェイントをかけ続け、相手を押さえ込むことがどんなに苦しく、また難しいことか、実際に戦ってみないとわかりません」

その難しさこそが吉田を虜《とりこ》にしている。

「向かってくる相手をフェイントでかわし、タックルを仕掛けて不意を突く。その一瞬の動きまで封じ込めてしまう。そんな一連の動きが流れるように決まって勝利したときの爽快感は、言葉にできないですよ。すべての苦しさが吹き飛んで、ただ『やったー!』と叫びたくなる。私は、あの爽快感を求めているから、厳しい練習にも耐えられるし、この先もマットに上がるのだと思います」

筋肉の動きひとつ、関接の動きひとつ、僅かな体重の移動だけで、形勢は逆転する。レスリングでは常に繊細な感覚を要求されるのだ。何度も相手を組み伏す体力と、一瞬の隙《すき》を突く集中力を持続させるためには、気の遠くなるようなトレーニングを重ねるほかはない。

「今、私は〝世界一〟のタイトルを保持しています。でも、それは偶然に得られるものではありません。勝ちたいと思い続けてきたからこそ手にすることができた。私、物凄く負けず嫌いなんですよ。負けることの悔しさを思えば、練習漬けの毎日も苦になりません」

吉田がマットに進み出ると、周囲はその悠然たる姿に息を飲む。彼女の動きの優雅さと漂う風格とが、向き合う敵を圧倒するのだ。

全世界の女子レスリング選手が、吉田の戦いを意識し、彼女の一挙一動から目を離さない。つまり吉田は、その強さを他の選手たちの記憶に叩き込んでしまった選手なのである。チームメイトの前では無邪気さを隠さない吉田。友人と話すとよく笑うが、学生時代は内気だった。身長156センチ、体重55キロの体格からは、その強さを簡単に想像することができない。

しかし、マットに上がればまるで別人だ。柔軟さと耐久性を持つ良質な筋肉が露《あらわ》になり、顔には格闘技に挑む者の孤独と厳しさが浮かんでくる。

寡黙な印象と、女子レスリングのチャンピオンであることを自覚する堅固な表情。私はあまりのギャップに目を見張った。彼女自身もその落差に気づいている。

「そう、それが私の秘密です。自分でもびっくりするんですが、マットに上がると変わってしまう。まるで、スイッチが入ったみたいに、レスリングを戦う人になっている。一緒に練習している仲間も『沙保里は、レスリングを始めるとまるで違う人になっちゃうね』と、驚いています。私を別人に変えてしまう力が、レスリングにはあるんです」

レスリングの歴史は古く、その起源は古代ギリシャにまで遡《さかのぼ》る。古代オリンピックの中核種目として人気を博していたレスリングは、ローマ時代になると現在のスタイルが確立された。1896年にアテネで行われた第1回近代オリンピックからの正式種目だ。

しかし、それは男子に限られた話だった。女子レスリングが公式競技となったのは、日本中が熱狂した2004年アテネオリンピックからである。55キロ級で初代金メダリストに輝いた吉田は、まるで遠い記憶を手繰るように、アテネ大会を振り返った。

「今、考えると、我ながら本当に凄いことをやったんだなと思うんですよ。私は、アテネに出発する前から『絶対に金メダルを獲ります』と公言していました。もちろん、その自信はあったんです、でも……」

アテネに入った彼女はオリンピックで勝つには強さだけでは足りない、勝利の流れを摑《つか》む機運すら必要なのだ、と痛感したのだという。

「実は、オリンピックの舞台で、これまで感じたことのない不安を覚えたんですよ。持っている力を存分に発揮することが私にはできるのかと、自信を失いかけました。試合の前に弱気になって『負けるかもしれない』と考えたこともあった。それを振り切って戦ったんです。なので、金メダルを手にした瞬間になって初めて、オリンピックで勝つことの重さ、凄さを知ることになりました。とても貴重な経験でした」

決勝戦に勝った夜、吉田は手にした金メダルをベッドサイドに置き、何度も見つめては「本当に勝てたんだね」と、自分に語りかけたのだった。

「あの感激は今も薄れてはいません。（伊調）千春と馨、浜ちゃん（浜口京子）と、4階級でメダルを獲得できたことで一気に女子レスリングへの注目が高まった。そのことが一番嬉しかったです」

　もちろん、金メダルまでの道のりが平易であったわけがない。〝海外で勝つより日本で勝つほうが難しい〟と言われるほど選手層の厚い女子55キロ級で、五輪出場権を奪うことは、彼女に本戦以上の緊張を強いた。

　吉田には、山本聖子という好敵手がいた。

「国内で行われたアテネオリンピック代表選考会。それが私にとっての、人生でいちばん厳しい試合でした。（山本）聖子ちゃんと戦ったあの一戦です。聖子ちゃんに勝つことは、金メダルを取ることと同じくらいの目標だった。だから、彼女というライバルがいなかったら、アテネでも勝つことができたかどうかわかりませんね」

　世界王者でありながら、誰よりも多い時間をトレーニングに費やしている吉田。彼女は、「勝者は、常に敗者となる立場にある」という、勝負師には欠かせない危機感を全身に漲《みなぎ》らせているのだ。

　生来おとなしく引っ込み思案だった吉田のなかに、決して消えることない闘争心が燃え盛るその理由は、彼女の生まれ育った環境によるところが大きい。

　吉田の父、栄勝は、レスリング全日本の元王者。ふたりの兄とともに、幼い末娘にレスリングを教えたのは、厳格なこの父だった。

　勤め人である父は、吉田が3歳の時、三重県一志町の自宅敷地内にレスリング道場を開く。巨額な借金をしてまでつくった「一志ジュニアクラブ」で、土日はもちろん、平日も仕事の後にレスリングを教えた。

兄たちや近所の子供たちがこぞって父のもとでトレーニングを開始すると、彼女もその道場を遊び場にするようになる。

「最初の頃は、準備体操の前転をしたり、ブリッジをしたり。遊んでいるつもりがだんだん楽しくなって、いつの間にか父の本格的な指導が始まりました。うちの父は、それは怖かったです。礼儀や生活態度には特にうるさかった。道場ではもちろんですが、家のなかでも父がそばにいると、背筋が伸びて姿勢がよくなってしまうんですよ」

幼い頃の吉田はとにかく体が弱かった。食が細く体も小さい。すぐに風邪をひいては、高熱を出した。母は娘の体を心配したが、父は容赦しなかった。

「女の子だからと甘やかされたことはなかったです。一年中、徹底的にレスリングに必要な体の使い方を叩き込まれました」

レスリングの道場は家に隣接している。練習が苦しくてもつらくても逃げることはできない。小学校に入ると、吉田はレスリングをやめたいと思うようになった。しかし、父が怖くて「やめる」のひと言が言い出せない。

「よく母には『もうレスリングをやめたいよ』と話していました。でも、『だったら直接、お父さんに言いなさい』と言われると、それで話は終わり。だって、怖くってそんなこと、絶対に言えなかったんですから」

渋々レスリングを続けていた吉田が自分の意志で戦いたいと思ったのは、中学生になってからだ。勝つことの喜びを実感できると、マットの上の風景が以前とは違って見えた。

「ジュニアの大会に出場し、負けると悔しくて泣きました。その後、涙をこらえて父に言われたとおりに練習するんです。すると、次の試合では、負けた相手に技を決めて勝つことができた。練習すれば練習するだけの結果が出る。進歩する自分を感じられるのが楽しくて、レスリングはなくてはならないものになっていきました」

気がつくと子供の頃から親しんだ格闘技に心を奪われていたのである。

大会で勝利を重ねる吉田の名は全国に轟《とどろ》くようになった。やがて「いつかオリンピックに出場したい」という願いが、彼女の心に根づいていたのである。

その気持ちを決定的にしたのが、シドニー五輪で金メダルを獲得した田村（現・谷）亮子の活躍だった。

「中学生だった私は、ヤワラさんの戦う姿に心から憧れました。体は小さいのに、決して攻めることをやめない。逃げることなく、ただ真っすぐに相手を見つめ向かっていく。いつか私もヤワラさんのような選手になる、そう心に誓ったんです」

もちろん、当時は女子レスリングがいつ五輪の正式種目になるかはわからなかった。が、世界一になりたいという彼女の夢は大きくなる一方だった。

「私が高校生の頃、母から、父がモントリオールオリンピックの選考会で敗れ、オリンピック出場の夢を果たせなかったと聞いたんです。ちょうど、その頃、ふたりの兄もレスリングをやめてしまって、世界を目指す夢を持てるのは私だけになってしまった。父は、はっきりとは言いませんでしたが、私は、オリンピック出場という父の悲願を、強烈に意識するようになっていたんです」

娘に世界一を目指す才能があると信じた父は、その夢を叶えるため、彼女に女子レスリングの名門、中京女子大学への進学を勧める。

レスリング部で指導するのは、ソウルオリンピックへ出場し、選手としても輝かしい成績を残した栄和人監督だった。

栄は吉田の天賦の才能を誰よりも早く見抜いたひとりである。オリンピックで勝利することだけを目的にその育成に努めた。その彼女に栄が与えた最初の試練は、マットの上でのトレーニングではない。偏食を直すことだった。

「中京女子大に進学し、寮に入った私が最初に言い渡されたのは、きちんと毎食、御飯を食べることでした。本当に好き嫌いが多くて、お菓子ばかり食べていたんですが、監督に厳しく言われ、ようやく何でも食べられるようになったんです。監督には、戦うための技術や戦略を授けてもらったと同時に、勝つことに必要な魂の強さを教えていただけたと感謝しています」

栄が認める吉田の才能は、これまで女子には難しいとされてきたタックルの速さと強さ、そして、そこから展開される技のスピードに示される。今や吉田の動きは、男子にも劣らない域にまで達している。

「おしゃれにも、遊ぶことにもあまり興味はありません。趣味といったら仲間とカラオケに行ったりするくらい。楽しみは、大好きな焼肉を食べること。あとはすべての時間をレスリングに傾けたいと思っています」

明るく話す吉田の北京五輪へ向けた戦いはすでに始まっている。中京女子大を卒業し、綜合警備保障に所属した吉田は、金メダル連覇だけを念頭に、日々、マットの上に歩み出

１９８２年三重県生まれ。綜合警備保障所属。父の指導のもと、3歳からレスリングを始める。久居高校から中京女子大学に進学。２００２、03年の世界選手権にて優勝。04年のアテネオリンピックでは金メダル獲得。その後も多くのタイトルを獲得。07年5月にはアジア選手権で優勝、同年9月の世界選手権でも優勝し、女子としては史上初の5連覇を達成。08年北京オリンピックの55キロ級代表

る。

吉田の瞳は、その意志を映すように一層、輝きを増している。私がそう告げると、彼女は顎《あご》を上げて言った。

「社会人になったあとも、これまでとまったく同じ環境でトレーニングさせてもらっています。今はもっと強くなれるはずだと自分に言い聞かせている最中ですね。結婚したり、子供を産んで育てたりする女性としての人生も大切にしたい。でも、それはもう十分やったと思えてからの話です」

決意

400mハードル

為末 大

Dai Tamesue

体脂肪率10パーセント以下の体は、一見すると驚くほどに細い。しかし、ユニフォームに隠された筋肉は鍛えた鉄ほどに硬く、鎧のように全身をくるんでいる。

為末大は、陸上トラック競技において日本で最初にプロ宣言したアスリートだ。身長170センチ、体重66キロ。世界陸上やオリンピックでファイナリストとなるハードラーの中で際立って小柄な彼は、レースの最中にどんな光景を見ているのだろう。私がその視界に映るものを聞くと、彼は静かに目を閉じた。

「秒速10メートルの速さで風景が流れ出します。最初のハードルを跳ぶときには体が45度にまで前傾する。ハードルは眼の高さに迫るし、顔から10センチくらいに感じます。レース途中からは遠心力がかかり地面に押しつけられる。重力と戦って跳ぶんですから、楽じゃない。前に伸ばすリード足の底が、ハードルをかすることもあるんです」

速さと技術を融合させ走るハードラーの資質とはいったい何か。なぜ彼は障害（ハードル）を跳び続けるのだろうか。そう問うと、日に焼けた顔に浮かんでいた笑みがすっかり消えていた。

「100mを競うスプリンターの顔が〝鬼〟の表情だとしたら400mハードルに挑む選手の顔は〝能面〟です。10秒に満たない間に力を爆発させる短距離選手と違い、トラックを一周しながら10台のハードルを跳ばなければならない私たちは、決して冷静さを失えない。だから、心を静めながら走ります」

どんなにエネルギーを効率的に使おうと、血液中を駆け巡る乳酸が全身の筋肉を痙攣《けいれん》させ、やがて嘔吐《おうと》の苦しみを与える。

「ゴールして1分後ぐらいには、猛烈な痛みが襲ってくるんですよ」

選手はレース中に体内の酸素を極限まで使い切ってしまう。「酸素の負債」に苦しむ全身の細胞は、新鮮な空気を求めて暴れだす。

「乳酸がたまるのは体の後ろの部分。そこが圧迫されると痛みが増すので、吐き気を耐えながらうつ伏せに倒れます。すべてを出し尽くした体は鉛のように重くなり、10分程はまったく動けなくなる」

しかし、その苦痛を引き受けられる者だけが、ハードルを跳ぶことを許される。

「私は、この10分間の地獄を知っていながら平然とスタートが切れますよ。耐えることが苦手な性格では、ちょっと厳しいですね。私は、根性はあると思います。苦しみに耐えることも嫌いではない。どちらかと言えば、子供の頃からつらいことに向かっていく性格だった」

１９７8年5月、広島に生まれた為末は、少年時代から天性の運動神経を発揮していた。

「足が速かったんですよ。必ず1番。その気持ち良さが忘れられなくて陸上に熱中しました。小学校、中学校、高校でも負けたことはほとんどありませんでした」

五日市中学校3年生の時、全日本中学大会で１００ｍと２００ｍの2冠獲得。広島皆実高校の３年生になると、スプリンターでありながら挑戦した４００ｍで頭角を現し、インターハイでの優勝をさらってしまう。為末はこの４００ｍで96年8月にシドニーで行われる世界ジュニア陸上への資格を得たのだ。

「結果は４位。自分では満足していたのですが、あと１人抜けば３位だったという思いもあった。ところが、帰国してみると周囲の期待の大きさに驚きました。誰もが、アテネオリンピックに私が出場すると噂していたんです」

そこで初めて、彼は世界を意識した。そして、自分はいったい世界で何番目の選手なのだろうと考えた。

「記録を調べあげると、世界トップの選手がどれほど速いかわかりました。実際、100mでトップになることは不可能だと認めざるを得なかった」

ならば400mではどうかと為末は自問した。しかし、それも難しい。4位という結果を残した世界ジュニアですらトップでゴールした選手の背中は遥かに遠いところにあった。

歴然と存在する世界との力の差を受け止めた為末は、すぐにあるレースの映像を思い浮かべていた。それは、スタンドから観た世界ジュニアの400mハードル決勝だった。

「優勝した選手は足が速かったんですが、見るからにテクニックが未熟だった。歩幅が合わなくて小走りになり、跳んだあとにヨロヨロと倒れそうになる。それでも彼は勝った。そう考えていたら突然、閃《ひらめ》いたんです」

障害を越えるための最高のテクニックを身に付ければ、走力の差を埋めて外国勢にも競り勝てるのではないか、そう考えたのだ。

「ハードルならオリンピックの決勝戦にまで進み、メダルを狙えるかもしれないと思いました。研究するとか真摯《しんし》に頑張るとか、そういうものが勝利を左右する競技だと想像できたんです。努力が幅を利かせることができる種目なんじゃないか、それならいけるぞ、と」

走るからには世界一を目指したかった。そして、閃きによって出場したハードルのレースで、彼は自らの直感が正しいことを証明する。

96年10月に地元広島で行われた国体で400mと400mハードルに優勝。ともにジュニア日本新記録を塗り替えた。

「秋の国体で突如出場した400mハードルで1位になれた。それが大きな自信になり、すぐに『ハードルしかない』と決意できました。そこからはオリンピックだけを目指し、自分のハードル技術をつくり上げていこうと夢中でしたね」

為末は、走ることと同じく思考することが好きだった。読書することも、数式を解くことも、人間が触れ合う自然や社会の仕組み、また経済について思いを巡らせることも、彼を快活にした。

「父方の祖父はテレビ局に勤めるジャーナリストでした。祖父は私が訪れるたびに難解な経済や政治の話をしてくれましたね。それに、いつも本を与えてくれたんですよ。小学校高学年から中学生になると、祖父の書斎の本を持ち出して読むようになったんです」

深く考えることと、遮二無二《しゃにむに》走ること。それまで別々だった好きなことを合体させたのが、まさにハードルだった。

法政大学へと進んだ彼は、競技に没頭し順調にシドニーオリンピックへの出場を果たす。ところが、オリンピック本番では9台目を引っ掛けて転倒し予選落ちに終わってしまう。

「あれはコンディションを読み間違えて起こったこと。後ろから吹く突風に煽られて転倒したんです。オリンピックの競技場だから無風で完璧なコンディションに違いないと信じていた自分のミスでした」

メダルすら期待された為末の予選敗退。衝撃を受ける周囲をよそに、彼はその経験さえも、自らのハードルに取り込んでいった。

ノートとパソコンに記された自らの肉体の記録は増え続けた。為末はただひとり欧州の大会にエントリーし、転戦を始める。

「体が発する声を聞き、オリジナリティのあるフォームやテクニックを探り当てる。そんなことに熱中した日々でしたね。着実に自分のハードルが進化していることを実感できたのもこの頃です」

2001年8月カナダのエドモントンで開催された世界陸上は、体格に恵まれなかった為末のハードル技術が世界最高峰にあることを見せ付ける機会となった。オリンピック・世界陸上を通し、日本人の短距離・トラック競技選手として、史上初のメダリストとなったのである。

「今でもタンタンタンタンタンという自分の足が刻むリズムが耳に残っています。あとはもう無我夢中だった。レース後にビデオを観て驚いたんですが、ゴール前のスピードは、計算上でも考えられないものだった。最後の最後は理論なんて吹き飛んでしまう。勝ちたいという魂が、勝負を決定づけることもあるんです」

アスリートとして輝く栄誉を手にした為末は、02年に大阪ガスに就職し、陸上部に所属する。給料を受け取り、陸上部員としての恩恵を受けながら走れる環境に感謝し、しかし、その心では「自分はどこへ向かうべきなのか」と悩み続けていた。

「退社してプロになったのは、職業欄に陸上選手と書きたかったからです。本当に陸上のレースで得た賞金だけで暮らしていけるのかわかりませんでしたが、それでもプロとして陸上だけに集中したかった」

03年、会社を辞め、同時に仲間のいる陸上部からも離れた。所属チームもコーチも持たない個人のアスリートとしてリ・スタートを切ることとなったのだ。

彼の背中を強く押したのは、病に倒れた父の姿だった。闘病の甲斐なくわずか57歳で逝《い》ってしまった父を思うと、彼はじっと佇《たたず》んでいることができなかった。

「人間70歳、80歳まで生きて最期を迎える。自分の人生もそんなものだろうと考えていたんですよ。ところが、父が亡くなって『人生は一回しかない。残された時間がどれだけあるのか、誰にもわからない。計算なんて成り立たないんだ』と思い知らされた。だから、『プロになるなら今しかない』と、熱烈に思いました」

人生のほとんどを走ってきた為末。走ることに生きがいを求める彼を見守り続けた母も、姉と妹も、ただのひと言も反対をしなかった。

「こうと決めたら私は人の言うことは聞かない。家族も仕方ないと諦めていたのでしょう」

プロとなった彼は、母校・法政大学のグラウンドでただひとりトレーニングを行った。近所に借りたアパートでは自炊も厭《いと》わなかった。

「ひとりになり、さらに考えるようになった。たとえば食事。何が必要なのかを繰り返し考える。自分の体を精密機械のように考えて、どんな部品がどこに、どの程度必要なのか、調べ、揃えて、完璧に取り入れる」

繊細な肉体への心遣いは、つまりハードラーとしての貪欲さの表れでもある。為末を駆り立てているのは、またも敗戦の記憶だった。プロのアスリートとして挑んだアテネオリンピックでは準決勝で敗れている。

「シドニーからの4年、理想とする走りを追い求めた。ところが結果は失敗。私のコンセプトは『地面をしっかり踏む』こと。でも実はそれが未完成でした。強く踏もうとするあまり、1歩進むたびに体がぶれていたんですよ」

　彼は徹底的にフォームを再点検した。体のずれは、モデルをしている友人の歩き方からヒントを得て修正することになる。

「たまたまモデルの友達と居酒屋へ食事に行って、そこでモデルウォークを教わった。彼は『脚の出し方によって歩幅が伸びる』と言う。最初は冗談だったけど、確かに脚を出す角度で歩幅がまったく変わってくることがわかった。これだ！と思いましたよ」

　さっそくトレーニングで実践する。外に開き気味だった脚をモデルウォークで内に出すようにするとストライド（歩幅）が伸びた。

「1歩につき1センチから2センチの変化があった。それでも50歩行けば50センチから1メートル、多く稼げることになるんですからね」

　進化し続ける彼は失敗を恐れない。05年5月のスーパーグランプリ・カタール大会では無念の6位。強行なスケジュールのなか、腰痛を抱えての戦いは悔しさだけを残したが、その結果もまた即座に新たな戦略へと昇華された。

「最後の直線に減速するのは仕方ないとして、中盤でスピードに乗れないことが悔しいんですよ。レースの鍵は5つ目から8つ目のハードル。そこで一気にスピードを上げること

1978年広島県生まれ。APF（アジアパートナーシップファンド）所属。2001年エドモントン世界選手権男子400mハードルで銅メダルを獲得。03年に大阪ガスを退社し、「プロ陸上選手」に。05年ヘルシンキ世界選手権にて銅メダルを獲得。世界大会においてトラック種目で2つのメダル獲得は日本人初の快挙。08年北京オリンピック日本代表。「東京ストリート陸上」を開催するなど陸上の普及に努めている

が課題ですね」

　彼は、まるで難解なパズルを解くように、自らの肉体と向き合った。競技種目によって選手のタイプは違うのかと聞いた私に、彼はこんなエピソードを披露してくれた。

「大会が終了した晩に各国の陸上選手と街中のクラブへ繰り出すことがある。まずフロアの中心で踊りだすのがスプリンター。ジャンパーは笑顔で女の子に声を掛けている。そして、隅っこのカウンターに座って静かに淡々と飲んでいるのがハードラーたちです。僕も、クラブの騒音のなかで『今日のレースで君のハードリングは……』などと話していますよ」

　世界陸上やオリンピックに向けての決意は変わらない。

「決勝に残りたい。これまでよりは洗練されたレースが戦えると思います。この数カ月、極限にまで自分を追い込みました。優雅に泳いでいる白鳥も水面下では懸命に足をバタつかせているでしょう。私は、あの姿を自分と重ね合わせます。凛として自分のレースを戦うためには、人知れず、もがくほどの練習が必要なんですよ」

　いまだ前進を体感する為末がまだ見ぬ頂点を目指す気持ちに翳《かげ》りはない。私がその未来を聞くと、彼は真っすぐに顔を上げた。

「この種目は体力だけでなく技術の占める割合が大きい。精神的な要素も重要ですし、年齢を経たほうが強くなっていく。事実、30代でピークを迎える選手が多いんです。何より走ることが好きな私にとっては幸せなことですよね」

　限界が訪れるのは35歳か40歳か――。いずれにしろ、自分が頂点と信じる場所に辿りつく日まで、為末はひたすら走り続けるつもりだ。

目標

レーサー
中嶋 一貴
Kazuki Nakajima

時速270キロにも達する最高速度を「怖い」と感じたことはない。大きなダウンフォース（加速によって生まれる空気の流れがマシンを路面に押さえつける力）による安定した走行は、むしろ爽快だ。

先頭を争うスタートダッシュや、次々に迫り来るコーナーでは一瞬も気を抜くことができない。彼は、その緊張感が好きなのだ。

「スタートから直後の競り合いは、いつでも火花が散っている。接触ぎりぎり、時にはマシン同士が接触することだってある。勝つためにはどんな状況でも前へ出なければならない。レーサーには高度なテクニックと、常に先の展開を読む直感力が必要なんです」

誰かの後ろ姿を追い駆けることなく、チェッカーフラッグの下を通過したい。レーサーなら誰もがそう望んでいるだろう。そう私が聞くと彼は小さく微笑んだ。

「もちろんですよ。負けたくないという気持ちはレーサーにとって一番大切なものです。でも、最近レースのたびに思い知らされるのは、考えすぎが逆に集中力を途切れさせるということ。余計なことに振り回されないためには無心であることも必要です」

いい結果を出したいと考えれば考えるほど焦りが生じる。焦りは、順位を落とすばかりかコースアウトやクラッシュを誘発し、レースをふいにすることもある。

「自分の持っている能力を出し切れば、結果は後から付いてくる。今は、どんなレースでも逸《はや》る心を上手くコントロールできるようになりたい。そしていつか気負うことなく本当に自然に、マシンが体の一部であるように感じられたらいいですね」

F3※（フォーミュラ3）のマシンを駆り、世界各地のコースを滑走する中嶋一貴。彼は、窮屈なコックピットに身を委ねながら、1秒にも満たない時間を競い合う激しさに魅せられている。

一貴がレースに興味を抱いたのは、幼い頃から見つめ続けた父がいたからだ。父の名は中嶋悟。愛知県岡崎市で生まれ育った日本屈指のレーサーは、34歳にして日本人初のF1（フォーミュラ1）フルタイムドライバーとなった。1987年、ホンダのエンジンを搭載した名門ロータスに乗り、衝撃のデビューを飾るのである。

ライバルとして名を連ねたF1ドライバーは、アイルトン・セナ、アラン・プロスト、ナイジェル・マンセル、ゲルハルト・ベルガー、ネルソン・ピケと、F1黄金期を築いたスターばかりだ。彼らと争う中嶋悟は、ヨーロッパや南米の目の肥えたモータースポーツファンをも唸らせる果敢な走りを見せ、日本にF1というモータースポーツを根づかせた功労者だ。

当時、F1ドライバーとなった中嶋は住居を愛知県からイギリスに移していた。

「父とイギリスに住んでいた頃の記憶はほとんどないんです。僕はまだ2歳だった。写真を見ると住んでいたアパートの記憶が微かに浮かぶくらい。でもその頃から、父の出場するレースはかなり熱心に見ていたようです」

3年後の90年、中嶋はロータスからティレルへと移籍する。

「父のことはヒーローとまで大げさには考えていませんでしたが、純粋に一ファンとして応援していました。僕にはごく普通の親ですけど、レースに出る時にはやはり特別だった。F1ファンが応援するのと同じ気持ちで、勝って欲しいと願っていました」

幼い一貴は母に連れられてサーキットへ応援に駆けつけることもあった。そうでない時には、テレビの生中継にかじりついた。

「むろん父は一番でしたが、セナとマンセルも好きでした。彼らのマシンスピードには本当にわくわくさせられます。あの頃は、父が映っているレースのビデオを観まくっていた。F1だけでなく、僕が生まれる前のF2時代のレースなんかも繰り返し観ていたんですよ」

日本を熱狂させた中嶋悟だったが、90年代に入ると彼の築いた時代の終わりは近づいていた。ティレル2年目となる91年のシーズン途中、「今季限りでの引退」を宣言する。

幼稚園に入る頃には、母と3つ下の弟とともに岡崎に戻っていた一貴は、91年11月3日に行われた最終戦オーストラリアGPを観戦するため、日本からサーキットがあるアデレードを訪れていた。

「6歳でしたが克明に覚えていますよ。あの日、レース1時間前から物凄い雨が降ってきたんです」

スタンドの観客もずぶ濡れになり、フォーメーションラップを行うマシンも、太いタイヤが巻き上げる水煙でまったく見えなくなっていた。

「僕は、雨が降って嬉しかった。父が〝雨の中嶋〟と呼ばれていたことを知っていたから」

89年の最終戦オーストラリアGP。ロータスでの最終レースとなった雨のアデレードで、中嶋悟は4位に輝いていた。そればかりではない。最悪のコンディションの中で、最速ラップまでもたたき出していたのだ。

「89年オーストラリアGPもビデオで何度となく観ていました。だから最後のレースでも、雨が父に味方してくれたらいいな、と期待していたんです」

しかし、中嶋は5週目にリタイアし、ゴールを見ることはなかった。

「父のマシンがスタンドの前を通る瞬間をずっと待っていた。でも、あの日は帰ってこなかった」

中嶋悟のF1での戦いは終わったが、モータースポーツへ注いだ愛情とその気概は、確かに息子へと受け継がれていたのだった。

現役を引退した父は『ナカジマレーシング』を設立し、若き才能の育成に努めることとなった。監督としてレースに携わる父の姿もまた一貴を刺激していた。11歳になった彼はレーシングカートに乗ってみたいと、自ら父に告げたのだ。

「サーキットへ通っていたせいもあって高速で走ることへの憧れはずっと持っていました。いつの間にか、すごく単純に『自分もあんなふうに走りたい』と考えるようになったんです」

嬉しそうに頷《うなず》いた父は、すぐに一貴の願いを叶えてくれた。

「その時、父のチームに高木虎之介さんが所属していたんですが、高木さんの紹介で静岡のカートチームに入れてもらいました」

体が剥き出しのまま走るカートは、体感速度が300キロにもなるという。本格的なレースになればエンジンやシャーシ（車台）のセッティングも簡単ではない。

「なんの知識もないまま、ただ走ることが楽しくてカートに乗っていました。だから、レースのたびに新しい発見があって、ますますカートが好きになったんです」

中学生になると、地元にある鈴鹿サーキットのレースをはじめ、中部東海地方のレースに出場して腕を磨いた。

「高校生になって全日本選手権に出るようになったんですよ。地元鈴鹿での全日本のレースには優勝したのですが、ほかのコースではまったく歯が立たないこともあった。弱くはなかったけど圧倒的に速いというわけでもありませんでした」

周囲は彼の名前を聞くだけでざわめいた。勝っても負けても「中嶋悟の息子」と囁かれた。

「『中嶋悟の子供だろ』と言われるたびに『俺もおまえらと何も変わらないよ』という気持ちになりました。けれど、周囲はそうは見てくれない。あの状況には、確かにプレッシャーを感じていました」

中嶋悟は、一貴にとっては穏やかで時に厳しいひとりの父親だった。しかし、レーサーとしての中嶋悟は、畏怖《いふ》を抱く存在でしかない。20歳でプロデビューし、国内のF2選手権3連覇など不滅の記録を打ち立て、ヨーロッパF3000への参戦を経てF1にまで挑んだ父は、一貴にとっては天上の人だ。

「あの頃の僕は、プロのレーサーになろうとか、誰よりも速く走りたいとか、そんなところまで考えることができなかった。平凡な自分は父と違うんだということは、僕自身が一番わかっていましたから」

しかし、そんな一貴が、レーサーという職業に就き父のように生きたい、と思う転換期が訪れる。

「高校2年、17歳の時です。その年、カートの名門チームであるヤマハの一員として走ることができて、本格的なレースにいつか挑戦してみたいと考えるようになった。それでプロを養成するレーシングスクールへ入ることを決意したんですよ」

いつの日かレーサーになりたい。これまでなかった強い気持ちが彼の心を動かし、熱くした。

父はホンダが主催する『鈴鹿サーキットレーシングスクール』のコーチだったが、一貫はあえて父が教えるスクールに入校しようとはしなかった。

「親に頼むのは一番楽《らく》でしたが、それだけは嫌だった。父がどんなに手を貸してくれようと、レースで頼れるのは自分の力だけなんですから」

実は、父も一貫と同じことを考えていた。

「僕がトヨタのスクールへ行くと言ったら、父もまったく同じ思いだった。『鈴鹿のスクールに入る道はないものとして受けてこい』と言われました。親子なのでそのへんの考え方は一致している。父からそう言われたお陰で、スクールにも集中して挑めましたよ」

母は本格的なレースの道に入ることを心配したが、最後には一貫の一途な意志を受け入れた。

彼が入学した3日間の『フォーミュラトヨタレーシングスクール』への応募は2000人を超えていた。そこで選考された者だけがプロのレベルのドライビングテクニックを学ぶことができる。さらに選ばれた数名が最終オーディションに参加する。競うのは翌年のフォーミュラトヨタへの出場権だ。

「僕は運良く最終オーディションまで行くことができた。でも、そのオーディションであっさり落とされてしまいました。悔しかったですね。落ちて初めて、僕が求めていたものはこれなんだ、とはっきりわかりました。それまでの僕には貪欲さがなかった。ただなんとなく走っていたんですよ。父と同じ道を歩くと決めながら、実は魂を焦がすような思いが足りなかった」

そう思い立った一貴は、四六時中車のことを考えるようになっていた。

「カートレースにも参加して勘を磨きながら、カートにはない四輪のクラッチ操作の練習もしました。ギアの操作をイメージしながら、クラッチを繋《つな》ぐタイミングを計るんです。いつも、授業中に机の下でギアチェンジの練習をしていました。机がガタガタと大きな音を立てるのも気にせずに」

翌年の２００２年、高校３年生になった一貴は再度スクールに入学し、見事、最終オーディションに合格する。

「嬉しかったですね。でも、スタートに立った時にこそ自分をもっとブラッシュアップしたいと思ったんですよ。両親の勧めもありましたけど、大学へ進学することにしたんです」

将来、Ｆ１に挑むためには共通語となる英語の習得が必須だ。だからこそ、難しい名古屋の南山大学の英米学科を受験した。

「高校時代から英語は好きだったんですが、本格的に話せるようになりたかった。授業では特に話すことと聞くことに重点が置かれているので、ついていくだけで必死ですよ」

同時に、レーサーとしての活動も開始する。名門レーシングチームの『トムス』に所属

１９８５年愛知県生まれ。96年カートレースデビュー。２００3年フォーミュラトヨタ参戦、シリーズチャンピオンとなる。04年より全日本Ｆ３選手権参戦。06年よりＦ３ユーロシリーズに参戦。07年にＧＰ２に参戦しながらウイリアムズＦ１チームとテストドライバー契約を締結。同年のブラジルＧＰでＦ１デビューを飾る。そして08年ウイリアムズとレギュラードライバー契約を結び活躍中

した彼は、04年に全日本F3選手権開幕2連勝を飾り、05年にはスーパーGT、全日本F3選手権参戦を実現したのだった。

「大学1年生の時には、時間もあったので授業のほかにサッカーのサークルに所属していました。ゲームにもよく出場していたんですよ。ただ、F3で走るようになるとチームの宿舎がある御殿場に移ったんです」

大学は休学した。苦渋の決断ではあったが登るべき頂を見据えれば、レースに挑むことを選ばざるをえなかった。一貴は、チームの関谷正徳監督のもと、日々筋力トレーニングも重ね、F3のレースで戦っている。

「現在ははっきりとF1を目標に進んでいます。父の頃に比べるとチームの数もシートの数も減ってしまい、F1ドライバーへの道は険しいものになりました。でも、その壁を打ち破りたい。まずは欧州のF3に参戦し、なんとかF1のシートを摑《つか》むチャンスを切り開きたいですね」

そんな一貴に父は時折アドバイスをしてくれる。あの訥々《とつとつ》とした話し方と穏やかな声で――。

「父の性格なんですが、僕のレースをスタンドの片隅でそっと見てる。もちろん、会った時にはいろいろ助言をもらっています」

テクニック、走るコースライン、車体のセッティングについてなど、話は詳細にまで及ぶ。

「スタンドから見てそこまでわかるのかなと思うぐらい細かいことも言われます。お酒を飲んでいると、ちょっと話が長くなるかな。若い頃の逸話や自慢話にも花が咲く。でも、父の言っていることは返す言葉がないほど正しいんです。先輩の助言を次のレースに生かさなければ、と思います」

一貫の弟もまた、カートレースに燃えている。

「弟も全日本で勝っています。そのうちにきっと、僕を追いかけてくるんでしょうね」

決して激昂《げきこう》せず、声を張り上げることもない。心の穏やかさと涼やかな笑顔、そして鮮明な思考回路が、中嶋一貴の走りを支えている。

私は一貴に、レーサーとして生きる今の思いを聞いた。彼は静かにゆっくりと答えた。

「自分が選び決断した道を進むことができる。これ以上幸せなことはないですよ」

父が走ったF1サーキット。彼が350キロで駆け抜ける日は、いつになるのだろうか――。

※F3／モーターレースの最高峰F1への登竜門となるカテゴリー。F1、フォーミュラ・ニッポンの次に位置する。

進化

スピードスケート

清水宏保

Hiroyasu Shimizu

２００６年2月、イタリア・トリノで行われる冬季オリンピックに挑む清水宏保は、びりびりとした緊張感に身を任せながら、精神と肉体を研ぎ澄まし、その時を待っていた。

「オリンピックを目標とするアスリートは、人生を4年という期間で区切って生きている。つまり、オリンピックに出場し、結果を出すことが人生のすべてなんですよ」

臆することなくそう言い放った清水。オリンピックがもたらす興奮は、どのようなものなのか。彼はまるで独り言のようにこう呟《つぶや》いた。

「これは理屈じゃない。オリンピックがもたらす高揚感は他とはまったく違うものです」

指先にまで伝わる鼓動が歓喜の鐘に聞こえる。スタートについた刹那《せつな》、すべてが色濃く鮮明に浮かび上がって見える。そして、細胞が泡立つほどの熱さが全身に込み上げるのだ。

「オリンピックが近づくたびに思うんです。僕のスケートは必ず進化する、と」

氷と体の重心位置が安定してこそ清水の高速滑走が実現する。直線では時速60キロにもなるスピードを得るためにがっちりと氷を捉えなければならない。一方、コーナーでは左右の足を複雑に交差させながら上体のバランスをキープする。

「スケートの難しさは力の伝達方法にある。氷がどんな状態か判断し、スケート靴、足の指、脚、そして全身でコントロールする。1ミリの刃に全体重を乗せてスピードを出すためには、最も合理的な力の伝達が求められる。全身にどう力を伝えていけばいいのか、今でも思考錯誤の連続ですよ」

清水は「世界で最も氷を捉えることの巧《うま》い選手」だと言われている。もちろん、そんな評判に彼が安穏《あんのん》とするはずもない。

「僕がレースに挑む時まず最初にするのは氷との対話です。体と氷の感覚の対話によって、日々変わっている天気やリンクの状態を知り、そのレースに最適な滑りを探り当てていく」

過去3度のオリンピック出場経験は、幾度となく交わした氷との対話の記録でもある。

「最初は1994年のリレハンメルです。大学の2年生、19歳でしたが、あの時は出場することだけで精一杯だった。精神面、体力ともにまったく未熟でしたね」

500メートル5位入賞に満足するほど、彼の闘志は淡いものではなかった。

「終わった直後はこう考えていました。目標のオリンピック出場は果たすことができた。次は、出場は当たり前として求めるのは勝利だ、と。そのために必要ならどんなことでもクリアしてやろうと決意したんです」

極限まで筋肉に負荷をかける激しいウエイトトレーニングを取り入れ、肉体改造に着手した清水は、同時にスタートの強化も図る。腰を落とした低い姿勢から爆発的なパワーで飛び出し、そのままの勢いで100メートルを駆け抜けるスタートダッシュに磨きをかけ、彼の最大の武器とした。

例年の世界スプリント選手権やワールドカップで、カナダのウォザースプーンやアメリカのフィッツランドルフ、オランダのベンネマルスらと競い、500メートルで世界新記録も塗り替えていた清水は、スピードスケート短距離界の頂点にまで登りつめる。

そうして迎えた98年の長野。リンクを弾丸のように駆け抜けた清水は、35秒59の五輪レコードとともに、ついに金メダルを手に入れた。

「もちろん、金メダルは嬉しかった。4年間求め続けていたわけですからね。でも笑っていられたのは、あの日1日だけだった」

世界一になった清水は、勝利の翌日には自分のレースを分析し、後悔に苛《さいな》まれていた。
「メダルという結果が出たことには満足していても、パフォーマンスには納得できなかった。そこでもう一度自分に言い聞かせました。次のオリンピックでは結果も出しながら、内容も求めよう、と。納得できるまで滑りを進化させよう、と」

次なるオリンピックを見据え歩み出した清水は、大いなる決断に至る。スケートにだけ集中するため96年から在籍していた三協精機を退社し、プロのスピードスケーターになることを宣言したのだ。
「自分がとことんスケートに打ち込める環境をつくらなければと強く思い、プロ選手となることを望みました。スポーツ選手で環境が整っているといえるのは、日本では野球とサッカーしかない。僕ら、スケートの選手が、企業に頼らずスポンサーを付けてオリンピックを目指すという例はありませんでした。だからこそ、誰かがこの流れを変えなければ、という気持ちを抑えられなくなっていたんです」

日本のアマチュアスポーツを変えたいと思う清水に、周囲は冷淡だった。だが、「絶対に無理」「無謀だ」という声が聞こえても、彼の意思は揺るがなかった。
「もし、スポンサーが付かなければ、1、2年は貯金を切り崩して、なんとか乗り切ろうと考えてました」

清水の願いは通じた。プロ宣言をして半年後、スピードスケートのプロ第1号選手としてNECに所属することになる。

02年ソルトレークで行われるオリンピックに向けて疾走を始めた清水は、圧倒的な強さを見せていく。01年世界スピードスケート距離別選手権大会で刻んだ500メートル34秒32の世界新記録（当時）は、歴史的な快挙として世界各国に報道された。

しかし、ぎりぎりまで肉体を追い込むトレーニングと鎬《しのぎ》を削るレースの数々は、彼の体を痛めつけていった。リンクを滑ることはおろか、起き上がれないほどの腰痛が彼を襲う。腰の奥深く、神経根ブロックに痛み止めの注射を施しながら臨んだソルトレークの本戦。清水は惜敗を喫し、銀メダルに甘んじていた。

「優勝したフィッツランドルフ選手に0・03秒及ばず2位に終わったのは、自分に油断があったからです。世界記録を持っているという甘さが出たのかもしれない。パフォーマンスにも不満だらけで、長野からの4年間を無駄にしてしまったという悔しさと虚しさだけが残りました」

自分に対し厳正な清水は、オリンピックへの再挑戦のため、空気を求めもがくほどのトレーニングを再開するのである。

「ソルトレークのような思いはもう二度としたくない。トリノまでの1秒1秒を決して無駄にしないと誓ったんです」

トリノへの道は険しかった。しかし、苦痛や迷うことすら、勝利へたどり着くための準備なのだと自分に言い聞かせた。

「腰の治療のために2年間はペースを落としました。散々低迷だと騒がれました。でも、その期間に鍼治療を取り入れたおかげで、腰の調子が戻ったんです」

　復調の兆しを感じると、すべての筋肉を刷新するつもりでジムに通い、体をつくった。

「マシンを使ってのトレーニングでは気を失うほどの痛みにも襲われる。乳酸が我慢できない痛みを引き起こすんですよ。でも、今はそれを耐える集中力も備わりました」

　30代を迎えた清水は、安定した気持ちでトリノオリンピック直前のシーズンを戦えるようになっていた。

「特に苦手なコーナリングの練習に力を入れています。ショートトラックの技術を取り入れているんですよ。最後はレースを戦いながらコンディションを上げていく。オリンピックまでの日々を、大切に、楽しんでいきたいと思います」

　清水が、なぜ自己の努力と能力の限界にここまで挑むのか。オリンピックにすべてを捧げるその訳は何なのか。そこには人知れぬコンプレックスとの戦いがあった。

「負けず嫌いの性格です。とにかく、無理だと言われることに挑戦することが好きなんですよ。みんながあり得ないと思っていることを、さらりと覆《くつがえ》してみせる。その時の爽快感に魅せられているんです」

　背が低かった清水は、中学、高校と好成績を残しても「短距離では大成しない」と言われ続けた。その時に培った「いつか見返してやる」という気持ちが現在の清水の背骨になっている。

　彼がトップスケーターへと駆け上がるための階段を築いたのは、彼にスケートを教えた父、清水均である。清水が17歳の時に癌で亡くなった父は、息子が世界で戦う選手になることを信じて疑わぬ唯一の人だった。

「振り返れば、父の情熱が今の僕を支えている。現在、僕が持っている技術のすべては、父から教わったものです」

北海道の帯広で会社を経営していた父は、姉ふたりと兄、そして末っ子の清水にスケートを教えることを悦びとしていた。特に機敏で運動神経のずば抜けていた末の息子には、格段の指導を施すことになる。

「父はスケートの経験もなく素人でしたが、勉強し研究を重ねて、自己のスケート理論を構築していました。それを僕に実践させるんですよ。最初の頃は、無理やり滑らされていましたからね」

身体能力が際立っていた清水は、アイスホッケー、柔道、レスリング、剣道、サッカーと、どんなスポーツをやっても一番だった。

「どの競技も楽しかったんですが、団体行動が苦手だった。それに団体責任も苦痛でした。その点、スピードスケートはひとりじゃないですか。努力すれば結果が出せるし、負けたら自分ひとりの責任。父がスケートをやらせたがったこともあって、だんだんとスケートに専念していきました」

清水の才能を信じた父は、重度の小児喘息《ぜんそく》持ちである息子を容赦なく鍛え上げた。

「朝起きると『お前、ランニングしてきたのか!』と怒鳴り声が飛ぶ。それが中学まで続きました。大会に出場し優勝しても絶対に褒めてくれない。『調子に乗るなよ』としか言わないんですよ。喘息の発作が出ても心臓に悪いからと言って薬の吸引もさせてくれない。

うちの親は普通じゃない。なんでこんな家に生まれたのだろうと、あの頃は悲しんでいました」

　中学生にもなると逃げ出して練習をサボることもあった。しかし、レースで結果が出なければさらに厳しい叱責が待っている。

「だから嫌々でも、スケートに向き合うことになる。父の言葉で最も記憶に残っているのは『勝った時ほど、天狗になるな！』です」

　清水に鬼気迫る向上心を植え付けた父は、息子が指導者から認められないことを、当の清水以上に悔しがっていた。

「今でこそ160センチ台の選手が大勢いますが、当時、スピードスケートは身長がないと通用しないと思われていたんですよ。僕の身長ではスプリンターは絶対無理だと、誰もが口を揃えていた。父は、そうした声を是が非でも覆したかったのでしょう」

　指導者や他の選手の父兄たちが、「あんなに小さい清水君にはスプリントでの未来はない」と話していることを、父は息子へ正直に告げていた。

「胸が熱くなり、『やらなきゃわからないだろう！』という憤りが吹き上げる。悔しさをバネにスケートに打ち込んだ。でも、結果を出す前に父は逝《い》ってしまいました」

　7年間あまりの闘病生活を送りながら息子のコーチを務めた父が亡くなった後、高校2年生の清水は、生まれて初めて自分自身で考えるようになった。

「果たして自分は何をやりたいのか、何処を目指したいのか。ようやくそれを見極められました。そこから真っすぐに、目的を追い求めるようになれたんです」


1974年北海道生まれ。91年浅間選抜500メートルで日本高校新記録を樹立。オリンピックは94年ノルウェー・リレハンメルから連続4回の出場となる。98年長野では500メートルで金メダル、1000メートルで銅メダル、2002年ソルトレイクでは500メートルで銀メダルを獲得。01年世界スピードスケート距離別選手権大会500メートルでは34秒32の世界新記録(当時)を樹立。08年より、コジマ所属彼が目指したのは、やはり、オリンピックでの勝利だった。

「リレハンメル出場を目標にした僕は、練習時間を確保するために友達との関係を一切断ち切りました。学園祭にも出ないでトレーニングする。勝負にこだわって、スケートに没頭する僕を理解してくれるクラスメートはひとりもいなかった」

戦いに身を投じれば孤独に苛まれることもある。そのことを清水は思い知った。だからこそ、彼の人生を支える家族やスタッフへの感謝は募るばかりだ。

「僕ひとりでは、4度のオリンピック挑戦は絶対に叶わなかったでしょう。母には、スケートのことなど、まったく話しません。心配を掛けているかもしれませんが、昔からずっと黙って見守ってくれています」

私は彼に、その強い心を支えるものは何かと聞いた。彼は何度も瞬きをして呟いた。

「今でも時々、耳の奥で父の声が響くことがある。ふとした瞬間に『調子に乗るな、ヒロ、これからだぞ』という低い声が蘇るんですよ」

父を感じながら滑り続ける清水は、敗北や失敗を恐れることがなくなった。

「もう一度金メダルを目指すことも、難攻不落といわれる500メートル34秒の壁を破るための挑戦も、今の僕にとって苦痛を伴うものではありません」

研磨された鋭利な1ミリのスケート刃が氷を摑《つか》み刻む音。それが、ただ好きなのだ。

チャンスが残されていることに感謝し、戦うことを尊ぶ清水は、もはや魂の勝利者である。

バレーボール

情熱

菅山かおる

Kaoru Sugayama

18m×9mのコートに立つその瞬間、彼女は鳴り響く胸の鼓動を聞いている。白線に囲まれた空間は、草原のように広く荒野のように険しい。

２２４㎝のネットを越え轟音と共に迫り来る周囲65㎝の白球を追いかける体は、獲物を狙いすました猛禽《もうきん》のように鋭敏な反応を見せる。しなやかな手足も、ボールだけを見つめる眼も、ただ得点を重ねるためだけに動き続けるのだ。

「私が毎日コートに出るその理由はたったひとつ。バレーボールが好きだからです。生まれて初めてやったスポーツがバレーだったし、体育の授業を除いては他のスポーツをしたことがない」

バレーボール以外に情熱を傾ける対象を知らない。私に向かって柔らかな声でそう話す菅山かおるは、低迷が囁かれた女子バレーに光を差し込んだ選手のひとりである。

菅山が駆け、跳ぶたびに観衆が沸くのは、心の強さと均整の取れた体の美しさを目の当たりにするからだ。鍛錬された肉体にはボールを追うことへの執念が込められている。

高さが最大の武器となるバレーボールにおいて身長１６９㎝の彼女は、小柄な選手といわざるを得ない。しかし、それを補う身体能力こそが彼女をトッププレイヤーへと押し上げた。ジャンプし、手を伸ばして到達する最高地点は２９３㎝にまでなり、１８０㎝を超えるアタッカーたちにも引けをとることがない。また際立った運動神経が、地を這うような姿勢からの果敢なレシーブを可能にする。

「私がバレーボールの選手として最高の条件を満たした者ではないことはわかっています。でも、だからこそチャレンジに臆することがないんです。常に全身全霊で戦わなければ、自分のプレーなど必要としてもらえない。そう思っている。だから、迷ったり考えたりする時間はないんです。どんな時もやるしかないんだと、覚悟を決めています」

練習の激しさを物語るように腕や大腿部にはいくつも薄紫の痣《あざ》が浮かぶ。

ＪＴマーヴェラスのメンバーとしてＶリーグを戦い、日の丸を背負って全日本戦に挑む菅山は、その一瞬一瞬に自己の可能性を見いだそうとしている。

「現状に満足することはないですね。もっと上を目指したいと思う気持ちは揺るがない。誰の真似でもないプレーを確立し、自分だけのプレースタイルをつくりたいんです。そのためなら厳しい練習だって、休みがなくたって、まったく平気です」

疑うことなく好きなものに打ち込む人の瞳は強い光を湛《たた》え、また澄んでいる。バレーボールに対する純真こそが、彼女を世界の頂点を目指す戦いへと駆り立てる。

菅山が「一番好きなスポーツ」に出合ったのは、小学校に上がる前のことだ。母親がママさんバレーのチームに参加することになり、幼稚園児だった彼女が、練習が行われる体育館を遊び場にするようになった。間もなく見よう見まねでボールに触れると、母親以上にバレーの練習の日を待ち焦がれるようになった。

「パスをしたりサーブを打ったり、母が練習するコートサイドで真似をするんですよ。母は学生時代にソフトボールをやっていてスポーツ好きだったので、そんな母の側にいた私はすぐにバレーの虜《とりこ》になった。子供ですからスポーツというよりは遊びですが、本当に楽しくて、いつかは選手になるんだと決めていました」

小学生にもなると、庭や家の前の歩道で母とパスやレシーブの練習を始めた。

「もちろん遊びの延長ですが、学校から帰ると毎日練習をしていました。地元のスポーツ少年団に入れば監督がいて本格的な練習ができるんですが、小学校3年生にならないと入れない。その日が来るのをひたすら待っていたんです」

3年に進級するとすぐ岩沼西スポーツ少年団へ入団する。そこでは少女のボール遊びではない、スポーツとしてのバレーを学ぶことになった。

「パスもレシーブもサーブも監督が指導してくれました。目標は大会で勝つこと。だから、一年中休みなく練習していました」

菅山のポジションはレフト。高学年になりウイングスパイカーとしてチームの中心選手となった彼女は容赦なく鍛え上げられた。

「小学生とはいえ、単なるクラブ活動ではない。勝利を目指しての練習ですから、凡ミスをするとものすごく叱られました。時には頰を叩かれることもありました」

キャプテンでもあった彼女は決して涙を見せなかった。期待に応えられない自分への不甲斐なさをバネにして、とにかくボールに追いすがる。いつか春高バレー（全国高等学校バレーボール選抜優勝大会）に出場する自分の姿を思い描きながら、体育館へと通い続けた。

「宮城県岩沼市で生まれ育った私にとって春高バレーの常連である古川商業高校（現・古川学園高校）のバレー部は憧れの的でした。高校でバレーをやるんだったら強いところでやりたかった。古川商以外に考えられなかった。バレーがもっともっと上手くなりたかったですしね。幼い頃からテレビで見ていたあのチームに入りたいという気持ちは小学生の頃から持っていたんです」

中学校でもキャプテンを務め、高校で全国大会に出場する夢を膨らませ続けた菅山は、1994年4月に、スポーツ推薦で古川商業高校に入学。15歳の春に自宅を離れ、女子バレー部の部員と共に寮生活に入ったのだ。

「当時、女子バレーボール部の監督だった国分秀男監督の自宅に、バレー部員のための寮があって、そこでみんなと一緒に生活していました」

希望に燃えた菅山を待っていたのは、規律を求められる団体生活の窮屈さだけではなかった。チームに集まった県下でも優れた選手たち。その高度なプレーに対する衝撃こそが大きかった。

「新入生に物凄く上手い選手が揃っていたんですよ。私の中学校のバレー部は県大会に行けるか行けないかのレベルでした。でも、古川商のバレー部に集まった同級生たちのほとんどが県大会での活躍を認められた選手だった。攻撃でも守備でも格段の力を持っているんです。ここでレギュラーを取るのは至難の業だな、とすぐにわかりました」

しかし、怯《ひる》んだままでは終わらない。

「自分が劣っていると知っていたからこそ頑張れた。補欠に甘んじることだけは嫌だったんです。強い選手に負けたくないという気持ちが、これまで以上にバレーに打ち込む気持ちをつくってくれました」

歯を食い縛るほどの苛酷な練習が、休みなしに続けられた。

「小学校や中学校の練習が遊びに思えるほどでした」

練習は厳しかったがやった分だけ結果はついてくる。勝利の歓《よろこ》びも味わえた。96年3月、2年生の時には第27回全国高等学校バレーボール選抜優勝大会で念願の日本一を果たす。もちろん、トーナメントで勝ち上がり決勝にたどり着くまでには簡単な試合ばかりではなかった。

「事実、何度も負けそうになったんですよ。そのたびに、これまでの練習の苦しさが思い出され、気持ちが引き締まっていきました」

攻防が繰り返される最中、つらい練習をくぐり抜けてきた自分たちの力を信じよう、そう思っていた。

「この時うちのバレー部には1年生に凄く強い選手が集まっていたんですよ。予選から『古川商の全国制覇は確実』と噂されていた。優勝するのが当然と思われていたので、嬉しい気持ちと同時に責任を果たせたという思いで心の底からほっとしました」

3年生でキャプテンを務めた菅山は、迷うことなく実業団入りを希望する。

「実業団にならバレーだけに集中できる環境がある。私は、一日中バレーをやっていたかったので、国分監督と相談し、Vリーグ1部の小田急ジュノーに所属させてもらうことにしたんです」

しかし、前途に思いを馳せ社会人選手としてスタートを切った翌々年の99年、経営状況を鑑《かんが》みた会社が突如バレー部の廃止を決定してしまうのだった。

「いつもと変わらない調子で始まったミーティングで、突然に廃部を告げられました。みんなと一緒にバレーができなくなるのは凄く寂しかったんですけど、その気持ちを引きずってもしょうがない。すぐに気持ちを切り替えて次のチームを探しました」

宮城県に戻った菅山は、母校を訪ね国分監督に移籍の相談を持ち掛けた。彼女が希望したチームがＪＴマーヴェラスだった。

「外から見ても颯爽《さっそう》としていて、とても良いチームだと思っていました。できれば、ＪＴでやってみたいな、と考えていたんですよ。すると監督が連絡してくれた。移籍はスムーズに決まりました」

しかし、移籍したＪＴは勝利から見放されＶリーグから下部リーグに落ちてしまう。躓《つまず》いたかに見えるこの再スタートこそが、菅山自身にとっては大きな転機の始まりだった。

起死回生を期したＪＴは、全日本選手として活躍していたセッターの竹下佳江を加入させ、新たなチーム作りを開始する。以前からの選手がチームを離れていくなか、竹下のトスで生かされた菅山はレフトのポジションを摑《つか》みとっていた。

ところが、２００４年に入り元全日本のエースとして活躍した熊前知加子が加入すると、菅山は不動のレフトではいられなくなる。

「04年の春に黒鷲旗大会（全日本バレーボール選手権大会）の決勝戦、フルセット12－12の場面で、自分のスパイクが2本立て続けにブロックされ負けたんです。その直後、当時の一柳（昇）監督から『今後はレフトではなく、リベロで使うつもりだ』と言い渡されました」

高さに対する不安はもはや否めない。しかし、コートには絶対に立っていたい。

「このままレフトのポジションにこだわればレギュラーは危うい。すぐにリベロとしてプレーすることを受け入れたんです」

リベロとは96年アトランタオリンピック後に新規導入されたシステムで、守備専門のポジションを指す。

近年のバレーボールは、高身長中心のチームづくりに徹し身長の低い選手がプレーする機会が極端に少なかった。そこで身長は低くとも優れたレシーバーがその能力を遺憾なく発揮できるよう、リベロという守備要員が用いられたのだ。

リベロは、通常の選手交代とは別にバックの選手と自由に何度でも交代できる。その代わり前衛でのスパイク、ブロック、オーバーハンドでのパス、またサーブが禁止されている。特別なルールが用いられ、リベロだけほかの選手とは違った色のユニフォームを着用するのである。

菅山は、この特殊な仕事を担うポジションに少なからず興味を抱いていた。

「実業団に入ったばかりの頃は『5年間でバレーをやめよう』と考えていたんです。けれどJTに入り、竹下さんやチームの仲間とプレーを続けていくうちに、どうしても全日本でプレーしたいと考えるようになった。でも、ウイングスパイカーとして選ばれるには、身体的な条件も必要なんです。やはり、私の身長では越えられない壁がある。だから一柳監督からリベロをやってもらうと言われた時にも、抵抗はなかったんです。まずチームでリベロとしての実績を積み、頑張って全日本に入ろう、そう素直に思いました」

リベロとしてコートに立つとスパイカーの時とは違う興奮があった。

「レフトでアタックを打ち得点を決めた時の爽快感は確かに得がたいものです。しかし、

1978年宮城県生まれ。小学生からバレーボールを始める。古川商業高校（現・古川学園高校）女子バレーボール部にてキャプテンを務め、卒業後は小田急ジュノーを経て、99年にJTマーヴェラスに入部。2004年からリベロへ転向。05年のワールドグランプリにて全日本代表デビュー。翌06年の世界選手権でも攻守にわたって活躍、人気を博す。08年5月31日で現役を引退

リベロになってレシーブに集中すると、攻撃とは違った醍醐味がある。レフトの時には頭のなかで、一度前衛で失敗しても挽回が効くという考えがあった。ですが、リベロには一度の失敗が許されない。だからこそ、一球一球が大切になります。自分が拾ったボールを仲間が繋《つな》ぎ、それが得点になる。その歓びは本当に大きいんですよ」

その緊張と責任が、プレーひとつひとつを掛け替えのないものにしていた。

「今は、攻撃だけでなくリベロのレシーブで観客の皆さんにバレーの楽しさを知ってもらうことだってできる、と信じています」

04年のVリーグ、JTマーヴェラスは初の4強に入る。躍進の立役者であった菅山は、その献身的なリベロの仕事を評価され、レシーブ賞を受賞する。そして、念願の全日本のメンバーとなったのである。

「全日本の柳本（晶一）監督からは、再びレフトを任されることもあります。与えられた仕事には120パーセントの力で臨みたい。でも、最終目標はリベロで全日本のレギュラーになることです」

世界の強豪国とも決戦を交えた今、菅山は大きな目標に視線を投げ掛けている。

「もし叶うなら、もう一度オリンピックの舞台に立ち、さらに進化したリベロになっていたいと思っています」

人生のなかでバレーボールよりも大切な何かが見つかる日が来るのだろうか。私の問い掛けは、彼女の爽やかな笑い声で遮られた。

「いつかはバレーを離れる日が来るでしょう。でも今は想像できませんね。子供の頃も今も、同じ気持ちでボールに触れています。大好きなことにこれほど熱中させてもらっている自分は、本当に幸福なんだと思います」

相撲

頂点

朝青龍

Asashoryu

土俵の上にある肉体は甲冑《かっちゅう》とも見まがう筋肉をまとい、他を寄せ付けぬ威光を発している。土を踏みしめる足も、立ち合いのたびに握る拳《こぶし》も、目の前の力士ばかりか砂被りまでを睥睨《へいげい》する姿も、戦いを刹那《せつな》に控えた緊張と高揚を示している。

朝青龍の強さの秘密はどこにあるのか。私がそう問うと、強い語気で言葉が返る。

「土俵に上がって考えることはひとつだけ。この一番が終った時に勝ち名乗りを受けるのは自分なのだ、ということ。力士は、勝つために命だって懸けるんだ」

第68代横綱として角界に君臨する朝青龍。バランスのとれた体躯、145キロの巨体を俊敏に操る運動神経など、強さの要素は数え上げればきりがない。そして、その筆頭に、勝利への執念と生まれながらに持ち合わせた闘争心が挙げられることは疑う余地がない。

その闘争心はどこで養われたのだろうか。朝青龍の源流はモンゴル相撲にあった。

「父親も兄たちも、僕自身もモンゴル相撲の力士だった。小さい頃から戦うお父さんの姿を見ていたから、力士になりたかった。子供の時からずっと、一日も早く強い力士になりたいと思っていたんだよ」

モンゴル相撲のルーツはチンギス・ハーンが闊歩した13世紀にある。兵士が心身の鍛練のため用いた格闘技だと伝えられている。現在もモンゴル相撲は人気があり、競技人口も多い。自ら「戦うために生まれてきた」と語り、格闘技の逸材だった朝青龍は、格闘の場をモンゴルから日本へと移し、「強い力士になる」という夢を実現したのだった。

「モンゴルから日本へ来たのは1997年9月。今でも日本へ来られたことを有難いと思っている。だからこそ、もっと強い横綱にならなければ、といつも考えているんだよ。それが言葉もわからない日本で相撲を始めた僕を、ここまで育ててくれた人たちへの恩返しになるんだから」

土俵に立ちながら、モンゴルを離れ日本で横綱となった運命に、朝青龍は感謝している。

朝青龍の本名はドルゴルスレン・ダグワドルジ。80年9月27日、モンゴルの首都ウランバートル市で生まれた。家族は両親と兄が3人、妹が1人。7人のドルゴルスレン一家は都会のアパートに住み、常に賑やかで笑い声が絶えない家庭を築いていた。当時、トラックの運転手で生計を立てていた朝青龍の父親は、モンゴル相撲では関脇にまでなった格闘の達人だった。筋骨隆々の父親に息子たちは尊敬と憧れを抱いていたのである。

「僕にとっての英雄は常にお父さんだった。関脇にまでなった人だからね。息子たちがモンゴル相撲を始めるのもごく普通のことだ。僕は子供の頃からお父さんに『早く相撲をとりたいよ』と言ったんだけど、なかなか許してくれなかったな。『あまり早いうちに根《こん》を詰めると、疲れて根性をなくすから』と言われていた」

さらにモンゴル相撲は関節や筋肉に負担をかける。だからこそ、体がしっかり成長してからでなければ相撲はとらせない。父はそうも言っていた。相撲を始めていた兄たちを横目に、父の言葉に従ったダグワドルジ少年は、仕方なく他のスポーツに興じていた。

「小学生や中学生の頃には、サッカーやバスケット、バレーボールなど何でもやった。スポーツは何をやっても一番だったよ」

なかでも夢中で稽古したのが日本の柔道である。

「柔道も強かったよ。1年ほど練習したらモンゴルの大会で優勝してしまった。遠い夢として、柔道でオリンピックチャンピオンになりたいと考えていたんだ」

15歳になるとようやく父親から「モンゴル相撲をとってよい」との許しが出た。

「この頃になると骨もしっかりしていたし、ガッツも漲《みなぎ》っていたからね。モンゴル相撲では、やっぱりお父さんが目標だった」

ほかのスポーツや柔道で磨かれた運動センスはそのままモンゴル相撲に生かされた。95年に出場したモンゴル相撲大会の少年の部で準決勝にまで進出し、翌96年には王者になってしまうのだ。格闘技に熱中したダグワドルジは、格闘家である父の血を受け継いでいることを強く感じていた。

「戦うことが好きだった。心が燃えたよ。将来は柔道でオリンピック代表になり、金メダルを取ろうと、真剣に計画を立てていた。オリンピックに出場すれば、その先の人生も開かれていくだろうと思えたからね」

この時期、彼にとって日本の相撲はまだ遠い存在だった。

モンゴルでは大相撲のテレビ中継が日本と同様に行われている。モンゴル出身の旭鷲山、旭天鵬、旭天山らが活躍し始めていたため、場所ごとに取組が放送された。

「旭鷲山関はじめモンゴル出身力士の人気は高く、モンゴル人はみんな中継を見ながら応援していた。でも僕はまったく日本の相撲を知らなかった。モンゴルでは日本のテレビ番組をいくつか放送してNHKのニュースやドラマの『おしん』は見ていたんだけど、なぜか相撲は見ていなかったんだよ」

ところが、ある日偶然に見た取組がモンゴルの少年と日本の相撲とを強く結びつけることになる。それは95年の春場所、小兵力士として知られた寺尾が堂々たる横綱の貴乃花を下した一番だった。立ち会い後、寺尾が前へ出て突っ張ると横綱もそれに応じて突っ張り返す。激しい場面で一瞬貴乃花の体勢が崩れた。そこで寺尾が左から往《い》なし、大きな横綱は赤房下（吊り屋根の四隅を飾る房のひとつ）へと吹っ飛んだ。

「僕と変わらない小さな体で横綱を圧倒した寺尾関の相撲に感動した。あんなに細身の力士でもいい動きをすれば横綱にだって勝てるんだと、頼もしく思ったよ。それまで相撲を見たこともなかったし、どんな世界かも知らなかったけど、たった一番その取組を見て、僕は相撲が大好きになったんです」

　時を同じくして、ダグワドルジが日本へと渡る機会が訪れようとしていた。モンゴル相撲協会連盟の招きでウランバートルを訪れていた明徳義塾高校相撲部のスカウトを受け、日本への相撲留学が急遽決まったのだ。

　ダグワドルジに白羽の矢を立てたのは、ウランバートルを訪れ、大勢のモンゴル相撲の力士たちの取組をその目で見た明徳義塾高校相撲部の浜村敏之監督だった。朝青龍は当時をこう振り返る。

「２００人の選手が出場していたモンゴル相撲の大会で優勝したんだよ。そうしたら突然『日本の高校へ入って相撲をやらないか』と言われたんだ。外国へ行ってみたかったし、飛行機に乗ってみたかった。テレビでしか見たことのない日本を自分の目で見てみたかった。だから深く考えず、すぐに明徳義塾高校への留学を望みました。お父さんお母さんも『お前が行きたいのなら』と言って応援してくれたよ」

97年9月、17歳を迎える直前にダグワドルジは希望に満ちて来日する。しかし、関西国際空港に降り立ったその瞬間からカルチャーショックが彼を襲った。関空から高知空港へ飛び、そのまま明徳義塾の相撲部員が共同生活する寮に入っても驚きは収まらなかった。

「モンゴルとは何もかもが違っていて驚いた。1週間で家に帰りたくなった」

里帰りはおろか、国際電話も高額な通話料がかかりままならない。言葉がわからないつらさもひとしおだったが、いちばん苦しかったのはやはり食生活の違いだった。

「寮の食堂に集まって部員みんなで食事をするんですが、最初は食べ物の味になじめなかった。モンゴルはなんでも塩味なんです。でも、日本は醤油味や味噌味でしょう。その味に慣れるまでには時間がかかりました。生の魚も苦手だった。でも、白い御飯は美味しくて、すぐに好物になったよ」

海外留学生を数多く受け入れている明徳義塾では、相撲留学したモンゴル人にも特別扱いはしなかった。

「それが良かったんだ。勉強はなかなか大変だったけど、相撲部の稽古は頑張った。稽古しながら日本語も生活習慣も覚えられた。日本では上下関係が厳しいから言葉でも気を使わないといけないところがある。敬語だって、監督や先輩と話すことで覚えていったんです」

明徳義塾高校の寮を我が家としたダグワドルジは、間もなく安らぎすら覚えるようになった。

「留学した高校生の身分で、あんなに幸せな環境はない。食べ物もあるし洋服や身の回りの物も全部用意してもらえる、ちゃんと寝られる、勉強はできる。相撲部の稽古は厳しかったけど、本当に幸せでしたよ」

順応の速さは相撲の上達にも比例した。最初は四股《しこ》もすり足もできなかったダグワドルジに、浜村監督は繰り返し基礎を叩き込んだという。

モンゴル相撲のルールは日本の相撲とは違っている。手のひらを地面につくことが許され、また土俵がないので自由に動き回ることができる。先に膝、臀部《でんぶ》、肘のいずれかが地面についた者が負けとなるのだ。ダグワドルジの稽古では柔道やモンゴル相撲の動きや技が顔を覗かせた。しかし、それも稽古で克服する。

「とにかく日本の相撲を身に付けようと必死だった。てっぽうやぶつかり稽古も自然にこなせるようになると、徐々に日本の相撲が身に付いていったね」

苛酷な稽古はそのまま結果となって表れた。初めて臨んだ全国大会でベスト16に入り、2年目に出場したインターハイでは3位に輝いた。

18歳になったダグワドルジは浜村監督から相撲部屋への入門を持ち掛けられた。監督と近畿大学相撲部の同期であった若松親方（現・高砂親方）のもとでプロにならないかというものだった。実は、ダグワドルジが来日したその年、若松親方は「うちへ預けてくれないか」と、彼の入門を打診していたのだ。

「ある日、大きくて逞《たくま》しい男の人が学校へ訪ねてきて僕に握手を求めたんだ。僕はその人が大関・朝潮として角界で活躍していたことを知らなかった。でも、握手した時の力の強さで、心が通じ合ったと感じられた。それがものすごく嬉しかったよ」

若松親方は、「飛行機に乗せてやる。東京へ行こう」と言った。すでにプロの力士になることを目指していたダグワドルジにも迷いはなかった。

すぐに高校内で親方とともに若松部屋（現・高砂部屋）への入門発表の記者会見を行った。その晩から身の回りの荷物を整理し、3日後には飛行機に乗って若松部屋へと向かったのだった。

「突然、高校を離れることに驚いてはいたけど、プロになるためにはどんな変化だって受け入れようと思っていた。ウランバートルから関空へ飛んだ時と同じように、また飛行機で高知から羽田に向かったんだよ」

新弟子としての生活は相撲部の寮とは雲泥の差で、生易しいものではなかった。角界のしきたりを覚え、先輩力士のために雑用をこなし、料理をし、さらに稽古に励まなければならない。日本人の若者でも耐えられぬ生活から、ダグワドルジは逃げなかった。

「誰よりも力強い力士になることを目指していた。だから、相撲以外のことで苦しくても気にならなかったよ」

心の内ではいつも、「自分には稽古しかないんだ」と言い聞かせていた。

「起きている時にはもちろん、寝ている時だって稽古のことだけ考えていたからね。相撲が強くなるには稽古しかないんだよ。それにね、稽古した後のちゃんこは、本当にうまいもんだよ」

間もなく四股名を朝青龍としたこの新弟子は、親方の期待をはるかに上回り快進撃を続けていくのである。99年春場所、序ノ口で6勝1敗の成績を収めると、立て続けに序二段、

朝青龍　明徳（あさしょうりゅう　あきのり）、本名ドルゴルスレン・ダグワドルジ。1980年モンゴル・ウランバートル生まれ。明徳義塾高校を経て若松部屋（現・高砂部屋）に入門。初土俵は99年初場所。2001年初場所で新入幕し、02年7月にモンゴル出身力士として初の大関に、03年1月に横綱に昇進した。05年九州場所では7連覇という歴史的偉業を遂げた。07年初場所では外国人力士では初となる史上20回目の優勝を達成

三段で優勝に輝いた。同年秋にては幕下となり、２０００年秋場所で十両昇進、01年初場所で新入幕を果たしたのだ。小結、関脇、大関と駆け上がった朝青龍がもっとも記憶に留めている一番は、幕内で初優勝した02年九州場所である。

「武双山関との一番、流れは相手にあった。もう完璧に負ける状態になっていた。それを切り返して押し出したんだ。優勝があんなにも嬉しいものだと、あの時に知った。あの感激は忘れたことがないよ」

朝青龍のあまりの強さに、勝ち名乗りがあがる国技館に罵声が飛び交うこともある。

「手刀を切って懸賞金を受け取る時、投げられた座布団が飛んできて、懸賞金も飛んでしまったことがあったんだ。あの時は少し悲しかったね」

相撲界の頂点に座する横綱となったのは03年春場所だ。わずか25場所での横綱昇進は、相撲界においての最速記録である。

「苦しいことがあっても勝つためにならどんな我慢だってできる。入門したばかりの頃は、モンゴルの家族のためにも強くなりたかった。でも、今は、相撲を愛する人たちのためにも負けられないと思っている」

そうした思いの結果が、05年九州場所で達成された史上初の7連覇であった。年間84勝という最多勝利記録をも打ち立てた彼はそれでも安堵することがない。

「勝ったことに満足してさぼったら、必ず転げ落ちるだろう。相撲の世界は、それほど厳しいものだよ」

02年にはモンゴル出身のタミルさんと結婚し、現在は一女一男の父親になった朝青龍。

彼は自らの家族を心の支えに戦いに挑んでいる。

「これまでと同じように、猛稽古は欠かせないな。子供たちにあまり会えないのが寂しいけど、いちばん大事なのは相撲だよ。今は横綱にしてもらった自分に何ができるか、それをいつも考えている」

母国モンゴルでの人気は絶大でその影響力も大きい。モンゴルの相撲中継は、視聴率80パーセントを超えるほどだ。モンゴル人にとって誇りになった彼は、大統領に任命され就任したスポーツ問題の特別顧問としてスポーツ選手や青少年の支援も行っている。

「スポーツのためのさまざまな活動に取り組んでいるよ。04年のアテネオリンピックでは、モンゴル選手団のユニフォーム一式を僕が用意させてもらいました。ウランバートルの一角には市民のための日本庭園のような雰囲気の朝青龍公園を造ったよ」

ダグワドルジを誕生させたモンゴルと稀代の横綱・朝青龍を育てた日本。彼にとってもはや祖国はひとつではない。私がそう言うと、彼は大きく頷《うなず》いた。

「これからも日本とモンゴルの絆を強くしたい。ふたつの国は、どちらも僕にとって故郷だと思うから」

前進

サッカー

柳沢 敦

Atsushi Yanagisawa

90分の間、選手たちはボールを繋《つな》ぐために走り、鬩《せめ》ぎ合う。ピッチで声を嗄《か》らすことも、前進に汗を滴らせ喉の渇きに喘ぐことも、ボディコンタクトのたびに襲い来る激しい衝撃に耐えることも、ただゴールを奪うためだけに繰り返される。

サッカーは地球で最も競技人口が多く、その魅力に抗《あらが》うことを許さないスポーツだ。ひとつのプレーが数億人を激昂《げきこう》させ、ひとつのゴールが刹那《せつな》に歓喜と落胆を分ける。人生に光と影さえもたらすダイナミズムこそが、サッカーという競技の精髄《せいずい》だ。

フィールドに散る22人のなかで、もっとも華々しく際立って鮮やかな印象を与えるのは、狩猟者のごとくゴールを狙うフォワードである。

広大無辺とも思えるピッチに立ち、わずか数十センチの空間に走り込んでシュートを放つ攻撃要員は、生来の鋭敏さと一瞬の決断力を併せ持つ者でなければならない。

フォワードである柳沢敦は、その資質を天から与えられたひとりである。富山県射水郡で生まれた彼は、サッカーエリートとして歩んできたわけではない。ストライカーとしての才能を開花させた富山第一高等学校時代にも全国制覇とは無縁だった。彼は、ゴールを奪う、ただそのためだけに努力を重ねた。

なぜストライカーになったのか。私の問い掛けに柳沢は明快に答えた。

「ゴールを決めた一瞬の達成感でしょうね。それが、今日まで自分がサッカーを続けている大きな動機でもあります。さらに、僕を突き動かすのは監督やチームの仲間やファンから寄せられる期待に応えたいという気持ちです。僕のゴールを信じ、ピッチに送り出してくれる人たちに報いたい。そう思うことがゴールを狙い続ける原動力になっている」

そんな柳沢の心は、実はふたつの色で彩られている。ゴールを決め自分こそが勝利の立役者になるという主我の気持ちと、パスを繋ぐ選手の意志を受け止めボールを託してくれる人たちと手を携えたいという協調の思いだ。

色だけでなく温度すら違うこのふたつの考えを柳沢は真摯《しんし》に抱き続けてきた。

「僕の仕事はゴールを決めることですよ。そのためにはエゴを剝《む》き出しにすることだって厭《いと》わない。しかし一方で、僕は仲間を思いやる気持ちこそ一番大切だとも思っている。自分を犠牲にしてでも誰かのために尽くしたいし、そうできる人こそが僕にとってのヒーローでもある」

闘争心と共に繊細な魂を持ち合わせた彼は、哲学者のように考え、悩んだ。その思い煩《わずら》うことこそが、彼を傑出したフォワードへと導いたのだった。

「サッカーを始めた頃からプレーについて、チームでの役割について、いろいろと悩む性格でした。自分にとって最善のプレーとはどんなものなのか、ゴールを決めるためには何をすればいいのか、いつも頭の中で自問自答するんです」

すると、求めたプレーが脳裏に映像となって映し出されることがある。仲間の顔が浮かび、ラストパスが自分に繰り出されるのが見える。柳沢は考えることで他の者には真似のできない柔軟で合理的なプレーを構築していった。

「他の選手はわかりませんが、それが僕のスタイルです。でも、時に考えすぎてしまうことがある。プロになったばかりの頃、海外遠征に行くたびにいろいろ考えて最後には熱が出てしまった。自分でも呆れましたが、性格だから仕方ないですね」

プロサッカー選手として活躍する柳沢は、さらに考えることで自らの道を切り開く。8年間在籍した鹿島アントラーズを離れ、03年にセリエAへ移籍を決めたのも、現状より過酷な環境に身を置き肉体的にも精神的にも激しいサッカーを経験するべきだと信じたからだった。

「高校卒業後に入団した鹿島アントラーズは、僕にとって最高の環境をもたらしてくれました。ジーコやセレーゾという指導者のもとでプレーし、優勝という栄誉を手にすることができた。練習に集中し、高度なサッカーを試合で繰り広げることの喜びを知ったのもアントラーズにいたからです。でも、だからこそ現状に満足してはいけないと考えました。いつかはまったく異質な環境に飛び込んで新しい挑戦をしようと思っていたんです」

人は外界を知ることで生まれ変わる。柳沢は２００２年にワールドカップ初出場を果たすとその直後から移籍を望むようになった。

「03年に入ると、セリエAのサンプドリアから移籍の話があった。このチャンスを逃せばこうした機会はもう訪れないかもしれない。そう思い決意しました」

柳沢のチームへの貢献を認めていたアントラーズは、彼が望んだ移籍の申し出を断ることをしなかった。

「アントラーズのメンバーとして最後に出場したジュビロ戦、セレーゾ監督が僕に『君を万全の体調でイタリアへ送りたい。怪我の心配もあるからゲームには出場せず、最後の挨拶だけしたらどうか』と言ってくれたんです。もちろん、出場しましたが、そこまで気を使ってくれるのかと、心底嬉しかったです」

03年7月、柳沢はイタリア最大の港町ジェノバにあるサッカークラブ、サンプドリアの一員となった。言葉も習慣も文化も価値観も違うその地で、柳沢はこれまで以上に自分自身と向き合うことになった。

「イタリアに来て真っ先に感じたのは、とにかく試合で見せる結果がすべてだということ。結果を出す前に、どんなに素晴らしいプレーをしようとそれは問題にならない。サッカーは成果を挙げた者が勝者となり力を持ちますからね」

プレーにおいてもある衝撃を受けた。

「セリエAのサッカーはうまさよりも激烈さが優先され、戦術よりも力業が勝るんです。だから選手の競い合いも半端じゃない。個々の性格もきついし、練習から喧嘩になる。自分がミスしても絶対に謝らないですからね。日本でプレーしていた時には常に周囲の思いやりを感じていたんですが、イタリアへ行ってからは、彼らにとって思いやりなんて甘さでしかないんだと思い知らされました」

彼がセリエAに持っていた印象は、一気に変わった。選手が技を競い合う優雅さが目立っていた世界は、実は殺伐とし荒涼としていた。

柳沢は、イタリアのサッカーの激烈さを目の当たりにし、より一層闘志を掻き立てられていた。同時に、自らがゼロからのスタートを強いられていることも痛感する。アントラーズの成績や過去のプレーなど、何のアドバンテージにもならなかった。

「ベンチには入ってもほとんど試合に出られない日々を送りながら、このままじゃ帰れないという気持ちがわき起こってきた。出場機会を得て、そのチャンスで成果を挙げなければば、明日はないんです」

03―04、04―05の2シーズンを不本意なまま過ごした柳沢は、このままイタリアを去ることはできない、と思い詰めていた。そして、自己の真価を問うためにもセリエA残留を決意する。そして、05年7月、突如イタリアのシチリア島を本拠地とするメッシーナへの移籍を決めたのだった。

「サンプドリアへの入団は代理人任せだったのですがメッシーナへの移籍は自分で動きました。メッシーナに入った理由をひと言で言うなら、セリエAで何も結果を残していないから。ひとつの充実感も摑《つか》めないまま日本に帰ることができなかった。セリエAという大舞台にいて、苦しいことも多いのですが、その魅力は大きいし、イタリアでまた新たに挑戦する場所を得られたということは自分にとって良かったと思います」

結婚し家庭を持った彼は、安らぎの時間も得た。今は自らの足元だけを見つめ、どんな小さなチャンスをも逃すまいとプレーに集中している。

「一日一日、できることをやっていくしかない。フォワード以外のポジションでのプレーを求められることもありますが、今は試合に出ることがすべてで決して拒絶しません。楽ではないんですが、僕はまだ自分の可能性を信じている。だから、もう少し踏ん張ってみようと思っているんです」

そうした志向は、ワールドカップドイツ大会に繋がっている。

「日本代表への思いはずっと変わっていません。むしろ、一度ワールドカップを経験し、そのパワーと熱狂をじかに感じていますから、もう一度出場したいと思う気持ちは倍増していますね。02年、スタジアムから出る代表のバスを囲む人の波を見た時には、全身の肌が粟立った。ワールドカップに情熱を注ぐ人々がこんなにもいるんだ、と。あの日から、サッカー選手にとって特別な大会であることを忘れたことがありません」

しかし、そこでは激しい競争が待ち受けていた。

「04年のアジアカップで優勝した日本代表には名を連ねることができませんでした。その後も、代表には呼ばれたり、呼ばれなかったり。また召集されても試合に出られないことが多かった。自分は、ヒデさん（中田英寿）や（中村）俊輔とは置かれている状況が違います。メッシーナで戦うと同時に、日本代表に残れるか残れないか、ぎりぎりの戦いにも挑まなければならない」

日本代表を率いるジーコは、柳沢の恩師である。ジーコの指揮官としての厳格さを誰よりも理解しているのは柳沢本人だ。

「選手はピッチに立てる者と、ベンチで控えに回る者とに分かれます。自分も含め、ずっとベンチに縛られて出られない状況が続くと、選手は本当につらくなる。そんな時、ジーコは選手にこう言います。『チャンスが来るまでには時間がかかる。その順番は待たなければいけないし、いつ訪れるかわからない。だからこそ、全員が万全の準備をしておかなければいけない』と。僕自身、このジーコの言葉を胸に刻んでいる。決して諦めることなく、全力を尽くして走り、シュートを打ち込むだけです」

柳沢の潔い決意に力を貸したのは、日本代表の支柱であり戦略における頭脳でもある中田英寿だった。イングランド・プレミアリーグのボルトンでプレーする中田に、彼はそれまで一度も口にしたことがなかった辛苦を告げた。

「代表に呼ばれない、また呼ばれてもなかなか出られない。そんな状態が続いて落ち込んでいた。正直に自分の気持ちを話し、心の内をヒデさんに聞いてもらったんです」

ドイツ大会に出場するためのアジア地区ワールドカップ最終予選、幾度となく代表召集から漏れ、また召集されてもベンチからゲームを観戦しなければならない柳沢に対し、中田は強い視線を投げ掛けた。

「返ってきた答えは、ひと言『やればいいじゃん』でした。『ヤナギ、やるしかないじゃん。考えていたってしょうがないんだよ』と」

まるで弟に言葉を投げ掛けるように気安く親しみを込めた中田の声に、柳沢は勇気を授けられていた。

「ヒデさんの『やるしかない』は、諦めを端から否定する気持ちを表す言葉。選択肢はない、現実を受け止めろ、ということです。単純ですが真っすぐなメッセージを聞いて吹っ切れました。予選を戦っている最中、必ず代表のレギュラーを勝ち取るんだという気持ちがわいていったんです」

最終予選終盤のバーレーン戦と北朝鮮戦、先発出場した柳沢は、前方へ進路を築く多彩な動きを見せ、代表の攻撃力を増大させたのだった。

「欧州のチームで有無を言わせぬ結果を見せつけてきたヒデさんには、個人的にも大きな影響を受けています」

柳沢のサッカーは、どこへ向かうのか。私がそう聞くと緊張した面持ちが崩れ、笑みが

1977年富山県生まれ。富山第一高等学校卒業後の96年Jリーグ鹿島アントラーズに入団。97年Jリーグ新人王に選ばれる。98年日本代表デビュー。98年と01年にはベストイレブンに選出される。2003年にイタリアへ渡り、セリエAのサンプドリア、メッシーナに所属。06年に鹿島に復帰。08年より京都サンガF.C.でプレー。02、06W杯出場。日本代表国際Aマッチに58試合出場17得点

こぼれた。

「とにかく頑固なんですよ。悩むこともあるけど、最後は頑《かたく》なに自分を貫くんです。僕のサッカーは、このまま愚直に、前へ進むしかないんだと思います」

しなやかにバランスを保った体と柔らかな足首の関節とがボールに強い順回転をもたらし、美しい弧を描かせる。そのスピードは目弾《めはじ》きの間を与えない。柳沢の鮮やかなシュートがゴールネットを揺らす瞬間を、誰もが待っている。

成長

マラソン

野口みずき

Mizuki Noguchi

空は青く、風は乾いている。いつもの道を走り出す野口みずきの前には、広い視野が開けていた。腕を振り腿《もも》を引き上げる。スピードが上がる。瞬くうちに周囲の景色が濃淡のある線になって後ろへと流れていった。加速すると、息が弾んだ。自分の後方からは路面を蹴った足音だけが規則正しいリズムでついてくる。

なぜマラソンを走るのか。私の問いかけに野口の大きな瞳が輝いた。

「ただ走ることが好きなんです。風をきって駆け抜けると生きていることを実感できますからね。マラソンランナーにとっての目標は記録を出すことや大きな大会で優勝することです。でも同時に、タイムや勝利だけが目的ではありません。私は走ることの楽しさに魅せられてるんです」

自ら「走ることが生きること」と知ったのは、２００４年8月23日、彼女が日本中の期待に応えアテネオリンピックで金メダルを獲得した翌日のことだった。

「宿舎から近い海へ出かけたんですよ。体を休めるために、また自分への褒美として丸１日休みを取った。監督やコーチと一緒にエーゲ海で海水浴をしました」

波打ち際で無邪気に遊んだ野口が、耐え難い違和感を覚えたのはその夜だった。

「たった1日走らなかっただけなのに、全身の皮膚がざわざわと粟立《あわだ》つようで、気分が悪いんです。夜も心が落ち着かずイライラとして眠れない。その日、走らなかったことを物凄く後悔していました」

体が心拍数を上げることを求めていた。

「翌日の朝になるのが待ちきれなかった。トレーニングウェアに着替えてアテネの街を走りました。すると『走ることはこんなにも私を生き生きとさせるのか』と気がついたんです」

吹いてくる風も、高鳴る鼓動も、胸に込み上げる清々しさも、金メダルを取る前と少しも変わらない。それが嬉しかった。

過去に縛られず、不確定な未来に向けて迷わず進み出した野口。改めて灼熱のオリンピックを振り返ることで、彼女はマラソンという競技の過酷さとその対極にある貴さを思っている。

「走っていて死を意識したのはアテネだけです。それほど苦しく、つらいレースでした」

マラトンの丘に設けられたスタート地点。午後6時だというのに気温は35度を超えている。42・195キロという距離への恐怖と、まだ見ぬゴールを目指す冒険心とが全身を満たしていた。

「マラトンから10キロのところに宿舎を構えていたので、レース当日の朝練習の時、マラトンの戦士の塚に行ってお祈りしてきたんですよ。そこで眠る戦士たちに、守ってください、頑張ってきます、と告げました」

実は、レース直前、野口は体調を崩していた。風邪をひいて喉《のど》を痛めたのだ。

「むしろ『万全じゃないのだから結果を求めず無心で頑張るだけ』と吹っ切れました。そう思ったら目の前の状況がクリアになっていったんです」

スタートの少し前、最大のライバルであるイギリスのポーラ・ラドクリフが保冷剤で全身を冷やす姿が目に飛び込んできた。

「体感温度は40度を超えていました。なのに彼女は体を急激に冷やしている。走り出したら一気に温度が上昇してしまう。なぜ逆効果になるようなことをするのだろうと不思議でした」

スタート後、野口は世界記録保持者であるラドクリフをぴったりとマークする。先頭集団にはラドクリフ、野口、土佐礼子、坂本直子、ケニアのキャサリン・ヌデレバといった優勝候補がひしめいていた。最初の5キロは平坦な道が続く。驚くほどのスローペースだ。

「ラドクリフさんは、走りながらわずかな日陰を探すような動きをしていたんです。彼女が暑さに怯《おび》えていることがわかりました。ハイスピードで引き離されたらどうしようと思っていましたが、スピードはまったく上がらなかったですね」

しかし、当の野口にも異変は起きていた。

「10キロ付近で吐きそうになりました。風邪と暑さのせいです。でもテレビカメラが目の前にあるし、ここで吐いたら恥ずかしいと思って必死で我慢しました」

頭や肩に水を掛けながらなんとか嘔吐《おうと》を治めた。頭には、レース直前に授けられた作戦が渦を巻いていた。

「藤田（信之）監督は『上り坂が続いている25キロでスパートだ』と言いました。下り坂になる30キロ過ぎで仕掛けたのでは遅いんだ、と。私は下り坂より上り坂が得意なので、監督の指示にもすぐ頷《うなず》けました」

25キロ地点には下見の時に目印と決めたフランスのスーパーマーケット、カルフールの巨大な看板があった。

「その看板を見上げ『ここだ！』と自分に言い聞かせて飛び出したんです」

残り17・195キロを行く野口は孤独と闘っていた。35キロを過ぎた頃、膨れ上がった不安は抱えきれないまでになる。彼女は、ランニングパンツ左正面に縫い付けた赤いお守りに、左の掌《てのひら》で何度も触れていた。

「私の地元の伊勢神宮のお守りを、レース前に自分で縫い付けたんです。もう駄目かもしれない、誰か助けて、と思った時、必死でお守りを触っていました」

野口が失速することはなかった。眩しかった西日も失せ、辺りが濃い紫色に包まれた午後8時20分過ぎ、第1回近代オリンピックが行われた「パナシナイコ・スタジアム」に一番手で滑り込んだのだ。

「日の丸を振ってくれる大勢の姿が見えたので、手を振らずにいられなかった。前にはライトアップされた五輪のマークが見えました。ヌデレバさんが追い上げてきていることを知ったのはスタジアムに入ってから。少し焦りましたが、なんとか凌《しの》ぐことができました」

ゴールを切った瞬間、右手人差し指で天を指していた。記録は2時間26分20秒。

「脱いだ靴にキスしたのは、靴を作ってくれた方たちに感謝の気持ちを示したかったから。あのパフォーマンスは、金メダルを取れたらやってみようと前から考えていたものです」

大理石のスタンドを揺るがす歓声は、野口の興奮に拍車をかけた。込み上げる感激を笑顔に変え、全身でその歓《よろこ》びを示していた。だが、突如、想像を絶するダメージが襲い来る。

「嘔吐が止まらず、呼吸が困難になった。倒れ込み銀色の保温シートに包まれてスタジアムの地下にある医療スペースに運ばれたんです。ところがすぐに治療は受けられない。ドーピング検査のために尿を採取しなければならなかったから。ストレッチャーの上に寝ていたのですが、どんどん意識が遠のいていきました」

マラトンでペルシャ軍に勝利したことを伝えるためアテネまで走り、その役目を果たした途端に死んでしまったアテネ軍の兵士のようになるのかもしれない。彼女は真剣に恐れていた。

「このままひとりで死んでいくのか、と怖かった。ドーピング検査のあと治療を受け、なんとか動けるようになりましたが、あの時の恐怖は今も忘れませんね」

倒れたのは野口だけではない。途中棄権したラドクリフも、ゴールしたヌデレバも土佐も坂本も、他のほとんどの選手も疲労と脱水症状で崩れ落ちた。

「それでも私はマラソンをやめられない。命を懸けることも厭《いと》わないです。あの日走った全員が、同じように思っているはずですよ」

オリンピックのレースが終わってみると、金メダルが終着点でないことがわかった。

「私も走る前まではオリンピックが最高で一番だと信じていました。しかし、終わったあとは『やったぞ』という感覚はあるものの、心はすでに次のレースを思っていたんです。今では、走るという人生の句読点にオリンピックや世界陸上があるのだと感じられます。私のテーマは挑戦です。金メダルに満足していたら、ここでブレーキがかかってしまいますからね」

２００５年９月25日に走ったベルリンマラソンで日本新記録を狙ったのも向上心とチャレンジ精神とが融合したからだった。

「05年の春、次のレースを考えていた時、記録を狙えるベルリンだと閃《ひらめ》いたんです」

高橋尚子も渋井陽子もあのレースで日本記録を出している。野口にも日本記録更新のチャンスはあった。

「実は、田村育子という友達に日本記録をプレゼントしたいと考えていました。中距離で元日本記録を持っていた彼女が、ベルリンに挑戦する少し前に陸上をやめたんです。18歳からまるで姉妹のように付き合ってきた彼女に、新記録でお返しがしたかった」

ラビットと呼ばれるペースメーカーに付いて走った野口は、2時間19分12秒という日本新記録かつ世界歴代3位の記録を打ち立てていた。テレビでレースを見ていた田村は、翌日の新聞で友人の真意を知ったのだという。

「例年より10度以上高い温度や、レース前のサンモリッツ合宿で負った疲労骨折が原因で、目指す2時間18分台はふいになった。でも、それで良かったんです。18分台を逃した悔しさが私を燃えさせてくれますから」

女子マラソン界を牽引する野口は、天性の才能を苦もなく発揮する選手ではなかった。こつこつと練習に精励した努力の人だ。

「陸上を始めた当初、まったく平凡な記録しか出せなくて、マラソンを走るなんて考えもしませんでした。ただ運動神経は良かったかな。小学生の頃は近所の男の子たちと追いかけっこに夢中でした。ドッジボールも得意で、何時間でも遊んでいられましたよ」

中学生になると友人の誘いで陸上部に入る。

「私がバスケットボール部に入ろうとしていたら、仲の良かった友達が『一緒に陸上をやろう』と誘ってくれたんです。でも、中学では県大会8位が最高でした」

進学した宇治山田商業高校でも陸上部に所属する。

「中学の時は、よくサボったりしていたんですけど、高校の先生は厳しくて練習量もぐんと増えました」

少しずつタイムも良くなり、インターハイにも出場する。全国高校駅伝でも走ることができた。

「記録が伸びると男子と一緒に走ることを命じられました。あまりに走りすぎて低血糖で倒れ、そのたび先生にミルクティーを飲まされたことを覚えています」

高校には実業団の陸上部からスカウトが訪れていた。野口の走りに注目したのは、女子陸上界で名を馳《は》せていたワコール陸上部である。

「高校3年生の時に見たアトランタオリンピックのマラソン代表だった真木和《まきいずみ》選手に憧れていました。実業団駅伝でワコールが優勝したあとで『そんな強いチームから声を掛けてもらえた』と、嬉しかったですね」

1997年、ワコール陸上部に入部。真木を育てた監督に指導を受けられることも野口には至福だった。

「当時、藤田監督は私のことなど眼中になかったと思います。でも、私は『この監督にずっと指導してもらおう』と心に決めていました」

ところが、指導方針の違いから藤田が99年にワコールを離れることになり、事態は一変する。藤田と行動をともにした野口は、藤田がスポンサー探しに奔走する間、失業保険の

1978年三重県生まれ。シスメックス所属。中学1年生より陸上を始める。宇治山田商業高校卒業後の97年にワコール入社。99年から2005年11月までグローバリー所属。02年初のフルマラソンとなった名古屋国際女子マラソンで優勝。03年の世界選手権で銀メダルを獲得。04年アテネオリンピックにて金メダルを獲得。05年シスメックスに移籍し、07年の東京国際女子マラソンで優勝、08年の北京オリンピック出場を決めた

受給を受け、ハローワークに通いながら練習を続けた。

「ワコールを離れてから食事の用意も雑事も全部自分でやることになりました。4カ月の短い間ですがこれが自分にはプラスになりました。その後受け入れてくれた企業には全力で走って感謝したい、という気持ちにもなった。ここでプロ意識が芽生えたんです」

同年、藤田とともにグローバリー陸上部へ移籍した野口の成績は一気に上昇していった。

「結局、監督に付いてきた選手は私と田村のふたりだけでした。だからこそ、結果を出さなければという気持ちが強かった。ふたりだけなのに、何十人も所属する陸上部と同じだけ試合数もこなしていました」

ハーフマラソンで12連勝を飾った野口は、徐々に自信を得てマラソンへの関心を膨らませていった。

150センチの身長でありながら宙を飛ぶように走る野口のストライドは148センチある。監督の藤田は、強靭な骨格と男子並みの筋力があって成立する彼女のストライド走法は、マラソンでこそ生きるのではないかと考えていた。やがて男子ランナーでも根を上げるほどの壮絶な走り込みが開始される。どんなに苦しいメニューが提示されても野口がそれを途中でやめることは、ただの一度もなかった。

「頑固な性格が私の取り柄。頑《かたくな》に練習してきたからここまで走れるようになった。示されたメニューを一度でも曲げてしまえば、私のために1年先、2年先を考えてくれている監督やコーチに申し訳ないですよ」

02年3月11日、初出場の名古屋国際女子マラソンでは2時間25分35秒で優勝を果たす。

野口は心の内で、自分に任せられた職分はマラソンにあると呟《つぶや》いていた。

「レースを終えた瞬間の歓びはスタンドからあの大歓声を浴びることです。アテネの選考レースでもあった03年8月のパリ世界陸上ではヌデレバさんに負けて2位でした。『スタッド・ド・フランス（フランス競技場）』の大歓声はヌデレバさんのものだった。それがとても寂しかったんです。あの大歓声を独り占めするためには優勝するしかない。これがレースに臨む私のモチベーションでもありますね」

05年12月、新生シスメックス陸上部で活動を再開させた彼女の表情からは、五輪連覇の重圧や悲壮感を読み取ることはできない。

「北京オリンピックでもう一度、メダルを目指すことに迷いはありません。でも、私のマラソンは北京では終わらない。そのずっと先にも希望を持って走れる自分でありたいと思っています」

マラソンランナーは時に孤高を持している。走ることで得る高揚とは裏腹な寂しさが、野口を苦しめることはないのだろうか。私の心配は彼女の明るい声で放散した。

「マラソンは確かに個人競技です。でも、私を支えてくれる監督、コーチやスタッフ、チームメイトがいなければ絶対に走れない。マラソンは、私にとって互いに助け合う団体競技でもあるんです」

野球

使命

井口資仁

Tadahito Iguchi

ウィンディシティと呼ばれるアメリカ・イリノイ州の都市シカゴ。ミシガン湖を渡る冷たい風が吹きつけるなか、井口資仁は生涯忘れられない光景を目にしていた。

「何万トンにもなる紙吹雪が空を埋め尽くして、光を遮《さえぎ》るんですよ。あとからあとから舞い降りてきて、日陰をつくるほどだった。パトカーが僕らを先導し、頭上では本物の戦闘機が祝福飛行を繰り広げている」

メジャーリーグの2005年シーズン。ヒューストン・アストロズを撃破し、88年ぶりにワールドシリーズを制覇したシカゴ・ホワイトソックスの一団は、ダブルデッカーと呼ばれる観光バス6台に乗り込み、本拠地U.S.セルラー・フィールドから市内の大通りやチャイナタウン、ダウンタウンを走る盛大な祝賀パレードを催した。1917年以来、優勝から遠ざかっていたホワイトソックスが忽然《こつぜん》と目を覚まし、ついにワールドチャンピオンになったのである。

「90年近くも優勝していなかったので仕方ないんですが、シカゴはカブスのファンが圧倒的に多いんです。ウィンディシリーズ（ホワイトソックスとカブスのダービーマッチ）を戦っても球場を埋めるのはカブスファンがほとんど。でも、シーズンが終わった直後、街にカブスの帽子を被っている人はいなくなりました」

46年ぶりにアメリカンリーグを制し、ワールドシリーズに4連勝した選手たちは、それまでの弱小ぶりを覆《くつがえ》し、鉄人として称えられた。

「沿道からの大声援は2時間のパレード中、途切れることがなかった。冷たい風が吹きつけていましたが寒さを忘れましたよ。ホークス時代に優勝しパレードも経験していましたが、紙吹雪の量も盛り上げ方もすべてにおいてアメリカのスケール。本当に驚きました。メジャーのチャンピオンになったスター選手たちはこんな景色を見ていたんだと、改めて感激しています」

２００４年のオフにホークスを自由契約になり、ホワイトソックスに移籍した井口は、挑戦1年目でメジャーの頂点に立った。

この特別な経験を井口自身はどう捉えているのか。問い掛けた私に彼はこう言った。

「ポストシーズン※を戦い抜いてチャンピオンになれた幸運に感謝しています。こんな機会は人生に何度もないでしょう。しかし、自分のプレーに関しては決して満足していません」

井口の中で渦巻く、メジャー初年で得たチャンピオンの栄誉と微かな苛立ち。チームの勝利と個人の目標を全《まっと》うすることの葛藤。そうした気持ちこそが、井口の怒濤《どとう》の1年を象徴していた。

メッツの松井稼頭央に続きふたり目の日本人内野手としてメジャー入りした井口には、ある役目が負わされた。スモールベースボール（ホームラン攻勢で得点をあげるパワー野球ではなく、確実に1点を取り、それを守り抜く野球。盗塁やバントなど小技を利かせたプレーでの進塁が不可欠）の実践である。過去5年間にわたり年間のホームランが２００本を超えていながら、1度しかポストシーズンに進めなかったホワイトソックスは、下位球団の汚名を返上するため、04年のオフに「堅実な野球」を目指すと決めていたのだ。

そのために行われたトレードや選手獲得。前年盗塁王のスコット・ポドセドニック外野手や優秀なリリーフ、ルイス・ビスカイーノ投手を獲得したのち、チームはひとりの日本人に目を留めていた。それが井口だった。

「ホワイトソックスと契約する際、『打順は2番を考えている』と言われました。メジャーの2番なら打って繋《つな》ぐダイナミックなプレーができると思っていたんです。が、キャンプが始まると求められる役割が僕のイメージとは完全に違っていました。チームは僕に日本的な2番、つまり、バントや進塁を助けるために右方向へ打つことを求めていた。絶対に曲げられない約束事もありました。5月に入ると『1番打者のポドセドニックが出塁したら彼の盗塁を助けるために、最初のストライクは打つな』と言われていたんです」

ホークス時代は、打撃の中軸である3番バッター。主砲として思うままにバットを振り得点も量産した。また走攻守に抜きんでた彼はオールラウンダーとしての呼び声も高かった。それなのにメジャーでは〝バント〟が仕事になるとは――。彼自身にも衝撃だった。

「勝利のためには進んで犠牲を払うのが2番打者。日本でやった8年間の野球とはまったく違う野球に取り組むことになりました。ホークス時代は初球から積極的に打っていきましたがそれも許されない。一番きつかったのは塁に出ても盗塁させてもらえなかったことです。足という僕の最大の武器まで使わせてもらえなかった。本当に苦しかったです」

「繋ぎの打撃」に徹することに加え、チームメイトたちとの鬩《せめ》ぎ合いもあった。

「当初、ロッカー内では僕の噂話をよく聞かされました。僕が英語を話せないと思っているので平気で言うんですよ。『なんで日本人がレギュラーになるんだ』『あいつは本当にメジャーでやれるのか』と。聞いていれば、だいたいわかる。『まあ、いいか。言わせておこう』と、黙っていました。そんな陰口はプレーで覆すしかないと自分に言い聞かせるしかなかった」

オジー・ギーエン監督に従い、井口はスモールベースボールに邁進《まいしん》した。しかし、ハングリー精神も旺盛でそもそもチームプレーという発想のない他の選手たちは、お構いなしで自分たちのスタイルを貫いていた。

「チームはまるでまとまりがなかった。スモールベースボールをやるんだという意志の疎通もない。僕はマイペースを崩さないよう、ロッカールームでも音楽を聴いたり、本を読んだりしていました」

補強した選手の活躍と、井口が愚直に行った連係野球が功を奏し、7月を迎えるとホワイトソックスはア・リーグ中地区の首位を走っていた。ギーエン監督は全米に向けた会見で「わがチーム前半戦のMVPは、タダヒト・イグチだ」と宣言した。

「監督が僕の名を出したのは、スモールベースボールを忘れるなと選手全員に伝えたかったからだと思います」

ギーエン監督の思いが真に選手たちへ通じるのは、8月に入り連敗を喫してからだった。

「プレーオフも危うくなって、危機感が一気に広がった。皆このままでは勝てないと焦り出したんです。すると、それまでは話すこともなかったチームメイトが『バントを上手く決めるためにはどうすればいい?』『右へ打つにはどうすればいい?』と僕に聞いてきた。ある時、バッティングコーチが『イグチ、こいつのバッティング見てくれよ。右に打たせたいんだけどアドバイスしてやってくれ』と言ったんです。その時には、『ここまでやってきて良かったなぁ』と、心の底から思いました」

打撃と盗塁に枷《かせ》をはめられたことに加え、天然芝と人工芝の違い、二遊間の守備の連係など、苦労は絶えなかった。だが、井口はすべてのハードルを乗り越えた。

「向こうの芝生や土に慣れるのは早かったです。ボストンのフェンウェイ・パークのグリーン・モンスターなど、球場によってまったく違う環境も、実は楽しかったんですよ。シヨートのウリベイ選手はドミニカ出身でスペイン語しか話さず会話はまるでなかったけど、無言でも徐々にコンビネーションが生まれていきました」

彼はフィールドに立つたびに、遠く離れた日本を思い、ある責任を思い起こしていた。

「1年目、僕がまったく駄目で、めちゃくちゃな成績しか残せなかったら、今後、日本人内野手はメジャーへ行けなくなってしまうだろう、そう思ったんです」

メジャーの流儀でプレーすることが、むしろ井口の闘争心を煽《あお》り立てていた。

「2番打者になったことで考え方も柔軟になり、視野も広がった。野球の奥深さや繊細さを知ることもできた。自分では8月にニューヨーク・ヤンキースのランディ・ジョンソンからホームランを打った爽快感が心に残っています。ランディの93マイル（150キロ）の外角低めストレートを打てたことが心底嬉しかった」

井口が日本でのキャリアをゼロに戻してまで挑みたかったメジャーリーグ。意識したのは、東都大学リーグ三冠王を獲得した青山学院大学の野球部時代だった。

「大学1年の時に参加した日米大学野球。そこでアメリカの大学生と試合をし、日本とは違う野球があることを知ったんです。漠然とですが、いつかはメジャーへ行ってもう一度彼らと試合がしたいと思っていました」

96年、大学3年生の時に出場したアトランタオリンピックでは銀メダルを獲得する。その経験がメジャーを目指す気持ちに拍車をかけた。

「僕が衝撃を受けたのはキューバの選手たちのプレーです。パワフルでなおかつ細かさを持っていて、世界トップの野球を見せつけられました。その時、世界を知りたい、メジャーでプレーしようと心に誓ったんです」

97年、福岡ダイエーホークス（現・ソフトバンクホークス）に入団。以後、最下位だったホークスを常勝球団へと変える原動力のひとりとなる。２００1年に44盗塁、03年に42盗塁で盗塁王のタイトルを奪取し、走力・打力・守備力を均等に兼ね備えた日本屈指の二塁手になっていた。日本で地位を築いても、井口はメジャーを諦めてはいなかった。球団にも自らメジャー挑戦を宣言し、自由契約になることを望んだ。ついにアメリカ人のエージェントを介して移籍交渉に入る。が、移籍への道は険しかった。

「チームを選べるような状態でなかった。ホワイトソックスから契約を持ちかけられた時には、すぐに『ここが勝負の場所なんだ』と、考えました」

95年にドジャースへ入団した野茂英雄が実力を示し、日本人にも門戸が開かれていた。しかし、日本の内野手が通用するかどうかは、まったく未知数だった。

「外野手のイチローさんがマリナーズに移籍し、あれだけの活躍をしましたけど、イチローさんは日本でも別格でしたからね。もちろん（松井）秀喜もそうです。内野手として（松井）稼頭央や僕が頑張ることで、日本の野手が世界レベルでプレーしていることを証明したい。その使命感は忘れたことがありません」

小学生の頃から、野球だけに没頭してきた井口。運命だと感じるほど、ボールゲームに魅せられた少年時代の魂は今も変わらずにある。

「野球を始めたのは小学1年生。父がソフトボールのコーチをしていたんですが、そのそばでバットを振りボールを拾い、こんな面白い遊びはないと夢中になりました」

小学生、中学生と保谷リトルリーグ、シニアリーグでプレーし、シニアリーグでは全国出場を果たした。

「父親が大の中日ドラゴンズファンで、中日の選手に憧れていました。谷沢健一さん、田尾安志さん、それにケン・モッカ。中学生の時には『俺はプロ野球選手になるんだな』と信じていました。それ以外の人生があることなんて想像もしなかった」

進学した国学院久我山高校では、2年生の時に夏の甲子園にも出場した。

「高校を出てプロに入るか大学へ行くか悩んで、2軍で4年間やるんだったらと、大学を選びました。オリンピックに出場したいと願ったことも大きかった。もちろん、最終目標はプロへと決めていました」

高校卒業後、青山学院大学に入り野球漬けの生活を送る。見事に花開いた才能は、東都大学リーグの三冠王という記録をもたらした。

だが、順風満帆に見える彼の軌跡にも、障壁がなかったわけではない。

「大学2年の春、凄く調子が悪かったんですよ。プロ野球選手になるという自信も揺らぐほどのスランプに陥りました。その時に、それまで何も言わなかった母から、『こんな状態じゃプロになんて行けないよ。あんた、野球ができなかったら何もできないじゃない！』

1974年、東京都生まれ。青山学院大学時代の96年にアトランタオリンピックに出場、銀メダル獲得。同年、福岡ダイエーホークス（現・ソフトバンクホークス）に入団。97年、ルーキー初試合での満塁本塁打は日本人史上初の快挙。2005年メジャーリーグ、シカゴ・ホワイトソックスに入団し、ワールドシリーズチャンピオンの原動力に。07年フィラデルフィア・フィリーズに移籍。08年サンディエゴ・パドレスに移籍と、一喝された。その言葉で目が覚めましたね。努力なくして、夢なんて語れないことに気づいたんです。その日から、ウェイトトレーニングを始め、練習にも人一倍没頭しました」

壁に突き当たったら逃げるのでなく、壁を打ち破る力を付ける。それが井口のモットーになった。これからの井口は、どんなベースボールを目指すのか。私がそう聞くと、言葉が歯切れよく連なった。

「昨シーズンは細かい野球を求められましたが、チームはそれを評価してくれた。今シーズンは、僕自身がステップアップする。打順は2番を任されるかもしれませんが、打点のための仕事をする6番か7番でも使ってもらえるように準備したい。数字も、明確に意識しますよ。打率3割、30盗塁、30本塁打とトリプルスリーを目指します」

妻も娘もシカゴの生活に慣れ、井口も安堵している。

「娘は地元の小学校に通っていますが、すでに僕より英語が上手い。LやTHの発音が全然違います」

マリナーズには、捕手としてメジャーに挑む元チームメイトの城島健司の姿もある。

「ホークス時代の力をもってすれば、彼ならやれるはずです。僕も城島も、日本人選手として先陣を切って戦っている意識を、いつも、心に秘めています」

※ポストシーズン／レギュラーシーズン終了後に行われる「プレーオフ」のこと。メジャーリーグでは、「プレーオフ」と「ワールドシリーズ」を合わせ、こう呼んでいる。

没頭

体操

冨田洋之

Hiroyuki Tomita

空中に滑らかな円を描く長くしなやかな腕と脚。息を呑むほどの跳躍や回転、その対極にある緩やかな動きと一瞬の静止。隆々たる筋肉は全身を弾性あるゴムのように見せ、同時に一個の肉体を軽々と浮遊させる。万有引力にすら反発できる体は、ミケランジェロが彫り刻んだ若きダビデの像とも重なる輪郭《りんかく》を見せている。

難易度の高い技を繰り広げながら、バランスや優美さ、勇壮さまでをも競り合う現代の体操。これほどまでに、人体の限界を忘れさせる競技はない。

床、鞍馬、吊り輪、跳馬、平行棒、鉄棒の6種目を争う男子体操界でトップに立つ冨田洋之。鍛錬された技を自在に駆使しながら、美しさも備えた妙技は、観衆を刹那《せつな》に魅了する。

体操に魅せられし者――。

冨田がそのひとりであることは疑う余地がない。では、体操の何に心を奪われ、競技に打ち込んできたのか。私の質問に冨田は淡々と答えていた。

「難易度の高い技を決めて高得点を得る。その結果、国際大会で優勝し賞賛を受ける。体操をやっているからには勝つことはひとつの目標です。でも、僕がこれまで体操をやってきた一番の理由は、勝利や賛美だけが欲しいからではありません。どんな成績を手中にしたとしても、体操には『課題』が残るんです。その課題をクリアしたいから、こうして体操を続けています」

課題への取り組みこそが彼の闘争心の核となる。

「それも抽象的な課題じゃないんですよ。スピード、踏み切りの位置、手の着き方、力、バランス、爪先の揃えなど、何十何百の具体的な項目が課題として頭の中にあります。これは成績とは別な視点です。大会に優勝したとしても体操にパーフェクトなどありえない。ほんの少しでもパーフェクトな体操に近づきたい、と思う。そのためには練習しかないんです」

過去の成績に満足し、陶酔している時間は無駄でしかない。そう冨田は言い切った。

「これは体操を始めた時から、持っていた気持ちです。たくさんの課題をひとつずつクリアする楽しさが、僕をここまで前進させたんだと思います」

冨田が抱く執念にも似た体操への思いは、「もっと体操が上手くなりたい」と願った8歳の少年の頃と少しも変わっていなかった。

1980年11月21日、大阪市に生まれた冨田が体操に出合ったのは、小学校3年生の夏休み。友達に誘われ、近所の体操教室に通うことになったのだ。

「マック体操クラブ今福教室へ一緒に行くことになりました。自分は全然乗り気じゃなかったんですけどね」

ずば抜けた運動神経を持っていた冨田は、誰に習わずとも鉄棒や高い跳び箱をらくらくと跳ぶことができた。

「学校で鉄棒や跳び箱をやっても、クラブでやっても変わらないじゃないかと思い、それほど熱い思い入れはなかったんです。でも母が『教室で習ったほうがいいよ』と熱心に勧めてくれたのでその後も通い続けました」

1年もしないうちに彼の姿がコーチの目に留まる。高度な指導を受けるため、阿倍野区にある本部の選手コースへ移動を勧められた。そこは、ソウルオリンピックで体操旋風を巻き起こした池谷幸雄、西川大輔が所属したクラブであり、すでに天才と騒がれていた同級生の鹿島丈博もいた。

「選手コースに入っても、コーチから与えられた課題ができるようになりたい、とそれだけを考えていましたね。簡単に見える倒立ひとつにしても、美しく見せるためには数え切れないほどの気をつけなければならない箇所がある。与えられた課題に夢中になりました」

冨田は技を磨くことに没頭していった。

「あの頃、鹿島の体操は、もう小学生レベルではありませんでした。どんな動きをやっているのか僕にはわからないくらい高度な技を身に付けていた。同い年でも鹿島は僕と別世界にいた。僕自身は他の選手を意識するレベルになかったんです。いろんな技があって、それを覚えていく過程が好きで、それで練習にのめり込んでいきました」

周囲を気に掛けるより、自分自身の姿を直視する集中力が冨田の基礎を固めていった。根を詰めた反復練習は、やがて難しい技を完成させ、演技に必要な筋力と柔軟性をつくっていった。

中学卒業後は洛南高校へ進学し、体操部に入る。

「僕も関西では最も有名な清風高校の体操部には入りたいと思っていました。ところがマック体操クラブには同級生が10人ほどいたんです。その全員が清風の体操部に入ると手狭で練習ができなくなる。なので、城間（晃）先生が『お前は洛南へ行け』と言ったんですよ。洛南の体操部も僕を誘ってくれていたので決めました」

清風体操部に入った鹿島や他の仲間たちと離れ、洛南体操部へ行ったのは冨田ただひとりだった。

「離れてみて、マック時代に一緒にやっていた仲間のことを凄く意識し、考えました。それまでは自分と他者を比較することをしなかったのですが、ひとりになって『みんな、どれぐらいやっているのかな』とイメージし始めた。規定の練習があり、課題も多すぎるほどあって、あの頃は一段と練習量が増えましたね」

冨田が6種目それぞれに技術を構築し、苦手種目を持たないのはこの時期に起因する。吊り輪や平行棒など力技に必要な筋肉を鍛え上げる補強練習にも多くの時間を割いた。オールラウンダーとしての素地は、洛南高校時代に培われていった。

「洛南時代が一番集中していたかもしれないです」

体操に邁進した高校時代、冨田はある体操選手に憧れていた。その人は旧ソビエト連邦、現・ベラルーシのヴィダリー・シェルボ。1992年のバルセロナオリンピックで6つの金メダルを獲得した彼に、冨田は自分の姿を重ね合わせ心酔した。

「高校の時、バルセロナのビデオを見たんです。シェルボの演技を見ながら、『これこそ、自分がやりたい体操だ』と、感激しました」

シェルボに刺激された冨田は、2年、3年と高校総体で個人総合優勝を果たし、98年には高校選抜・インターハイ・全日本ジュニアの3冠を達成する。

一気に頭角を現した彼は、高校卒業後に順天堂大学スポーツ健康科に進学。清風から順天堂大学へと入学した鹿島とともに、世界の舞台へと挑むことになったのだった。

「漠然としか考えられなかったオリンピックが、大学に入ってからは実際の大会として意識できるようになりました」

全日本選手権やインカレ、ユニバーシアードでも好成績を収めた彼は、2003年に大学院へ進み、まもなく04年8月のアテネオリンピック代表選手に選出される。体操男子日本代表メンバーは、冨田、鹿島、塚原直也、米田功、水鳥寿思、中野大輔の6人だった。

日本にとっては28年ぶりの体操男子団体優勝——。スポーツ史に残る激闘の瞬間、最終種目の鉄棒に臨んだ冨田は、とてつもない重圧を味わった。

実際、団体戦は険しいものだった。第1種目の床で日本は7位と出遅れる。だが団体戦優勝を大きな目標に掲げてきた彼らは諦めなかった。鞍馬、吊り輪、跳馬でじりじりと追い上げ、平行棒を終えた時点でルーマニア、アメリカ、日本が僅差で並んだのだ。

鉄棒に挑むのは3人。最初の米田、2番手の鹿島が演技を終えた時点で日本は1位に躍り出ていた。最終演技者の冨田が、8・962を出せば金メダルが決定する。この得点は冨田にすれば極めて低いハードルだ。しかし、極度の緊張が冨田を縛っていた。

「ちょっとしたことが大きなミスに繋《つな》がりかねない。鉄棒に跳び付くタイミングとか、角度とか、小さなことが凄く気になってしまいました」

もし鉄棒から手が離れ落下すれば、金メダルはおろか、銅メダルのチャンスすら失うだろう。冨田は退路を断つ決意を持って鉄棒の前へ進み出た。

「自分のミスで金メダルを逃したら、その時には責任を取って即座に引退しよう、そう決めていました」

実は、メダル争いが最後の鉄棒に委ねられることは、日本を発つ前から予測していた。

「鉄棒の演技を3パターン用意できるのが僕しかいなくて、それで最終演技者に指名されたんです。3パターンとは、開脚エンドーを入れるもの、シュタルダーからのひねりを1回半にするもの、同じくひねりを半回にするもの、です。得点差を計算した加納（実）監督から安全を期して一番難度の低い最後のパターンで行くよう指示されました。難度を下げるのは気分としては楽でした。でも、最後に鉄棒の前に立った時の異様な雰囲気は、今でも言葉にできません」

まるで断崖の際に立っているような錯覚に捉われた。恐怖にも近い感情を封じ込めた冨田は集中力を発揮し、終始躍動感とスピードを保って力強くミスのない演技を見せた。猛烈な速度で動くなか、彼は自分の心が平常であることがわかった。視野には練習と同じ光景が映っていたからだ。

「演技の途中も自分の体や周囲をしっかり見るんです。動きのなかで見るポイントは決まっています。鉄棒であったり、マットであったり、自分の爪先であったり、床であったり。自分の体がどういう感じで動いているかをしっかり見て、次の技に繋げるんですよ」

沈着な冨田は、見事に「伸身新月面宙返り」で着地を決め、ライバルであるルーマニア、アメリカの選手たちからも喝采を浴びた。

「終わった瞬間は体が軽くなった。金メダルの嬉しさはもちろんですが、あの緊張のなかでこれまで積み重ねてきたものをしっかり出せたことが一番の喜びです」

世界に実力を見せつけた冨田は、その勢いを止めることがなかった。05年11月にメルボルンで行われた世界選手権ではついに個人総合優勝に輝くのである。

「アテネでは個人総合でメダルを取れなかったので、何としてでも取りたいと思っていました」

試合前には記者会見が催され、各国のメディアから質問攻めにあった。アメリカで人気を博す体操雑誌の表紙にも登場した。自分が特別な場所に立ったことを、冨田は強く意識させられた。

「アテネでの金メダルや世界選手権の個人総合優勝により、僕の体操に注目が集まっていることは感じます。日本の体操に興味を持ってもらえることは凄く嬉しい。でも、だからこそ、もっと精度の高い鍛えられた体操を見せる責任があります。よく『日本体操の復活』と言われますが、僕自身は、新しい日本の体操をつくっている、そんな気持ちでいるんです」

大学院を卒業し、セントラルスポーツに所属した冨田。これまでに増して体操に打ち込む環境を得た。彼は、日々順天堂大学の後輩たちと地道な練習に励んでいる。

「過去の大会の結果に酔っている時間はないです。北京オリンピックのこともほとんど考えません。僕には今しかないんです。取り組まなければならない課題は山のようにあるし、自分の体操に満足することもない。だから、現在、目の前にある課題をひとつひとつクリアしていくだけです。この先も、そうやって変わらず年を重ねていくと思いますよ」

冨田が体操以上に心を奪われるものや瞬間はあるのだろうか。私が聞くと、彼は沈黙の

１９８０年大阪府生まれ。セントラルスポーツ所属。８歳から体操を始める。洛南高校卒業後、順天堂大学および大学院に進む。２００４年アテネオリンピックで男子団体優勝、個人では平行棒で2位。05年の世界選手権個人総合で優勝。06年の世界選手権では個人総合で2位に。全日本選手権では01年、02年、04年～07年と個人総合優勝。08年NHK杯で優勝し、北京オリンピック代表に選出

あと微笑んだ。

「ないです。頭の中を占領しているのはやっぱり体操のこと。気がつくと体操の話をしていますから」

歩いていても、食事をしていても、友人と遊びに行っても、お風呂に入っていても、ふとした瞬間に体操競技と自分の体について考え込んでいる。

「普通に階段を上っていても、どういう上り方がいいのか真剣に考えてしまう。どうしたら最も合理的に機能的に力が伝わっていくか、と。そして、そのあとは実践しないと気がすまない。実際に合理的で機能的で綺麗な動きを、その場でやってみるんですよ」

体脂肪率2パーセントの身体は美しい体操を求め、これからも進化する。

自転車ロードレース

疾走

別府 史之

Fumiyuki Beppu

心臓と神経、全身の筋肉と腱とがフル回転で動き続ける。荒い呼吸は胸を激しく上下させ、急上昇した体温が汗を噴き出させる。しかし、一瞬の休息も許されない。バイタルサインがレッドゾーンに達してからが真の実力の見せ所だ。長くたおやかな両手と両脚は精妙にバランスを保ち、目にも留まらぬスピードを維持しながら、急斜面を上りまた滑るように下っていく。自転車ロードレーサーとして、世界を走る別府史之に私はその魅力を聞いた。彼からは逡巡《しゅんじゅん》なく答えが返ってくる。

「肉体の潜在能力をこれほど掘り起こすスポーツはほかにない。僕はそう思っています。心拍数が上がり乳酸が全身に痛みを与えても、まだ行ける、もっと力が出るはずだと、自分の肉体を信じられる。情熱が限界の壁を突き破っていけるんですよ。競い合っている選手たちの強く折れない魂が響き合い、レースで戦う歓びが体いっぱいに満ちてくる。自転車で疾走しているその瞬間、肉体的な苦痛を超えられてしまうんです」

別府は、欧米の自転車レースファンが熱狂する唯一の日本人選手である。

ファンだけではない。自転車のプロフェッショナルたちが彼の才能を認めている。日本人としては初めて『ディスカバリーチャンネル・プロサイクリングチーム』からスカウトを受け、2年のプロ契約を結んだ。実力の差が明確になる個人タイムトライアルで強さを見せる彼は、チームから大きな期待を寄せられている。

チーム・ディスカバリーは、2005年に現役を引退したランス・アームストロングが所属したチームである。別府が契約した04年、チームメイトであったアームストロングは、別府にとっても憧憬《どうけい》の的であり、大いなる目標でもあった。

「ランスとは合宿の時などに、よく話しました。彼は人を惹《ひ》き付ける力がある。実力もパワーもあるけれど、人間として魅力的なんです。あれだけレースをすれば自分のことを考えるだけで精一杯なはずなのに、ちゃんとチーム全体を見ている。僕のことも黙って見ていてくれて、いつも的確なアドバイスをくれたんですよ」

テキサスに生まれ、10代にはトライアスロンの選手として知られたアームストロングは、1996年に精巣腫瘍に侵される。しかし、その後、進行した癌を克服、99年から05年の[※1]ツール・ド・フランスで前人未到の7年連続総合優勝を達成した。そのアームストロングが、[※2]自転車のロードレースをこうたとえたのだという。

「ランスは『体力を使い尽くすマラソンと、盤の上で知力を尽くすチェスと、高性能なマシンを操るF1やバイクのモータースポーツ、それを掛け合わせたものが自転車競技だ』と言いました。そのとおりなんです。自転車では、絶対的な身体能力と戦略、そして自転車というテクノロジーを駆使する力、その3つが絡み合って初めて勝利が見えてくる。この複雑さが、自転車にのめり込んでしまった理由でもあります」

別府の心を烈烈として燃え上がらせる自転車のレース。彼がその競技に出合ったのは、小学2年生の時だ。父の友人が、当時、流行していたマウンテンバイクに乗り、横浜から別府の自宅がある茅ヶ崎までやって来たことが始まりだった。

「父が『これは楽しそうだ』と言って、母とふたりの兄にマウンテンバイクを買ったんです。そして、家族でサイクリングしようと言い出した。ところが、僕にだけ『まだ小さいから』と言って買ってくれない。置いてきぼりにされて悔しくて、よく友達の自転車を借りて乗っていました」

自分の自転車も持たない8歳の彼が、たまたま出場した小学生が競う自転車レースで15位に入る。

「6年生や5年生が上位を占めるなか2年生の僕が15番目でゴールしたので、大喝采を浴びました」

9歳になり、ようやく自転車を買い与えられると、彼は懸命に兄たちの後を追った。

「1番上の始《はじめ》は6歳年上、2番目の匠《たくみ》は4歳年上。どんなに頑張っても絶対に遅れて置いていかれる。それでライバル心が剥《む》き出しになった。兄たちに負けたくないという気持ちで必死に走りました」

やがて家族はあちこちへ旅行に行き、地方の自転車レースに出場することを趣味にした。

「3人とも成績が良くて賞状とか賞品を毎回もらえるようになって、それが楽しくてしょうがなかった。僕の順位も5回目のレースからは、ずっと1番でした」

自転車レースの世界で別府兄弟の名は轟《とどろ》いていった。

自宅から程近い藤沢市にあるサイクルショップの店長で、当時は現役の競輪選手だった渡辺努に指導を受けていた別府は、少年ロードレーサーとして不動の地位を築いてしまう。

自転車という苛酷な競技に耐える身体的資質と、人一倍の負けん気が彼にはあった。

「僕は幼稚園児の頃から水泳も習っていて、結構速かった。中学では陸上部に入っていて長距離を走り、県大会で入賞もしました。でも、一番好きなのはやっぱり自転車。人間が泳いだり、走ったりするのでは得られないスピード感にはまってしまったんです」

県立藤沢北高校（現・県立藤沢総合高校）に入学すると自転車競技部に所属。この頃には、プロのロードレーサーとなりヨーロッパのレースに出場することが確固たる目標になっていた。

「僕が中3の時、兄の匠が『日本鋪道レーシングチーム（現・チームNIPPO）』に入り、フランスを拠点に活動を始めました。1年後、帰国した時には目を見張りましたよ。フランス語を流暢に話し、体は逞《たくま》しく顔つきも精悍《せいかん》になっている。『自分もいつか兄貴みたいになりたいな』と、考えてましたね」

壮絶なトレーニングにも耐えた。限界を乗り越える術を、別府は手に入れようと必死だった。

「中学時代、僕を育ててくれた陸上部の先生が僕にいつも言っていた。『もう限界だ、と思うだろ。でも、人間その倍はやれるんだよ』と。その言葉を思い出しては、自分を追い込むことにも夢中になっていたんです」

トレーニングの成果はレース結果に反映した。高校選抜のレースでは1年、2年と連続優勝を飾る。

01年には世界に向けて名乗りを上げた。ジュニア全日本選手権、アジア・ジュニア選手権に出場し1位に輝く。同時に、フランス、ポルトガルで行われた世界選手権に2年連続で出場し完走した。

高校卒業を控えた別府には国内のレーシングチームから幾多のオファーが届いていた。プロになることを考えていた別府は、フランスのチームへ派遣することを約束してくれた

『チームブリヂストン・アンカー』へ加入する。

「監督の浅田顕さんは、『世界で戦う選手を育てなければ、日本に自転車ロードレースは根づかない』と言い、それで僕をフランスに送り込んでくれたんです」

別府はすぐにフランスへ渡る。経験を積み、真のプロを目指すために、マルセイユのトップアマチュアチーム『ヴェロクラブ・ラポム・マルセイユ』のメンバーとして自転車を走らせることになったのだ。南フランスの港町マルセイユは、彼にとってまるでアドベンチャーの舞台だった。

「言葉はわからない。食べ物も習慣も違う。最初はパニックでした。チームにはいろんな国の選手がいて敵対心も半端じゃない。『お前、ここにいられなくしてやるぞ』と、凄まれたことも一度や二度じゃなかった。でも、そうした激闘のなかからしか強い選手は生まれないんです。耐えられない者は去っていくしかない。僕は、逃げることだけは絶対にしないと決めていました」

急速にフランス語を覚え多くの親しい友人も持った別府は、走りでも存在を証明していった。チームの監督は2年目に入るとパリとルーベという街を走る有名なロードレースのメンバーに彼を抜擢するのである。

「パリ〜ルーベ間の石畳の道を走るレースがあって、そこで13位に入った。フランスに来て2年目の日本人が強豪に勝り好成績を挙げたと、それは騒がれて、新聞やテレビでも大きく取り上げられました。マルセイユに帰っても街中の人から『おめでとう』と声を掛けられる。ロードレースの人気を思い知りましたね」

賞賛された別府は、高揚する心を抑えられなかった。しかし、好事が悲劇に変わったのはその直後だった。

「凄くハッピーな気持ちで、その数週間後にある全日本選手権でも『勝つぞ』と意気込んでいたんです。でも、浮かれていたからどこかに隙《すき》があったのかもしれない。いつものようにチームのメンバー100人以上で自転車を走らせていたんですが、後ろを走る仲間から『次のレースいつだぁ』と声を掛けられて『次はねぇ』と振り向いた瞬間、自転車のタイヤが側溝にはめられている鉄柵にはまり、操縦不能に陥った。それで体が空中に投げ出されてしまったんですよ」

顔から落下し、地面に叩きつけられると意識を失った。

「仲間は僕が死んだと思ったらしい。ひどく出血したんです。幸い目の前に消防署があったのですぐに救急車で病院に搬送されました」

最初の病院では手当てしきれず、大きな病院に移される。全治数カ月の重症だった。翌朝、病室で目覚めた時には、何が起こったのかも理解できなかった。

「夢の中で懸命に練習していた。だから、目が覚めてベッドに寝ている自分に動揺しました。サングラスが刺さり、顔に穴が開いていたのですが、その縫合手術も終わってました」

落胆は自己嫌悪を伴って彼を襲った。

「俺は何をやっているんだ、と落ち込みましたよ。でも、今こそ自分を振り返らなければ、と思い返したんです。この顔の傷は一生残る。それを『フランス人のきれいなお姉さんを見ていて転んじゃった』と笑い話にするんじゃあまりにも情けない。もし、この先も自転車で生きていくならこんな怪我に負けていられない。もっと自分を高めるためには、どうしたらいいのか。命懸けでやるしかない。その時、3週間後の全日本選手権に出場し、絶対に勝ってやろうと心に決めました」

　翌日、病院を抜け出した別府は、顔中に包帯を巻いたままロードトレーニングを再開した。医師に命の保障ができないと言われたがそれでも構わなかった。

「監督もチームのメンバーも、僕が自転車をやめるのではないか、と心配していた。でも、包帯ぐるぐる巻きで練習している僕を見て歓声を上げてくれました」

　抜糸もせず帰国し、傷の癒えないまま臨んだ全日本選手権で別府は鮮やかな勝利を飾る。優勝の栄誉以上に、自転車を走らせることが彼にとっては尊かった。

「レースに勝ったことより、自分自身に勝てたと思えたことが嬉しかったです」

　マルセイユに渡ってから3年目、アンダー23のカテゴリーレースで好成績を収めた別府は、いったん帰国し、各国のプロチームに履歴を送ると契約のオファーを待つことにした。彼に興味を示すチームはいくつもあったが、最終的に日本人であることが障壁になる。

「ヨーロッパやアメリカの選手とコンペになると、やはり僕は選ばれない。行きたかったチームには『君は日本人だから』と断られました」

　ところが、携帯電話にかかってきた1本の通話から彼の運命が再び回り出す。

「ディスカバリーの監督になるヨハン・ブリュイネールから僕の携帯に直接電話がかかってきた。マルセイユのチームの監督に電話をかけ、わざわざ番号を問い合わせてくれたんだそうです」

1983年、神奈川県生まれ。93年、10歳でロードレースに初出場。高校卒業後、フランスのトップアマチュアチーム『ヴェロクラブ・ラポム・マルセイユ』に派遣され、ヨーロッパ各地を転戦。2005年、『ディスカバリーチャンネル・プロサイクリングチーム』で日本人選手初のUCIプロツアー選手としてデビュー。08年は、スキル・シマノに所属。同年、アジア選手権個人ロードレース優勝。北京オリンピック代表に選出される

英語を話していたブリュイネールは、別府に「英語とフランス語、どっちがいいか」と問い掛けた。別府が「フランス語でお願いします」と答えると、マルセイユ訛《なまり》のない早口のフランス語が彼の耳に届いた。

「友達と会話するように気安く『僕は君に興味があるんだけど、君はどう？』と言う。もちろん、僕はすぐに『ウィ、ウィ、ウィ』と答えました。監督は『良かったな、君も嬉しいだろ？』と笑ってる。もう、嬉しいに決まっている。ついに夢が叶ったんですから。それで『ビアン・シュール《もちろん》！』と、大声で言いました」

翌日、練習のために自転車を走らせた別府は、契約が夢ではないことを確認するためにペダルを漕いだ。

「朝一番、丹沢に近い宮ヶ瀬の山の頂上まで走り、ひとりで『やったー』と叫びました。恥ずかしいんですが、涙もぽろぽろこぼれましたよ」

アメリカから送られてきた契約書にサインをし、別府はついに目指した世界に足を踏み入れた。

「もちろん、それで満足することはありません。大きなレースに出て結果を残したい。そして近い将来ツール・ド・フランスに出場したいです。100年以上の歴史を持つこのレースで、まだ日本人は完走していませんから。そこでランスのように力強い走りを見せたいです」

長男の始はスポーツジャーナリストとして活動し、また次男の匠は現在、『愛三工業レーシング』に所属し、エースとして活躍する。ふたりの兄が別府を勇気づけている。私が別府に夢を聞くと、彼は身を乗り出しこう言った。

「自転車のロードレースは、日本ではまだまだその魅力を知られていません。兄弟3人で自転車の面白さを日本中の人々に伝えたい。どうしたらそうできるか、いつも話しているんですよ」

※1　ツール・ド・フランス／フランスを中心に約3500㎞を3週間以上にわたって走る世界最大の自転車レース。平地ステージのほか、ピレネー山脈やアルプス山脈を越えるステージもあり苛酷さは類を見ない。ステージごとに総合1位の選手には「マイヨ・ジョーヌ」という黄色いジャージが与えられる。ゴールは、パリのシャンゼリゼ。

※2　自転車ロードレース／バンク（傾斜部分）のある競技場で行われる自転車競技とは異なり、一般公道を舞台に速さを競う。レースで走る距離は1日200㎞前後。山岳コースでは標高2000ｍの峠を2度、3度越えることもある。1日で決着がつくワンデイレースと、ツール・ド・フランスのように複数日で行われるステージレースがあり、ステージレースは1日ごとの合計タイムで争われる。またロードレースには、ひとりまたはチームごとにタイムを競うタイムトライアルという種目もある。

宿命

水泳

北島康介

Kosuke Kitajima

重力が一気に軽減し、肉体は浮遊する。

「水」という透明な液体が生み出す特別な感覚に北島康介は心を惹《ひ》きつけられていた。

「水に入った瞬間、自分は別の世界に行った気分になる。体の重さが一瞬にして消え、ふわふわと漂うことの楽しさに包まれるんです。子供の頃、水泳が好きになった一番の理由は、水の中で浮かんでいることが心地よかったから」

無邪気な水への思いがひとりの金メダリストを誕生させた。

水と戯れる普通の少年だった彼に、世界の頂点を極める自分を想像したことがあったかと聞くと、彼は即座に否定した。

「僕は体も硬いし、記録を測っても特別なタイムが出たわけじゃない。コーチたちからも『そんなに伸びる選手じゃない』と、思われていたんです。ただただ、水の中にいることが好きで、だから懸命に泳いで、それを目に留めてくれたコーチがいた。平井伯昌《のりまさ》コーチが僕を見いだしてくれなければ、水泳はただの趣味になっていたと思います」

彼が「世界の北島」へと成長する過程では、いくつもの偶然が重なっていた。

水泳との出合いは幼稚園に通う5歳の時。息子に何かスポーツをさせたいと望んだ両親の意向だった。

「家の近所にある東京スイミングセンターに幼児体験コースがあったんですが、そこに入りました。僕が行きたいと言ったわけではなく、父と母から『行きなさい』と言われたんです。幼い僕にとっては、無理やり泳がされてる気分でした」

だが、間もなく巨大なスイミングクラブのプールが、北島にとって一番の遊び場になる。

学校から帰り、おやつを食べるとすぐにプールへ。週に何度も通うことになった。忙しく働いている父や母が、必ず車で送り迎えをしてくれました。学校から帰ってプールで泳ぐことが当たり前の毎日だった」

中学校に進学する頃には、さらに泳ぐことに打ち込んだ。

「ある日、親から『水泳か勉強、どちらを取るか決めなさい』と言われたんですよ。両親は、ちっとも勉強をしない僕を戒めたんだと思うんですが、僕は真剣に考えて『水泳を取ります』と答えました。勉強は苦手だった。机にじっと座っているのが何より苦痛だったから。一緒にプールへ通っていた弟は、『勉強する』と言って、毎日プールへは行かなくなりました。『水泳しかない』と宣言した僕は、以前にも増して遮二無二《しゃにむに》泳ぐようになったんです」

この決意が新たなる扉を開ける。

「僕は、練習より試合が大好きだった。あの緊張感と勝てた時の爽快感は子供心にも格別だったんです。勝利の喜びを求めて、だんだん練習に熱が入りました」

1万メートルを泳ぐ間、集中力を切らずにいることは至難の業だ。しかし、試合に勝ちたい一心で全力を尽くした。そして、放課後から夜になるまで50メートルのプールを何度も何度も往復する彼の姿が、若きコーチの目に留まった。

「平井先生が気に掛けて、渾身の力で指導してくれたんです。あの頃は、毎日が心躍る気分だった。当時、平泳ぎのトップスイマーだった林享選手に憧れていました。いつかは、林さんのようにオリンピックに出たい、と考えることもありました」

自らに天賦の才能など感じたことがないという北島は、夢への階段を努力という手段で上り始める。1996年、中学3年生の時には全国大会での優勝を果たしていた。

「練習の結果が出たんですね。あの1位になったレースを境に、『もっと上を目指したい』という気持ちが膨らんでいった。オリンピックという言葉には、物凄い魔力があるんですよ。オリンピックで泳ぐという願いが、僕を駆り立てていきました」

0・1秒でも速く泳げば、そこに新しい世界が待ち受けている。彼はそう確信していた。燃え上がる水泳への情熱は、北島の名前を一躍有名にしていった。高校時代は無敵となり、2000年には日本選手権100メートル平泳ぎで優勝。高校3年生で、ついに目標だったオリンピック代表に名を連ねる。

「シドニーオリンピックに出場することができて、自分の夢は叶った、と思いました。でも、出場して初めてわかったことがあった。100メートル平泳ぎで4位になって『よくやった』と言われましたが、満足感は微塵《みじん》も覚えなかったんです」

北島は、次なる04年アテネオリンピックで金メダル獲得を目指すと決めていた。フォームの矯正《きょうせい》、筋力の強化や柔軟さを極める肉体改造、食事による栄養摂取の徹底、どんな状況でも力を出しきる精神の鍛錬。名づけて「北島プロジェクト」は、綿密な計画を基に遂行された。

「どんな厳しい練習メニューにも挑む覚悟でした」

時には、暗闇の洞窟を手探りで進むような不安に苛《さいな》まれることもあった。が、北島は迷わなかった。

「ずっと水泳が好きだった。でも、金メダルを取らなければその気持ちを証明できないぞ、と自分に言い聞かせました」

03年、バルセロナで行われた世界水泳選手権では、100、200ともに世界新記録で優勝を飾る。

「金メダルは幸運だけでは絶対に手に入れられない。意志が必要なんです。この時から、アテネに人生を懸けるんだ、という強い気持ちを持っていました」

アテネオリンピックの記憶は、全身の細胞に刻まれている。事実、北島は自己の人生に審判が下されるのだと大きな重圧を感じていた。失敗すれば、すべて泡と化す。だが、彼は冷静さも失っていなかった。

「ここまで来たら、あとは最善を尽くして結果を待つだけだと思えました。周囲が金メダルを期待して熱狂していることもわかっていましたが、僕自身は浮き足だつことはなかったんですよ」

アテネの灼熱の太陽は、容赦なく選手たちの体力を奪い、神経を過敏にしていった。

「アテネのプールには屋根がなくて、欧米やオーストラリアの選手は参っていました。僕は屋外プールでの試合を多く経験していたので、あの強烈な直射日光も苦ではなかった。水温も低くて他の選手は動きが鈍ることを心配していましたが、僕は『冷たくて気持ちがいいいや』と、気に掛けなかった」

北島の最大のライバルはアメリカ・ペンシルヴェニア州出身のブレンダン・ハンセンだ。彼は、アテネの1カ月前に世界記録を更新していた。

「ハンセンの調子が良いことはわかりました。でも、僕はこう考えた。ハンセンの調子のピークは今で、きっとレース当日には下降する。自分はレース当日にピークを合わせ、そのための準備をすればいい、と」

オリンピックで勝つためには、心の強さこそが武器になる。北島はある言葉を繰り返し思い返していた。

「アテネに入る前の合宿時に、五輪代表のコーチを務める鈴木陽二先生が、選手の前で『お前たちにとって、世界で名だたる一流ブランドより、五輪のマークほど崇高なブランドはないはずだ』と、言ったんです。自分の立っている場所がどれほど特別であるかを思い、体が震えるような気持ちでした」

決戦の日、北島は自分でも驚くほど落ち着いていた。平井コーチが授ける作戦は、鮮やかな絵となって彼の脳裏に浮かび上がった。

「平井先生がハンセンと僕の泳ぎを分析し、こんな戦略を立てた。『最初の25メートルはお前のほうが速い。康介が25までハンセンにプレッシャーを与え、彼を混乱させるんだ。50のラップはハンセンのほうが速いかもしれないが、ペースを乱した彼を最後の15メートルで捕える。最後は康介のほうが絶対に速いから』と。そのままのイメージが浮かび上がり、頭の中では理想のレースが展開されていました」

100メートル決勝のレース直前、召集所で椅子に座って待つ間も、北島は最高のイメージを抱き続けた。すぐにレースを戦えることが嬉しかった。逆にライバルのハンセンは明らかに狼狽していた。

「ハンセンは僕の隣でしたが、かわいそうなほど落ち着きがなかった。負けられない気持ちが強くて、緊張は頂点に達しているようでした。『これはチャンスだ』と、直感しましたね」

名前を呼ばれプール前に進み出る時にも、ホイッスルが鳴って飛び込み台に上がる時にも、北島の視界は広くクリアだった。

「ベストタイミングで飛び込めた。いい感触だったので、作戦どおりそのまま飛ばしました。ハンセンは少し焦っていたようで、スピードを上げてきましたよ」

水中では雌雄を分ける戦いが繰り広げられていた。

「ターンの時には意識して隣のハンセンを見ました。その時、自分がちょっとリードしていることがわかったんです。あとは、自分の泳ぎだけに集中しました」

終盤のバトルも彼は意に介していなかった。タッチの瞬間も勝利を知らなかった。ただ、自分の追い求めていた泳ぎが、オリンピックの舞台で実現できたことが嬉しかった。

「電光掲示板もよく見えなくて誰が勝ったのか、わからなかった。スタンドで皆が騒いでいたのが見えて、『これは金メダルかな』と、用心深くガッツポーズしたんです」

タイムは1分00秒08。世界新記録より勝負を重視したレースに、彼は勝った。

200メートル決勝でも彼の強さは証明される。2着以下を引き離し、1秒以上の差でふたつ目の金メダルを獲得した。タイムは2分09秒44、五輪新だった。

「調子が上向いているのがわかって、躊躇《ちゅうちょ》なく飛ばせました。100メートルの勝利だけで満足せず、200メートルも絶対に1位で帰ろうと決意していましたから。100の金メダルで自信が持てた。僕に風が吹いてることが、びんびん伝わってきていました」

水泳に携わる者たちは北島の強さに震撼していた。身体にかかる負荷において、１００メートルと２００メートルではまったく別な競技と認識されているからだ。陸上にたとえるなら、短距離の１００メートルと５０００、1万メートルの中距離ほど違う。ほとんど無呼吸で行く１００と、酸素を取り込んで戦う２００。北島の身体からは、たゆまぬトレーニングにより、驚異的な潜在能力が引き出されていた。

「ふたつの金メダルのあとは、今まで感じたことのない解放感に浸っていて、本当に嬉しかったですよ。平井先生や支えてくれたスタッフにどれほど感謝してもしきれないくらいだった。それに、水泳をメジャーなスポーツとして認めて欲しいという願いはずっと以前から持っていましたからね」

北島の使命感にも似た思いは結実した。金メダリストになった彼の影響力は甚大《じんだい》だった。野球やサッカーの選手と並ぶヒーローとして認知された彼に憧れ水泳を始める子供たちが急増する。また05年4月からは日本コカ・コーラと所属契約を結び、事実上、日本初のプロスイマーとして活動を開始するのである。

「水泳を仕事にする。学生や社会人という肩書ではなく、プロという立場でレースを戦う。僕自身はまだ若く未熟ですが、そうした道を切り開くんだという自負は人一倍ありました」

水泳界のトップアスリートに寄せられる期待は大きい。そのことをバネに北島は自分を追い込んでいった。

１９８２年東京都生まれ。日本コカ・コーラ所属。２０００年日本選手権にて優勝。02年にはアジア大会２００メートル、03年の世界水泳選手権バルセロナ大会では１００、２００メートルにて世界新記録（当時）で優勝。04年アテネオリンピックでは、１００、２００メートルにて日本人史上初の金メダル2冠を達成。08年6月のジャパンオープンにて２００メートルで5年ぶりの世界新記録を樹立。08年北京オリンピック日本代表に

「僕を話題にしてもらうということは、すなわち水泳が注目されるということ。そのことには大きな責任を感じていたんです」

　当然のように08年の北京オリンピックにも金メダルを求められている彼に、休息はない。どんなコンディションであろうが、常に戦いを継続しなければならない。それも、勝利するために。そのことが北島にどれほどの重圧をかけているか、常人は知る由もない。

「アテネオリンピックで金メダルを手中にするために体をつくり込んだ。筋肉をつけ、腕のストロークや足のキックの強化を図った。勝つための手段でしたが、実際は、僕の持ち味だった水中での伸びやかさやしなやかさが失われてしまった」

　過酷なトレーニングは、彼の膝や肘に大きなダメージも与えていた。

「練習したい。試合で思いっきり泳ぎたい。しかし、肘や膝の痛みが出て力を尽くせない。痛みを感じる箇所をかばうと、泳ぎのバランスが崩れ、フォームが狂うんです」

　世界一美しいといわれたフォーム。それを取り戻すためには、再び体をつくり直さなければならない。

「アテネからの2年間で、ようやくゼロに戻せたんですよ。今はここから北京に向けて一から体をつくり直していくところです。膝や肘の痛みはありますが、それと共生するための肉体改造に着手しています」

　膝や肘の痛みは、平泳ぎのスイマーにとっては宿命ともいえる。水中でのあの動きは、そもそも不自然極まりないものなのだ。

「平泳ぎを種目にしたことが、痛みとの戦いの始まりだったのかもしれない。僕はずっとそれを否定していたんですが、今は受け入れています。大好きな水泳が自分を痛める競技であることを認めたうえで、付き合っていこうと思います」

晴れやかな顔に迷いはない。日本体育大学大学院に在籍していたが、06年春には同大学院を退学した。

「二兎を追う器用さは、僕にはありませんでした。もし可能なら現役を引退した時、また大学院に戻りたいと思います」

そして今、あの不思議で愉快な水中の感触を、ひとりでも多くの人に知ってほしいと思っている。

「これから、できる限り時間をつくって、シニアの方たちや子供たちに指導できたらと願っているんですよ」

遠い将来にも、彼はあの美しいフォームで泳いでいるのだろうか。そう聞くと、彼は声を上げて笑った。

「シニアオリンピックに出たいと思って練習しているかもしれないですね。それって、反則ですかね」

08年の北京オリンピックの時も、晩年を迎える頃にも、北島の水泳への愛情は変わらない。

道標

バスケットボール

田臥 勇太

Yuta Tabuse

ボールが空を切り、疾風を生む。シューズが床を擦《す》る乾いた高音が飛び交っている。屈強な肉体がぶつかる衝撃に耐えながら全力で走る。10フィート（3メートル5センチ）の高さに据えられたバスケットを見上げ、その一点を目指してボールを放つ。

どんな時も、コートをバウンドするボールの音が全身の細胞を震わせる。

バスケットボールの魅力を言葉で表現することは難しい。何万本パスを出そうが、何千時間コートに立とうが「もっと上を目指したい」という気持ちが薄れたことはない。それほどまでに心を沸き立たせるゲームを、彼は他に知らない。

田臥勇太にバスケットボールの魅力を聞くと、艶《つや》やかな革張りのボールを右の手のひらの上でくるりと回しながら、こう言った。

「自分が今ここにこうして存在する理由――。それを考えると、バスケットボールというスポーツなしには説明がつかないですね。コートに立っていない自分、ボールに触れていない自分は想像ができないです」

プレーする瞬間、田臥は自らの命を感じている。相手からボールを奪い小さな空間に躍り出る時も、集中力がもたらす静寂のなかでシュートを打つ時も、すべてが彼の人生の道標になる。

「額から汗が滴《したた》ることも、走り疲れてコートに倒れることも、僕がバスケットボールに打ち込めることの証《あかし》です。アメリカでトレーニングし、プレーできることを感謝しながら、同時に『ゴールは果てしない先にあるんだ』と自覚しています」

田臥は「決して満足しない」ことを自分に言い聞かせている。全力を出しきる充足感に身を委ねながら、己の潜在能力を断定することはない。

「いいプレーができれば充実感はありますよ。でも、満足なんてありえない。日本人がNBA（全米バスケットボール協会）の一員として常時プレーすることがどれほど難しいことなのか、僕は知っている。でも、だからこそ挑戦する自分がいるんです。『ここまで精一杯だ』などと考えれば、チャレンジはそこで終わりですよ」

自身の可能性を信じられる強い心が、これまでも田臥を支えてきた。

「走り続けている限り、恐れはありません。孤独だと感じることもない」

田臥という選手がいなければ、NBAは日本人にとって北米を舞台にした超人たちのスポーツにすぎなかった。彼の登場が日本とNBAの距離を縮めたのだ。

なぜ彼が、世界最高のバスケットボールリーグであるNBAでプレーすることを求めたのか。すべては少年の日に抱いた憧れにある。

「8歳の時、初めてNBAのゲームを家のビデオで観たんです。大きな選手たちが俊敏に動き回り、華麗な身のこなしでパスを出しシュートを決めている。その姿にただ驚き、コートを走る選手が好きになりました。僕が頼んだわけではなかったんですが、父と母がテレビで放映されるNBAの試合を必ず録画してくれた。それを朝御飯と晩御飯の時に必ず観ていました」

姉が地元の小学生バスケットボールクラブに所属していたこともあり、2年生の田臥もすぐに同クラブの練習に参加する。

「姉の同級生の男子と遊ぶことが多くて、彼らと一緒にバスケットボールをやっていました」

遊びで始めたその競技で才能は急速に芽吹いていった。3年生と4年生の時には全国大会に出場するまでになる。

この時、田臥のプレーを見たコーチや選手たちは驚きを隠せなかった。小学生の彼が見たこともない動きで相手を翻弄《ほんろう》していたからだ。

「当時、バスケットボールの動きの基本は、腰を低くして摺《す》り足で走ることでした。まじめな選手たちはその基本に忠実だった。でも僕は、それをまったく無視していたんです。憧れのNBAの選手と同じプレーをすることがすべてでした」

田臥が心を奪われ、模倣することに夢中だったのは、ロサンゼルス・レイカーズのポイントガード、アーヴィン・マジック・ジョンソンだ。「マジック」は、獅子奮迅《ししふんじん》の活躍をする高校2年生のジョンソンに記者が付けたニックネーム。1988年にレイカーズを通算5度目のリーグ優勝に導いたポイントガードの魔法のようなプレーに、少年の瞳は釘づけになった。

「自由自在なボールさばきに痺《しび》れました。パスを出す相手をまったく見ない『ノールックパス』には誰もが欺《あざむ》かれてしまう。マジックと同じポイントガードというポジションに就き、ビデオで観る彼の動きを、一から十まで真似していたんです」

流れるような体の運び、どちらに出るかわからないパス、ファーストブレイク（速攻）の基点となる素早い動き、守備と攻撃の要となって指揮をとるリーダーシップ。そのすべてに抜きん出た田臥は、当時から日本だけでなく世界を意識して戦った。

「僕にとってのバスケはNBAでしたからね」

息子の才能に目を見張った両親も、彼がバスケットボールに没頭するための協力を惜しまなかった。

中学時代も全国大会の常連であった田臥は、3年生の時にコマーシャルに出演し、そこでニューヨーク・ニックスのセンタープレーヤー、パトリック・ユーイングと共演を果たした。

その彼が進学したのは高校バスケットボールの雄として君臨する秋田の能代工業高校だった。

「横浜の自宅を離れて秋田で寮生活をすることも苦ではなかった。日本で一番強い高校でプレーしたい、その夢が叶って嬉しかったです」

ゲームを掌握する司令塔として1年生から存在感を示した田臥は、在学した3年間で途《と》轍《てつ》もない成績を残す。インターハイ、国体、全国高等学校バスケットボール選抜優勝大会のすべてを3年連続で制覇し、9冠を成し遂げたのだ。そればかりか、現役高校生として初めて日本代表にも選出された。

「能代工の練習は厳しかったですよ。でも、練習が嫌だと思ったことは一度もなかったですね。コートに入れば、監督の加藤三彦先生の指導のもと、イメージを膨らませて自由なプレーが許された。勢いがつくと、みんなで井上雄彦さんの『スラムダンク』の一場面を再現したり、NBAで観たファーストブレイクやダンクシュートを実際にやってみたりしました。それは楽しかったですね」

高校3年生になり、大学進学について思いを巡らせる頃、彼にアメリカ行きの話が持ち上がる。

「加藤先生が『アメリカに行ってもっと上手くなれ。世界を見てこい』と言ってくれた。バスケットボールをアメリカでという思いは、卒業前の99年3月、フロリダ州タンパで行われたナイキ・フープサミット（全米ジュニア選抜と世界ジュニア選抜の対抗戦）に出場してから決定的になりました」

日本人として初出場したナイキ・フープサミットはESPN（アメリカのスポーツ専門CS放送局）で放映されており、田臥のもとにはNCAA（全米大学体育協会）に所属する大学からのスカウトと奨学金の申し出がいくつも届いた。そのなかから彼が選んだのは、NCAA2部に在籍していたハワイのブリガムヤング大学だった。

「慌しく出発し、ほとんど英語もできないまま寮に入りました。授業を理解することはもちろん、社会保障番号を取得することも、銀行口座を開くことも、カフェテリアの入館手続きをすることもひとりではできなかった。途方に暮れることばかりでホームシックにもかかりました」

田臥をサポートしてくれる親切な大学のスタッフもいたが、日本語はまったく通じない。バスケットボールに専念するどころか、日々の生活すら危ぶまれた。

「少しずつ言葉を覚え、生活のリズムを摑《つか》んでいくしかなかった。NCAAの規則で留学1年目はバスケットボールの練習が一切できないんです。車の免許を取り、英会話の勉強をし、宿題を少しずつこなしながら、ジムでのトレーニングに没頭していました」

ところが、熱中した筋トレが仇《あだ》となり、彼は椎間板ヘルニアを患うことになる。

「2年目になりようやくコートでの練習が許される頃、腰痛に苦しんで動くこともままならなくなった。手術のためにロサンゼルスの病院に入院し、退院してからはリハビリの日々が続きました」

ボールを持てないフラストレーションに苛《さいな》まれながら、それでも自暴自棄にならなかった田臥。彼は、3年目にしてようやくブリガムヤング大学のスターティングメンバーになり、ついに01－02年シーズン、NCAAデビューを飾るのである。

「まるでプロのように全米を遠征して回る生活でした。NCAAで活躍した大勢の選手が、NBAのチームと契約を交わしていく様子に、僕自身、『NBAは別世界ではない』という意識を強くした時期でした」

ところが、翌シーズンになると田臥は帰国を決意していた。コーチとの意見の相違やチームの戦略への疑問を、黙認することができなくなっていたからだった。

「自分の追い求めるバスケをやりたい。それには日本へ帰ってプロ入りするしかないと思いました」

JBL（バスケットボール日本リーグ機構）でプレーすることを願い帰国した02年の初夏、田臥はトヨタ自動車アルバルクとプロ契約を結んだのだった。

そのシーズン、彼はコートに立つ喜びに溢れていた。JBLでも際立った才能を有するチームは、新人である彼のプレーを常に必要としてくれた。入団1年目で新人王に輝いた彼は、日本のバスケットボールの水準の高さを改めて認識し、先輩たちに尊敬を抱いた。

「このリーグでもっと技を磨きたい。偉大な選手たちに追いつきたい。まだまだ自分のプレーは未熟なんだと、闘志を掻き立たせていました」

しかし、人生の転機は突然に訪れる。03年の春、オフに入った田臥はアメリカへと一人旅に出掛けていた。そこである決断を下すことになる。

「ワンシーズンを戦った区切りとして自分を見つめ直したかった。それで、大好きなNBAのゲームを観戦するため、アメリカへ行ったんです」

航空券もゲームのチケットも宿も自分で手配した彼は、まずコロラド州に向かった。ブリガムヤング大学で彼の世話役だったジャレン・アカナがデンバー・ナゲッツのコーチを務めていたのである。

「デンバーへ行くとジャレンがロッカールームに入れてくれて選手を紹介してくれた。それだけじゃなく練習着を揃え、コートで練習までさせてもらえたんです」

その日のゲームはナゲッツ対ワシントン・ウィザーズ。引退を表明していたマイケル・ジョーダンの最後のシーズンであり、田臥はその姿を脳裏に焼き付けたいと思っていた。

「ジョーダンは最高にカッコよかった。一ファンとして応援していたのですが、いつの間にかボールを競い合う選手の気持ちで彼を見ていましたね。ゲームが進むにつれ、その思いは強くなる一方だった」

NBAでプレーする夢が点滅し始めていた。彼はもっとジョーダンのゲームを観たかった。そしてインディアナとシカゴにも飛んだのだ。

「まるで8歳の頃の気持ちに戻っていた。ただNBAに憧れ、いつかNBAでプレーでき

1980年神奈川県生まれ。小学校2年生からバスケットボールを始める。能代工業高校では1年生からスターティングメンバーとして出場。インターハイ、国体、全国高等学校バスケットボール選抜優勝大会を3年連続で制し、史上初の9冠を達成。2004年NBAのフェニックス・サンズと契約。日本人初のNBAプレーヤーとなり、4試合出場を果たした。現在は、アメリカにてプロ活動中

ると信じていた自分が瞬間的に蘇っていたんです。理屈では説明できない感情でした。『自分があの場面で出場していたら、どんなプレーで臨むだろう』と考え、次の瞬間には完全にスイッチが入っていた。すぐに自分の居場所はＮＢＡなんだ、と結論づけていましたね」

　絶縁体が剝《は》がれ落ち、全身を電流が貫いたようなショックが襲う。意を決した田臥は、その場から携帯電話で両親に国際電話をかけ「僕はＮＢＡでプレーするよ」と宣言していた。

　父は息子の決断に言葉を失っていたが、それでも最後は受け入れてくれた。

「一度決めたら絶対に曲げない。そういう頑固な性格を知っているから、父も母も応援してくれました。退団を申し出ることになったトヨタ自動車には、どうしてもといって父が一緒に謝りに行ってくれたんです」

　03年から現在まで田臥のチャレンジは続いている。※サマーリーグに参加し、プレシーズンマッチなどに出場、ＡＢＡ（アメリカ独立プロリーグ）やＮＢＤＬ（ＮＢＡデベロップメントリーグ）のチームでもシーズンを戦い、貴重な経験を積んでいる。

　03年11月、田臥が待ち望んだＮＢＡ開幕ロースター入りの瞬間を迎えた。だが、日本人初のＮＢＡプレーヤーという栄誉も現在の彼を前進させる歯車のひとつにすぎない。

「フェニックス・サンズの一員として戦ったことに誇りを感じるし、日本人で初めてロースター入りしたことにはプライドも持っています。でも、無闇に気持ちが高ぶることはなかった。心の中では『ここはまだスタート地点だ』と呟《つぶや》いていましたよ」

　今、この瞬間も田臥の挑戦は続いている。

「NBAで戦うためにアメリカに移り住んだ僕は、信頼できるマネージメントスタッフにも、体調も管理するめの専門医にも恵まれた。こんなにもバスケットボールに夢中になれる環境に、今は感謝だけを抱いています」

田臥は、自らの立場を意識し、子供たちにバスケの楽しさを伝える活動へ積極的に参加している。

彼は自分の未来をどう描こうとしているのだろうか。その先にコート以外の舞台が見えるのか。私の問いかけに彼は澄んだ声で答え、少し笑った。

「10年経っても15年経ってもコートに立っていたい。それ以外の自分の姿は思い浮かばないですからね。年齢なんて覆す選手になっていたいです。ただ、こんなふうにバスケのことしか考えられない自分を冷静に振り返ると、このままじゃずっと独りぼっちだぞ、と少し寂しくなることもたまにはあります」

※サマーリーグ／若手選手の登竜門として各クラブが行うキャンプ（合宿）のこと。フリーエージェントの選手、NBAの各チームにドラフト指名された選手、チーム入団後1、2年の新人選手などが集められ、開幕ロースター（登録選手名簿）入りするために競い合い、アピールする場である

フィギュアスケート

探求

村主章枝

Fumie Suguri

冷涼とした空気が一面の氷を覆い、湖のような静けさをもたらしている。ひんやりとした光沢のある氷の上にエッジ（スケートの刃）を立て、背筋を伸ばす。左右の足をゆっくりと蹴り出していくと、まるで異次元に繋《つな》がるドアを開け放った気分になる。

エッジが氷を削る微かな音が響くと、そこには地上とはまったく別な世界が広がっている。背中に大きな翼を与えられたかのごとく、自由に軽やかに動くことができるのだ。たったひとりで広大なリンクに立ち、ジャンプの種類や高さ、スピンの速さやその形、ステップやスケーティングの技術、美しさと表現力を競い合うフィギュアスケート。

私がフィギュアスケートに心奪われたその理由を聞くと、村主章枝はこう言って瞳を煌《きら》めかせた。

「氷とエッジが出合うことで、陸上ではできないことが可能になるんです。ダイナミックなジャンプも高速のスピンも、複雑なステップ・シークエンスも、すべては人間が氷という舞台に立ったからこそ実行できる。そして、その技の種類は何百、何千とあり、本当に奥が深い。スケートは私を別世界に導き、心を高揚させてくれます。その楽しさは、子供の頃も今も、まったく変わりません」

リンクを縦横無尽に滑る選手には、肉体的、精神的な強さが求められる。

「競技として、筋力や柔軟性が演技を左右しますし、どんなに苦しい状況になっても倒れない強い魂も不可欠です。そういう意味では一流のアスリートでありたいといつも自分を鼓舞しています。だから、筋力のトレーニングも怠らないし、勝つことへの執念も忘れません」

しかし、単に身体能力を高め、勝利を追い求めるだけでは、観衆を魅了することはできない。その激しいスポーツのもう一方に、芸術性という深奥《しんおう》な世界が求められる。

「私という人間が真に芸術を求め、表現するための方法を探究し、この世にたったひとつしかない演技を誕生させる。そうした深遠な行為の積み重ねが必要な競技だからこそ、私はフィギュアスケートを続けているんだと思います」

スポーツでありながら、バレエや演劇に求められる美的形状や表情の豊かさをそのスケーティングに込めるのだ。そうした複雑で繊細な作業こそが、村主を動かす原動力になっている。

村主は休むことなくリンクに出向き、日に4時間のトレーニングを欠かさない。

「連日テーマを持って練習に挑むわけですが、同じスケーティングはこれまでにただの一度もありませんよ。滑れば滑るほど、新たな発見があります。それが喜びとなり、やっぱり私はスケートからは離れられない、と思い返すんです」

村主があのひたむきな表情で滑り続けるのは、技術と芸術の果てしないその連鎖を、心の底から模索するからだった。

フィギュアスケートに出合ったのは、パイロットである父親の赴任先だったアメリカのアラスカ州でのことだ。

「アラスカにいたのは3歳から5歳。記憶が定かでない頃から、私も近所の子供たちと一緒に凍った沼でスケートをしていました。アラスカでスケートはもっともシンプルな遊び。みんな小さなスケート靴を履いて一生懸命滑るんですよ」

日本へ帰国すると、習い事のひとつとして横浜にあるフィギュアスケートのスクールに通った。

「私は、将来オリンピックに出場したいなどと考えるレベルの選手ではありませんでした。ただスケートが大好きで続けたいと思っただけです。スクールの仲間たちと揃って練習していましたし、格段上手いわけではなかった。でも気がつくとスケートは生活の一部になっていました」

小学校を卒業し、鎌倉にある中高一貫の進学校、清泉女学院に入学する頃になると、村主はますます練習に熱を入れていった。

「学校は勉強に関してとても厳しくて、スケートとの両立は本当に大変でした。でも滑ることが楽しかったので弱音は吐かなかった。3歳違いの妹、千香も、一緒にスクールへ通っていたんですが、学校からスクールまで毎日送り迎えをしてくれた母が、いちばん大変だったと思います」

中学3年生の時、彼女の心に変化が訪れる。ジュニアの中堅選手だった村主は、ただ楽しむために滑るのではなく、オリンピックを目指せる選手になろう、と決意するのだ。

「きっかけは、出場したある競技会で転倒したことでした。物凄く大きな失敗をして、初めて『恥ずかしい』と、思ったんです。その時に、これからは二度とこんな恥ずかしい思いをしたくないと考え、本気で練習に取り組むようになったんです。試合にも積極的に出場しました」

フィギュアスケートでオリンピックを志す選手のほとんどが、幼稚園や小学校低学年の頃から著名なコーチの個人レッスンを受けている。村主の15歳という年齢は、オリンピックを目指すには遅すぎるくらいだった。

しかし、情熱がそんな状況をも覆《くつがえ》す。オリンピックという目標を掲げ、才能を開花させた村主は、全日本ジュニア選手権で2位、世界ジュニア選手権で4位になり、１９９６年には全日本選手権で優勝の栄冠を摑《つか》んでいた。

「私自身、劇的に意識が変化したのは、大学に進学した年、佐藤信夫先生と佐藤久美子先生に師事してからです」

佐藤信夫・久美子夫妻は、ともに60年代に国際舞台で活躍したフィギュアスケーターであり、指導者に転進してからは日本のフィギュア界を支える第一人者となっていた。

世界を知るふたりのコーチは、村主の秘められた才能を認め、そのスケーティングを長い時間をかけ磨き上げていった。

「佐藤信夫先生は、それまでの私のスケートを否定することなく、新しいことをゆっくり教えてくれました。先生に私の滑りを端から否定されていたら、そして、単に何かを押しつけられていたら、私はあの時点で潰れていたと思います」

佐藤信夫・久美子両コーチは、村主にさまざまなテーマを与え、彼女の良さを引き出そうとした。しかし、当時の村主にはわからないことも多かった。

「あの頃の私にはまるで理解力が足りなかった。小さなコップに一気に水を注いでもすぐにこぼれてしまうでしょう。先生は、私が指導の内容を理解し、受け止められるようになるまで我慢してくださったのです」

98年、長野オリンピックへの出場を逃した村主は、その後、全日本選手権のみならず世界選手権、四大陸フィギュアスケート選手権などに挑み、2001年、早稲田大学2年生の時には、ついにソルトレークシティオリンピックへの出場権を摑む。

ショートプログラムで7位につけた彼女は、フリーで見事なスケーティングを見せ、初めてのオリンピックで5位入賞を果たすのである。

「この頃には、大学を卒業した後もスケートで生きていきたい、とはっきり思っていました。実際、経済的な理由でスケートを断念する選手も少なくないんです。練習のためのリンク代や国内・国際大会出場のための諸経費など、莫大な費用がかかってしまう。両親は、そうしたことも含めて私がスケートを続けることを許してくれた。家族の応援に報いるためにも、自分の実力でスケートができるようになりたい、と考えていました」

村主の意志は固かった。次なるトリノオリンピックを照準に走り出したのだ。

彼女は、独自の演出を確立し、高度な技と情緒豊かな表現力を手に入れた人々を魅了するスケーターへ成長していた。

「スケーティングで私らしさを演出するのはとても大切なことです。しかし、一度完成したプログラムを壊し、まったく新しい自分らしさを求めることも、大事なんです。そうしなければスケートは進化しません。毎年新しいプログラムをつくっては、一度捨て去り、さらに新しいプログラムに挑戦する。そうした挑戦を続けてこそ、今があります」

05年、オリンピックプレシーズンに入り日本女子フィギュアスケート界は、才能の結集に沸いていた。村主をはじめ、荒川静香、安藤美姫、中野友加里、恩田美栄らメダル候補の選手が、トリノオリンピック出場を懸けて鎬《しのぎ》を削ることになった。

しかし、この時、村主は苦しい戦いを強いられる。激しい戦いの末、長年痛めていた股関節の怪我を極度に悪化させていたのだ。

「フィギュアスケートでは、どんなことが起こってもすべて自分の責任です。怪我だろうと、ミスだろうと、誰にも責任を転嫁することなんてできない。孤独ですが、私には戦いの場でひとりであることも重要でした。怪我をした箇所を痛いと思えば、自分自身に対して弱みを見せることになる。どんな瞬間も自分の持っている力のすべてを尽くすことを目指しました。周りで支えてくれるコーチやスタッフのためにも強くありたかった」

トリノオリンピック直前の試合は、まさに自分との戦いだった。

05年10月に出場したスケートカナダでまさかの8位に甘んじ、村主がトリノ代表に選出されるのは絶望的だと報じられた。しかし、12月に行われた全日本選手権では奇跡の逆転劇を見せ優勝。薄氷を踏むような戦いに勝利し、トリノ行きのチケットを手にしたのである。

世界最高の表現者と称《たた》えられた彼女の滑りは絶賛を浴び、トリノオリンピックでは4位入賞に輝いた。

怪我を抱えて善戦した。メダルには届かなかったが、記憶に残る素晴らしいスケーティングだった——。トリノから帰国した村主には、コーチやスケート関係者はもちろん、ファンからの温かい声が数々届いていた。

だが彼女の心は曇っていた。オリンピックという舞台で4位という成績に終わった自分を、どう評価していいのかわからなかった。
「トリノが終わってしばらくは、静かに考えていました。そして、新しいシーズンを前にしてはっきりわかったことがあります。自分の力のなさで怪我を悪化させてしまい、目指す作品に仕上げられなかった。それは私の責任です。思い詰めていたわけではありませんが、悔しさは日を追って大きくなった。4年後のオリンピックに挑む気持ちは自然に沸き上がってきましたね」

フィギュアスケートにおける芸術性にこだわってきた村主は、美しさの感覚を採点されることに違和感を抱えてきた。その思いは今も消えないが、戦うことに前向きな自分を確かめることもできた。
「美しさは人によって感じ方も違う。しかし、試合ではそれを数字に転化します。競技をしている以上、選手は結果を出さなければならない。観衆も結果を求めて当然です。私自身、全身全霊で挑んでいけば、いつか観る方たちの気持ちをひとつに結集できるかもしれない。そのエネルギーこそが、採点にも繋がっていくと今は信じられる。スケートが好きだという気持ちを証明するために、私はバンクーバーを目指します」

新たなロシア人のコリオグラファー（振付師）がつくったプログラムでシーズンに挑む村主は、清爽《せいそう》の気がみなぎる心でリンクに立っている。

スケートから離れられないという村主が目指す到達点はどこなのか。私がそう質問すると、彼女は迷わずにこう言った。
「フィギュアスケートの裾野《すその》をもっともっと広げたい。これだけ注目される競技なのに、

１９８０年千葉県生まれ。ａｖｅｘ所属。中学3年生より本格的にスケートを始める。２００２年、03年世界フィギュアスケート選手権では銅メダル、06年には銀メダルを獲得。03年グランプリファイナル優勝、05年四大陸フィギュアスケート選手権にて優勝を果たした。冬季五輪では、02年ソルトレークシティ大会にて5位入賞。06年トリノ大会では4位入賞。10年バンクーバーオリンピックを目指す

各地のリンクはことごとく閉鎖されています。子供たちが、そしてオリンピックを目指す選手たちが、安心して練習ができる環境をつくりたい。現役の間も、引退後も、そのための活動をしていきたい。それが私の夢です」

鍛錬

柔道

井上康生

Kosei Inoue

柔道衣を摑《つか》んだ指先には力がこもり、まるで蝶番《ちょうつがい》のように相手を繫《つな》ぎ止める。引き出し揺さぶり、流れを自分に引き寄せながら、ある一瞬をじっと待つ。相手が踏み込んできたその時こそ、絶好の機会だ。己の右脚を相手の両脚の間に深く送り込み、電光石火で振り上げる。井上康生が必殺技として磨きをかけてきた内股。一本が決まるまでの時間は、わずかに1秒ほどだ。釣り手と引き手の絶妙なバランス、腰からつま先への滑らかな重心移動、振り上げた脚の迅速さと相手の体を宙に放り出す威力、相手と自分の体重を支える畳に残した軸足の安定感。すべてにおいて完璧な彼の内股は、「世界一美しい内股」として知られている。

世界がその華麗な技に遭遇したのは2000年9月のシドニーオリンピックだった。大会7日目に行われた男子柔道100キロ級、準決勝までの4試合すべて一本勝ち（総合勝ちを含む）で突き進んだ康生は、決勝で宿敵であるカナダのニコラス・ギルと対戦していた。

常に前へ出て主導権を握る康生に対し、ギルは一本負けを警戒し腰を引いて時間を稼いだ。しかし、一閃《いっせん》する内股がギルの体をふわりと浮かせ背中から畳に突き落とす。2分9秒、一本勝ちで金メダルの栄冠を摑んだ康生は、歓喜の雄叫びを上げながら跪《ひざまず》き、やがて両手を高く突き上げた。

あの美しい内股はどのように誕生したのだろうか。私がそう聞くと、彼は正面を見据えこう言った。

「子供の頃、父に憧れて体の動きや脚の振り上げ方を真似ていました。父のように内股で自分より大きな選手を投げ飛ばしたい。そう思いながらがむしゃらに稽古していたら、いつの間にかそっくりの内股になりました。この技が自分の原点であると思っています」

柔道は、武器を持たず相手の攻撃力に順応することで投げ倒し、抑え込む日本独特の武道だ。康生は、心身を鍛え、また精神を修養するすべとして戦国時代に生じたこの武術に魅せられ、過酷な稽古に励んできた。

「ただ柔道が好きなんですよ。柔道に出合い、こうして稽古できることに感謝しています」

康生が柔道を始めたのは5歳の時である。父、井上明が勤務する宮崎県の延岡署の柔道教室でのことだ。3人兄弟の末っ子である彼は、警察官の父を慕い、警察署の2階にある柔道場で父が稽古する姿をいつも見学していた。

「長男の将明も、次男の智和も、当時は柔道に興味を持たなかった。僕だけが柔道を習いたいと言いました」

幼稚園児の康生が「柔道をやりたい」と言い出した時、一番喜んだのは父だった。母のかず子もまた康生が柔道を習うことに賛成し、父が師範を務める静充館柔道場へ息子の送り迎えを買って出た。

「子供時代は体格も良くて、どんどん強くなりました。小学生になると父に褒められたい一心で稽古にのめり込んでいく。その頃になると、次兄の智和も柔道を始めていたので、ライバル心も芽生えていましたね」

年上の中学生を相手にしても、負け知らず。宮崎県下でも強豪として知られた道場、静充館に通っていた康生の強さは抜きん出ていた。父もまたそんな康生に容赦はしなかった。稽古も、ランニングも、人を背負っての石段上りも、小学生の息子に中学生以上の練習量を課した。

「負けず嫌いでした。人が途中でやめれば、自分は1段でも2段でも前に進んでやると、思っていました」

父は康生を子供扱いしなかった。小学4年生になると稽古中の態度を一変させる。

「お父さん、と呼んでも突然ゲンコツを見舞われる。子供ながらに3カ月も悩んで、ある日、兄が父を『先生』と呼んでいるのを見てはっと気がついたんです。それで僕も『井上先生』と呼ぶと、父は黙って稽古をつけてくれた。道場では師弟関係でなければならない。僕が自分でそのことに気づくまで父は待っていたんですね」

父の内股を習得したいと稽古に没頭する康生は、5年生の時に全国少年柔道大会で優勝を飾る。「この先はもっと厳しい稽古が必要になるぞ」と言った父に、10歳の康生は突然、こんな言葉を返したのだった。

「お父さん、遠慮せんで僕を鍛えてください。僕はね、柔道をするために生まれてきた子供だと思うんよ。不思議だけど、そう思うんよ。来年もまた日本一になってみせる。だから僕を鍛えてください」

康生自身もこの時のことは鮮明に覚えている。

「あの時は、柔道が楽しくて、勝つことは素晴らしいと喜びだけに満ちていた。その気持ちを何とか親父に伝えたかったんだと思います。もちろん、泣いたり、苦しいと思ったりしたこともあった。日本一になっても『お前などまだまだだ』と、父は褒めてくれなかった。それでも、父についていけば必ず強くなれる、そう信じていたんです」

康生は、警察官として自分を律し情も深い父を仰ぎ見ることで、稽古の尊さを知った。そして、勝負に情熱のすべてを注ぐ康生に安らぎを与えてくれたのは母だった。

「母は、僕の稽古を始めから終わりまで見ているんです。道場の板間に正座して、たじろぐこともなく見つめてくれていました。明るく溌剌《はつらつ》とした母の応援があってこそ、苦しい稽古を続けられました」

中学に入ると康生の世界は一気に広がった。3年生の時には全国中学柔道大会やジュニア国際柔道大会で優勝し、日本ばかりか欧州でもその名が知られるようになった。将来のオリンピック候補と名指しされた康生はさらなる前進を求め、稀代の柔道家・山下泰裕のもとへ旅立つことを決めるのだ。

「高校進学の時、真っ先に思い浮かんだのは山下先生のことでした。小・中学生の頃、九州で稽古をつけてもらいましたが、その時に『山下先生は、僕が生涯追い求めていく人だ』と感じていたんです。智和が明治大学に進学して東京にいたこともあり、僕が上京することを両親も諸手を挙げて賛成してくれました」

宮崎から上京し、東海大学付属相模高等学校に進学した康生は、山下の指導により柔道の奥義を学んでいった。

「中学生までは内股、大外刈、大内刈という技が主だったんですが、それだけでは足りないと、背負投を指導してもらいました。また、得意な内股にしても、いろいろなかけ方があることを教わりました。自分より大きい身長2メートル、体重130、140キロある選手を投げるための動きやコツを、逐一教えてくださったんです」

時にはホームシックにかかり涙したこともあったが、道場に立てば一心不乱に技の習得に励んだ。倒れるまで稽古し、そのすべてが身に付いていった。康生は勝利という結果を次々に紡ぎ出していく。全国高等学校柔道選手権では個人戦・団体戦ともに優勝し、また全日本柔道選手権には高校生として山下以来21年ぶりの出場を果たしている。00年シドニー五輪候補選手として注目を集める康生の快進撃は、東海大学に進んだあとも止まらなかった。

「大学1年の時、講道館杯（講道館杯全日本柔道体重別選手権大会）といって日本のトップを決める大会で優勝したんです。１９９７年ですが、その時に、いよいよオリンピックでメダルを狙える位置に来たんだな、という手応えを感じました」

翌年のアジア競技大会でも優勝した彼の強さは鉄壁かと思われた。が、この直後からスランプが彼を襲った。体調は万全で完璧な動きをしているはずなのに、歯車は噛み合わない。不調は深刻だった。

「毎日、一生懸命考えながら練習をする。これで修正できたかなと思っても、実は全然できていなかった。技も、今までどおりにかけているつもりなんですが、まったく決まらない。ついにはあばら骨を痛め、３週間も練習を休むことになるんです」

勝つことに慣れていた康生は途方に暮れる。シドニー五輪前年の99年になると3大会連続で負け、その前途には暗雲が垂れこめた。自分の柔道を見失い苦しむ康生に悲報が届いたのは、99年６月21日のことだった。

「朝、トレーニングを終えて携帯を見てみると、上の兄から何度も着信が残っていたんです。すぐに智和に電話をしたら、もう泣き崩れている。『お母さんが』と叫んだ声でわかりました。宮崎の実家のほうに電話をしたらクモ膜下出血で午前3時頃亡くなったということでした。前日も電話で、いろいろな話をしていましたから、ただ信じられないという思いだけでした」

葬儀から1週間後、団体戦があった。家族や周囲は傷悴《しょうすい》しきった康生に辞退を勧めたが、彼は出場した。

「団体戦は責任があります。最後になる4年生のためにも、ポイントゲッターの僕は休めなかった。これがまた不思議な話なんですが、母親を亡くしてから稽古を再開すると、鈍っていた勘が元に戻ってきたんですよ。僕は、母が身を呈してこの感覚を取り戻させてくれたのか、と思っていました。そんなことしなくてもすぐに復活してやったのに、そう考えながら、母に『ありがとう』と言っていました」

99年10月、バーミンガムでの世界柔道選手権100キロ級に優勝。そのままの勢いでシドニー五輪に臨み、ついに本懐を遂げた。金メダルを授与された表彰台で母の遺影を掲げたのは、康生の勝利を誰よりも望んでいた母への感謝の言葉の代わりだった。

2001年になると綜合警備保障柔道部に所属した。同時に大学院へも進学する。出場する国内外の大会では向かうところ敵なしとなり、康生は日本柔道の先頭に立ち疾走し続けていた。

04年8月、アテネ五輪が開催されると誰もが康生の2大会連続の金メダルを信じて疑わなかった。しかし、予想はいとも簡単に覆《くつがえ》される。4回戦、オランダのファン・モデル・

ヒーストに背負投を合わされ一本負けを喫する。続いて行われた敗者復活戦でも一本を取られ、康生のオリンピックは呆気なく終わったのだった。

「敗因は、自分の柔道の完成形をつくりきれなかったことにあると思います。たとえば内股。体を90度回転して脚を跳ね上げるのが理想なんですよ。それが45度ぐらいしか回転できない。そうなると技が浅くなり効き目がなくなる。それでも強引に投げられるはずだと、過信した部分もありました」

3月に左膝内側の靭帯《じんたい》を傷めながらも休むことを恐れ、違和感を覚える膝を庇《かば》いながら稽古を続けたことが原因だった。

「膝の怪我によって自分の柔道が少しずつ壊れてしまった。膝の痛みを耐えながら、だましだましやっていたら自分の柔道が失われていた。自分でもそれに気がついていたんですけど、オリンピックでなら絶対に不調を覆せると自分に言い聞かせていました。そんな強気すら、裏目に出てしまいましたね」

負けた責任はすべて自分にある。ただ、応援してくれた人たちへの期待に応えられなかったことが康生にはつらかった。

「柔道をやめてしまおうと思ったこともありました。自分のことより皆さんの期待を裏切ってしまったことに耐えられなかったからです」

父は落胆した息子に「ゼロからのスタートだ」と語りかけ、息子も父に「これからも見守ってほしい」と再起を誓った。しかし、過酷な運命が再び康生を翻弄《ほんろう》する。

05年1月の嘉納杯（嘉納治五郎杯国際柔道大会）で優勝しながらも、決勝戦で右大胸筋

1978年宮崎県生まれ。出身道場は静充館。綜合警備保障所属。5歳から柔道を始める。小学4年生のときに宮崎県大会に出場し優勝。以来、数々の大会で優勝を果たす。99年世界柔道選手権100kg級で初出場初優勝。2000年シドニーオリンピックで金メダル獲得。01年には、全日本柔道選手権大会にて優勝を飾る。04年アテネオリンピックではまさかの4回戦敗退。大怪我と戦いながら復活を期したが、08年5月に引退を表明した

腱断裂という重症を負ったのである。右肩が使えなければ柔道は戦えない。「手術しなければ60～70パーセントの力しか戻らない」と医師から告げられ、康生はリスクのある手術を受けることにした。

「胸と肩を繋げる腱があり、その上に大胸筋が膨らんで張っているんですけれど、その大胸筋が腱ごと剝《は》ぎ取られてしまい、胸の筋肉が垂れ下がっているような状態でした。手術を受けたあと『1年ぐらいのブランクは覚悟しろ』と医師に言われましたが、北京五輪を目指すためには迷っている時間はなかったんです」

術後は順調だったが、当初右腕は動かなかった。

「これまでどんな相手でも投げ飛ばしていた自分の右腕がまったく動かない。できることといったらひたすら散歩をするだけですよ。散歩や就寝中も、腕を縛って動かさないようにしていなければなりませんでした」

ようやくリハビリが始められたのは手術から1カ月が経過した頃だった。

「毎日少しずつですけど、できなかったことができるようになっていく。10センチ動かせた、100グラムが持ち上げられたと、喜びました。これは、それまでには知らない感動だった」

康生は長いトンネルを抜け出し、自分の姿を俯瞰《ふかん》することができるまでになっていた。

だが、またも康生は奈落に突き落とされる。長年康生を支え続けていた長兄・将明が突然死したのだ。32歳の若さだった。

「宮崎から大阪に出張し、宿泊しているホテルでのことでした。一番上の兄は本当に優しい男で、母が亡くなったあと、病気をした父や、柔道に打ち込む僕や智和を支えることに力を尽くしてくれました。そんな兄の命がまたしても母と同じように突然、奪われた。僕は、試合に臨む前、勝たせてくださいと天に祈っていました。しかし、兄の葬儀の時には、この世界には神様などいないのだ、と考えました」

絶望の淵に立った康生が感じたものは、人生の儚《はかな》さとその対極にある人間の力強さだった。

「失意の底にあっても、人は生きていかなければならないんですね。簡単に死ぬことなどできないんです。山下先生がおっしゃる『人はいかに生きていくかが大切なのだ』という言葉が、僕の胸に響いていました」

不屈の闘志を滾《たぎ》らせ立ち上がった康生は、06年5月に行われた全日本実業柔道団体対抗大会で3度の一本勝ちを奪い、綜合警備保障優勝の立役者となった。父は宮崎より単身上京し、康生の特別コーチとなった。

「もう一度初心に帰りたかった。そのためには父に一から稽古をつけてもらいたかったんです」

苦難を乗り越えた康生の胸に込み上げる思いとは、いったい何か。私の問いかけにその顔が微笑んだ。

「この先、どんなことがあっても柔道を続けていきます。柔道は、僕に出会いを与え、命の輝きや人生の目的を教えてくれた。その感謝を糧に、一歩一歩進んでいきます」

素晴らしい日本の柔道。その魂を伝えるために、彼は今日も道場に立っている。

カーリング

邁進

本橋 麻里

Mari Motohashi

氷上に漂う冷気はそこが戦いの場であることを教え、身体の感覚を鋭敏にする。目や頬や指、シューズの底が触覚となり、温度や湿度、氷の水平度を測るのだ。花崗岩でできた重さ20キロ、直径30センチのストーン。そこに付いたハンドルを握り、わずかに動かせば氷との相性も瞬時にわかる。

狙いを定め、およそ40メートル先にある円にストーンを投げ込む。その瞬間には、全身の動きばかりか呼吸まで制御しなければならない。集中し、しゃがんだ姿勢から少し腰を上げる。ストーンを後ろへ引き、ゆっくりと前へ押し出しながら放す。片脚を後ろへ伸ばした低い姿勢が安定していれば、リリースする手と指先が数センチ数ミリの距離をコントロールすることができる。

まるでバレエを舞うようなにたおやかに動くストーンと、それを司る選手の繊細かつ力強い動き。カーリングではこの緊張の一瞬が幾度も重ねられていく。

氷上でストーンを投げる時、何が見え、何を思っているのだろうか。私の質問に本橋麻里は大きな目を一層見開いて言った。

「氷、ストーン、的となるハウス（円）、自分たちと対戦チームの得点、試合を展開していくうえでの戦略など、一瞬のうちに何十もの情報に目を向け、どう動くか考えます」

舞台となる氷は、試合開始後も刻々と変化する。

「凍っていた氷は、時間の経過とともにどんどん溶けていく。なので、まずはメンバー同士で情報を交換します。相手よりもどれだけ氷を読めるかで作戦が増えるんですよ。さらに、私は自分自身によく問いかけますね。インプットした情報を整理し、『さっき投げた場所はこういう曲がり方をしたな』と、プレーする自分に話しかけながらストーンを投げ、ブラシでスイーピング（氷を掃く）します」

単にストーンを目標に近づけるだけでなく、対戦チームのストーンに自らのストーンを当て遠ざけたり、進路を塞《ふさ》いだり、スルーさせたりと、高度な戦略が組み立てられる。常に試合の展開を読み、次の手を導き出していくことから「氷上のチェス」と呼ばれているのだ。

「私はカーリングという競技の複雑さと、試合中に途切れることなく張り詰めている、あの緊張感が好きです。試合はたった2時間半ですが、その2時間半にどれだけ集中できたかで、より高度な戦術を実践でき、駄目な部分を修正することもできる。一試合一試合、無駄にはできませんし、毎回、自分を成長させる機会であると思っています」

光線の束が一点に集まるような気合と、同時に持ち合わせた心の落ち着き。本橋は、その年齢には不釣合いな冷静さを湛《たた》えている。

「大会の前だとそわそわする時期はあるんです。いろいろ考えて、悩むこともある。でも、実際に試合が始まってしまうと、結構どっしり構えていますね。自分でも物怖じしない性分だと思います。小さな頃から大人たちと過ごしていることが多かったので、誰とでも話ができるし、どんな環境にいても自分の気持ちを伝えることもできる。逆に高校生の時には、同級生のようにキャピキャピできないのが悩みだったんですよ」

本橋の名を一躍全国に知らしめたのは、２００６年3月に行われたトリノオリンピックでの活躍だった。小野寺歩、林弓枝が牽引する『チーム青森』でセカンド（2番目にストーンを投げる人）を務めた本橋は、当時19歳という若さでありながらチームの勝利に貢献した。

序盤戦を終え1勝3敗と出遅れたチーム青森は、そこからドラマチックな展開を見せる。強豪国であるカナダを破り、ソルトレイクシティオリンピックで金メダルを獲得したイギリスを下し、続くイタリア戦にも勝利して成績を4勝4敗にまで戻したのだ。準決勝進出をかけて戦ったスイスとの一戦では、5点リードを許しながらも粘り強さを発揮し2点差にまで詰め寄った。拮抗《きっこう》したゲームには敗れ7位に甘んじたものの、欧州勢に凛々《りり》しく立ち向かった彼女たちの姿は、それまでカーリングにまったく興味がなかった人々のハートに火をつけた。

「日本に帰ってきて、空港のゲートを出た時カメラマンと出迎えるファンの方たちが見えたんです。『あれ、金メダルの荒川静香さんがいるのかな』と、辺りを見回していたら、皆さん、チーム青森の到着を待っていてくれたんですよ。メダルを持って帰れなかった私たちに大勢の人が『お疲れ様でした』と声を掛けてくれた。カーリングがこんなにも話題になっていたことを知らなかったので、本当に驚きました」

本橋は、ひとりこれまでの日々を振り返った。

「オリンピックでは、追い詰められるような精神状態にもならず、ゆったりと戦えたんです。それは、監督や協会の方たちはもちろん、トレーナーや現地のボランティアに助けられていたから。トリノではこんなにも多くの人たちに支えられて戦っている、という喜びが大きかったです」

そして、対戦相手にも多くを学んだという。

「オリンピックに出てくる各国のチームはベテラン揃い。選手たちはそれぞれの国の雰囲気、風格を持っているんです。そういうものを日本のチームも持ちたいな、と思っていました」

その一方で、彼女は自分の進むべき道を模索していた。オリンピックが終わって、改めて考える時間を自分に与えたのだ。

「思いのほか簡単に、次々に目標をクリアしてしまった自分の姿が見えたんです。ジュニアの頃から世界大会に出たあとにはオリンピックだと思っていましたが、それも10代で達成できた。じゃあ、その次は何だろうと考えた時に、なかなか次の目標が出てこなかった。そうした時期がしばらく続きました。いろんなことを犠牲にして、たくさんの時間を費やしたカーリングから、いったん離れてみようかとも考えたんですよ」

北海道の実家に帰り、のんびりと過ごす日々のなかで、本橋はカーリングという競技が自分にとってどれほど大きなものなのかを繰り返し思った。

「父も母も、私がカーリングを続けるために応援してくれました。オリンピックを目指している頃でも、『つらいのならやめてもいいよ』と私を庇《かば》いながら、とやかく口出しはしなかった。両親の顔を見て話しながら、これまでも、これからも、自分が一途に打ち込めるものはやはりカーリングしかないんだと、思い起こしたんです」

本橋が休息を終え、本格的なトレーニングを始めようとした頃、彼女の所属するチーム青森には大きな変化が訪れていた。小野寺と林が、チームから退くことを発表したのだ。

「小野寺さん、林さんがいたから日本女子カーリングは、2大会連続でオリンピックに出場できた。私がチーム青森で戦えるのもふたりがいたからです。小野寺さん、林さんが築いたものを失わないよう、そしてもっと大きくしていくよう、力を尽くしたいです」

小野寺、林、そして本橋の出身地である北見市常呂町《ところちょう》は、日本で最もカーリングが盛んに行われている町だ。オホーツク海に面しサロマ湖を有する北海道東部の地では、もともとアイススケートをはじめとするウィンタースポーツが盛んだった。

1980年、カナダ・アルバータ州とのスポーツ交流のなか、道内でカーリング講習会が開催される。この時参加した常呂町民がカーリングに魅せられ、地元にカーリング協会を発足させた。88年には国内唯一のカーリング専用ホールを造り上げたのである。

本橋がカーリングを始めたのは小学校6年生の時だった。

「小さい頃からスピードスケートはやっていましたけど、カーリングには興味がなくて。小学校の頃は陸上をやっていて、走り高跳びや走り幅跳びの練習に一生懸命でした。ところが小学校6年生の冬、何の気なしに友達とカーリングホールへ遊びに行ったんですよ」

この日の思いつきが彼女の進路を決める。カーリングホールは、本橋の家から歩いて5分の場所にあった。

「そこで好き勝手にストーンを投げていたら、初代カーリング協会会長の小栗裕司さんから突然『カーリングをやってみなさい』と声を掛けられました」

本橋のフォームを見た小栗はその才能に驚き、その場で彼女をスカウトした。

「翌日からマンツーマンの特訓が始まりました。小栗さんは私にではなく、周囲に『あの子は巧《うま》い』と褒めている。恥ずかしかったけれど、それが嬉しくて、本格的に始めることになったんです」

中学校ではバスケットボール部で活動しながら、そのあとカーリングホールに通った。1日4時間、一心不乱にストーンを投げ、ブラシで氷を掃いた。

「小栗さんやほかのコーチから、高度な技術の数々を教え込まれていったんです」

2000年3月に常呂町のジュニアカーリング選手権大会で優勝すると挑戦の機会は次々に訪れた。02年1月の日本ジュニアカーリング選手権大会ではスキップ（最後にストーンを投げる人）を務め優勝を飾る。同年3月の世界ジュニアカーリング選手権にも出場し、世界のカーリングを見た。

「世界選手権を経験し北米や欧州の強さを知りました。そこで初めてオリンピックを意識するようになったんです。02年のソルトレークシティオリンピックに、当時、小野寺さん、林さんがつくったチームの『シムソンズ』が出場していたんですが、それが大きな刺激になりました」

ジュニア選手でありながら、03−04年シーズンにはシニアのチームに参加し、パシフィックカーリング選手権で優勝、世界女子カーリング選手権にも出場を果たした。

順調に勝利を収めた本橋は、将来、日本のエースとなることを嘱望された第一の選手だった。しかし、高校3年に進級する頃になると彼女はカーリングに浸りきった生活に終止符を打つことを決めていた。シニアチームで人間関係に苦しんだことが理由だった。

「もう十分やった、そんな気持ちでした。カーリングだけの生活には区切りをつけ、札幌の大学に進学し、自宅を離れて札幌でひとり暮らしを始めようと、準備をしていたんです」

ところが、一本の電話が本橋とカーリングを再び結びつける。

「受験する大学に願書を出す頃でした。小栗コーチとともに私を指導してくれたコーチの阿部周司さんが電話をくれたんですよ。『今シーズンはどうするんだ』と。私がシニアのチームを辞め、札幌の大学へ進学しようとしていることを告げると、『だったら、青森でカーリングをやらないか』とおっしゃったんです」

ソルトレイクシティ五輪後、シムソンズを解散した小野寺と林は、翌年から青森市文化スポーツ振興会の嘱託職員として青森でカーリングを教えながら、トリノ五輪を目指し競技を続けていた。そこには北海道出身ながら、小野寺、林に誘われ、青森の大学に進学した目黒萌絵と寺田桜子もいた。

「その電話を受けた瞬間、息が止まりました。そして、頭が真っ白になった。電話を持ちながら阿部さんには『はい、はい』と冷静に答えていたのですが、電話を切った瞬間、うわーと声を上げて泣いてしまいました」

もう十分だ、そう考えていたカーリングへの思いが噴き出し、誘われた嬉しさが溢れ出たからだった。

「小野寺さん、林さんは尊敬する先輩だし、とても可愛がっていただきました。目黒さんもよく知っていて親しくしていました。その方たちがいる青森でもう一度カーリングができる……、そう思っただけで体が震えましたね。電話を切ってすぐに母のところへ行って、また泣いて。母からは『落ち着いて2日ぐらいは考えなさい』と言われました」

1986年北海道生まれ。NTTラーニングシステムズ所属。12歳よりカーリングを始める。2002年日本ジュニアカーリング選手権大会で優勝。同年世界ジュニアカーリング選手権大会では「スポーツマンシップ・アワード」受賞。03－04年シーズンのオフで「フォルティウス」（のちのチーム青森）に入る。06年トリノオリンピックに出場、7位に。06年〜08年の日本カーリング選手権で優勝。08年世界女子カーリング選手権では4位にしかし本橋の心は決まっていた。

翌日には札幌の大学への進学を取りやめ、青森へ行くことを決意するのだ。

「私の気持ちを知って、父も母も青森行きを賛成してくれました。カーリングができるという喜びが体中を駆け巡ったあの瞬間を、生涯忘れないでいたいと思います」

05年の春、青森明の星短期大学に進学した彼女はトリノに向け前進し、オリンピックというステージで掛け替えのない経験を積んだ。

そして今、チーム青森は新たなシーズンを迎えている。新メンバーを加え、本橋もサード（3番目にストーンを投げる人）にその役割を変えた。彼女たちはさらなる高みを目指している。

思い描く次なる目標はくっきりと浮かび上がっているだろうか。そう聞いた私に本橋はしっかりと頷《うなず》いた。

「ひとつひとつの大会を大切に戦いながら、日本のスタイルをつくり上げたいですね。もちろん、次のオリンピックでメダルを狙いたい。そして、もっともっとカーリングの魅力を知ってもらえるよう、白熱するいい試合を続けていきたいです」

頬を紅潮させ、氷上での戦いに邁進《まいしん》する本橋にもう迷いはない。

研鑽

ハンマー投げ

室伏　広治

Koji Murofushi

重さ7・26キロのハンマーを、いったいどれだけ遠くに飛ばすことができるのか。そうした人間の好奇心がハンマー投げという競技を誕生させた。その起源は紀元前にまで遡《さかのぼ》る。ハンマーからワイヤーの取っ手まで1・2メートル、その先に付いたハンドルを両手で軽く持ち、腕と体を回転させハンマーを空中へと放つ。舞台となる直径2・135メートルのサークルは、選手にとっての宇宙だ。その小さな空間ですべてが始まり、すべてが終わる。

全身の筋肉と骨とを駆動し、その均衡を司る。400キロにもなる遠心力に耐え、体を高速で回転させる。ハンマーがその手を離れてしまえば、競技者は見送るだけだ。投てきに有する時間はわずか2秒。しかし、投てき選手にとっては、永遠にも勝る濃密な時間である。

室伏広治にハンマー投げの魅力を聞いた。なぜこうも過酷な競技に人生を懸けることができたのか、と。彼は私に、笑顔でこう答えた。

「ハンマー投げは面白い。とにかく奥が深いんです。何万回投げても一度として同じ投てきはないんですからね。記録を伸ばすためにも、年齢によっても、投げ方に変化が必要なんです。変化といってもフォームを矯正するというような単純なことじゃない」

コントロールする筋肉と骨の組み合わせは天文学的な数字になる。さらには、自然現象を支配する法則を熟知することも必須だ。

「最高の投てきを模索していくためには、運動力学や物理の知識も必要です。が、こう投げれば成功するというようなレシピや方程式は、ハンマー投げにはありませんよ」

まるで真理や悟りの境地を求める者のように日々を過ごしている室伏。競技に整然と向き合うためには魂を鍛え上げることこそが重要だと彼は言う。

「競技者にとって記録を目指すことは大事なことです。しかし、僕がハンマー投げを続けているのは記録のためばかりではない。人間の肉体と、そこに宿る精神とに興味があるからですよ。だから、どんなに練習しても飽きません。試合で記録が出ても出なくても、そこから新たなテーマが生まれるんです。人間の肉体の可能性や、心を鍛錬することへの興味はますます大きくなっていく。こうした競技に出合えた自分は幸せだと思っています」

室伏がハンマー投げを始めるにあたって、父、重信が影響を与えていないはずはなかった。現在、中京大学の教授であり指導者として過ごす重信は、日本屈指のハンマー投げ選手として時代を牽引した人だ。日本人で最初に70メートルの壁を破り、ミュンヘン、モントリオール、ロサンゼルスと3度のオリンピックに出場した。日本選手権10連覇、アジア競技大会5連覇という記録を打ち立て、40代になっても現役であり続けた。重信が１９８４年に樹立した75メートル96は、現在でも息子に次ぐ日本歴代2位の記録である。

「子供の頃、父からはハンマー投げの動きを習いました。でも、強制的にハンマーをやれと言われたことは一度もありません。だた、自分は物凄く恵まれていたんですよ。父の投てきをじかに見ることができたんですからね」

理論ではなく、視覚でハンマー投げを知ったことが大きかった。父のハンマー投げのイメージがあるから、競技を始めたばかりの頃も高度な理論を難なく理解することができた。さらに彼を高揚させたのは周囲にいるトップアスリートたちの姿だった。

「少年時代一番嬉しかったのは、周りにいた憧れのオリンピック選手や大学の選手が僕の遊び相手になってくれたことです。ああした特別な環境は、室伏重信という父を持たなければあり得ませんでした」

少年時代から颯爽《さっそう》としたスポーツアスリートの姿に触れ、また父や他のオリンピック選手が練習に没頭する様子を見た室伏は、当然スポーツへの興味を膨らませていった。

ハンマー投げアジア一の父と、槍投げの選手だったルーマニア人の母を持つ室伏の身体能力は中学生になると一気に突出した。

「中学生の頃は、400メートル走と砲丸投げと走り幅跳びで得点を争う三種競技をやったり、結構走るのも速かったので短距離もやったりしていましたね」

広治の身体能力の高さに周囲は驚嘆し、重信が息子にいつ本格的にハンマー投げの手ほどきをするのかと期待した。しかし、父は息子に自宅のあった愛知県から千葉県成田市にある成田高校への進学を勧めるのである。父は、スポーツの技術を磨くよりも人としての修業を積むことが大切だ、と息子に言ったのだった。

「父は、まず人間として成長する機会を与えてくれたんですよ。家族と離れて暮らすことで得られるさまざまな経験は、これから先の人生にも必要だと言って、他県への留学を勧めてくれたんです。僕自身、父の考えに賛同しました。だから、『わかった、行ってくるよ』と答えたんです。父は、いくつかの高校を選び出した後、『きちんと挨拶ができる素晴らしい選手を育成しておられる瀧田詔生《つぐお》先生のところがいいだろう』と言って、成田高校陸上部を選びました」

瀧田監督の家に下宿し、「自分のことは自分でやる」という人間としての基本を教えられていった。

「まさに『入門』という気持ちでした。瀧田先生は肉親とは違った厳しさと優しさで、人間にとって大切なものは何かを教えてくださった。金メダルを取っても人間は人間。今、金メダルを誇るより、金メダルのように輝く心を持つことのほうが尊いと思えるのは、あの時代があるからです」

研鑽《けんさん》を積む室伏は、ハンマー投げにも本格的に取り組むようになる。月に何度か成田に来る父に指導を受け、大器の片鱗を見せた。

「高校2年生から競技の中心をハンマー投げにしていきました」

高校卒業後は中京大学に入学し、実家へと戻ることになった。

重信との関係はもはや単なる親子ではなかった。最も頼もしいコーチが四六時中そばにいて指導するのだ。また投てきの第一人者であり、槍投げのオリンピック選手であった溝口和洋の練習に取り組む姿勢が、室伏を感化した。

「溝口さんのトレーニングは並大抵じゃないんです。365日、1日も休まず手を抜かない。競技に対する姿勢の厳しさが強さをつくるのだと思い知りました」

膨大な練習量は、室伏の記録を飛躍的に伸ばしていった。やがて、彼のなかには日本やアジアを越え、世界を目指す心が萌《きざ》していく。

「高校時代から当時のチャンピオンだったユーリ・セディフやセルゲイ・リトビノフという旧ソ連の選手たちのビデオを観て研究していました。大学に入ってからいろいろ迷ったこともあったのですが、実際に彼らに会ってどんな練習をしているのか知りたくなった。それで大学1年生の冬、単身でロシアへ行ったんですよ」

室伏はそこでリトビノフの投てきに目を見張った。凍《い》てついたグラウンドで黙々と続く練習に、強い生命力を感じていたのだ。

「科学的な情報を駆使し、それに基づく最先端の技術を取り入れることが、勝利への近道だと言われている。それも確かなのだけれど、ロシアでリトビノフや他の選手のハンマー投げを見ていたら、肉体の感覚だけに負う超原始的な練習も、未知の領域に到達するためには必要なんだと思いましたね」

信じられるのは集積した数字などではなく自分の感覚だ。他人の真似をしていたのでは、天井を突き破れない――。

室伏は自分だけのハンマー投げを構築しようと、懸命に動きだす。日本でも海外でも、世界で活躍する選手たちに会えば、室伏から「ハンマーをやっているんですが、教えてくれませんか」と声を掛けた。彼の願いに応じてくれなかった選手など、ひとりもいなかった。

「自分が世界を意識できたのは、心を開き、どんな人ともダイレクトにコミュニケーションを取れたからです。各国の一流選手と知り合い、数々の助言をもらうことができた。選手に自分から声を掛けることを、恥ずかしいと思ったことはないです。父の教えと、旧ソ連やヨーロッパの選手たちから受けたアドバイスがあって、僕のハンマーはここまで進化できたんです」

94年に広島で行われたアジア競技大会では銀メダルを獲得し、大学3年生の時には「群馬リレーカーニバル」で初めて70メートルを突破、父に続く日本歴代2位の記録を持つ選手となった。

その3年後の98年、またも同じ大会で大記録が誕生する。76メートル65を叩き出した室伏は、14年ぶりに父の日本記録を塗り替え、文字どおり日本の第一線に躍り出たのである。

中京大学を卒業し、ミズノに所属した彼は、次なるチャレンジとして2000年のシドニーオリンピックに照準を絞った。

メダルの期待も掛かったが、1投目はファウル、その後も距離が伸びず、結果は9位に終わった。

「ハンマー投げの選手としてはまだ若く未熟な部分があった。経験不足だったし、技術も発展途上でしたからね。でも、80メートルを超えた初めての年ですし、自分にとっては素晴らしい1年だったんですよ」

室伏は、再びオリンピックに出場してメダルを目指す気持ちを滾《たぎ》らせながら、同時に、オリンピック選手に向けられる期待と落胆を受け止めるすべを見いだしていた。

「当事者となって、思ったんですよ。選手は、常に『良い戦いをしたな』と、拍手を贈られる振る舞いをしなければならない、と。結果は、正直いろいろあるでしょう。勝てることもあれば、負けることもある。けれど『一生懸命頑張ってくれたな、日本の誇りだ』と、思われる戦いをしなければならない。僕は、どんな大会に挑む前でもそう考えているんです」

メダルという明確な栄誉と、ハンマー投げをどこまでも純粋に追求する気持ちを両輪にした室伏は、ヨーロッパやアメリカ、ロシアや中央アジアの国々をひとりで訪れ、多くの選手やコーチと交流を深めながら修行を重ねていった。

次々に世界の大舞台に立ち、偉大な記録を刻んでいくのである。

01年、エドモントン世界選手権で銀メダルを獲得し、03年には国際グランプリプラハ大会で84メートル86というアジア新、世界歴代3位（当時）の記録を打ち立てた。

「投てき競技で日本人が頂点に立つことなど、絶対に不可能だと言われ続けてきたんです。確かに、ヨーロッパやロシア、アメリカの選手たちとは体が違います。では何で太刀打ちするかといえば、やはり総合力です。肉体、技術、精神力、そして周囲のサポートなどすべてを集めて束にした力が必要なんですよ」

室伏の投てきがひとつの結実を見るのは、04年のアテネオリンピックだ。82メートル91の記録で2位となったが、83メートル19で優勝したハンガリーのアドリアン・アヌシュがドーピングの再検査を拒否しメダルを剝奪された。室伏の金メダルが確定したのである。

「本当は、ああしたことが起こらなければよかったと思います。オリンピックの見たくない部分でもあって、ちょっと悲しい思いもしました。けれど、日本での金メダル授与式で大きな歓声に包まれた時、皆さんがこれだけ応援してくださったんだなと知り、心から喜べました」

1年間練習だけに没頭し、大会への出場を見合わせていた室伏は、06年のシーズンから活動を再開した。今は、北京オリンピックで戦うことに集中している。

1974年静岡県生まれ。ミズノトラッククラブ所属。成田高校に入学、ハンマー投げを始める。中京大学卒業後、97年ミズノ株式会社入社と同時に中京大学大学院に入学。2003年プラハでの国際グランプリでは当時世界歴代3位の84m86を記録した。01年エドモントン大会世界選手権では、01年エドモントン大会で銀、03年パリ大会では銅メダル。04年アテネ五輪では日本人の投てき選手として初の金メダルを獲得した。08年北京オリンピック代表

「ヨーロッパの選手たちの後ろには、歴史と伝統という途轍《とてつ》もない重みがあります。僕らは、目に見えぬ、そうしたものとも戦わねばならない。そこを乗り越えなければ頂点には立てないんです。そのことを自分に言い聞かせながら、一歩一歩、ハンマーを投げる瞬間に向けて歩きたいですね」

現在もハンマーの面白さに気づき、驚かされ続けているという室伏に、私は肉体の持つ可能性を聞いた。彼は、自分の体がその証明になればいい、と言って微笑んだ。

「人間はいつまでも進化できるんですよ。人間の持つ可能性を、自分の経験を話し、ハンマー投げという競技を見てもらうことで多くの方に伝えたいですね。アスリートだけじゃなく、高齢の方や子供たちへも、です。これからは、そうした活動の場も広げていきたいと考えています」

ラグビー

献身

五郎丸 歩

Ayumu Goromaru

ボールを持った両手を体の前でスイングさせ、鋭いパスで繋《つな》ぐ。立ちはだかる相手をかいくぐり、時には倒しながら前へ進む。行く手を阻むタックルは激しい衝撃を与え、骨を軋《きし》ませるほどだ。が、怖《お》じける者はいない。

15人の選手たちは、トライを求め広大なフィールドを駆け抜ける。楕円形のボールを手にした誰もが胸に秘める思いはただひとつ、「チームへの献身」だ。

大学ラグビー界のなかでも傑出した身体的能力を示し、ゲームを展開する分析力とボールを奪い突進する闘争心とを併せ持つ五郎丸歩。50メートルを超えるロングキックを放ち、185センチ、92キロの大型フルバックとして早稲田大学ラグビー蹴球部の推進力となっている彼もまた、常にチームを思っている。

「ラグビーは、個々の選手のスタンドプレーがあっても絶対に勝てないスポーツです。僕自身、どのような場面でも、チームのために何をすべきなのか、それを第一に考えます。常に求められたプレーに応えるために、自分個人のパフォーマンスを高めていくことも大事ですが、その一瞬に自分に求められているプレーを察知し、それを正確に素早く行うところこそが最も重要です」

五郎丸が担うフルバックに課せられた仕事は多岐にわたる。

チームの最後尾に陣取り、ゴールラインを守る。7人からなるバックスに意思の統一を図りながら、対戦チームのバックス陣をスピードある脚力で追い込む。また、進み出る対戦チームのフォワード陣を絶妙なポジショニングで阻む。さらには、脚と体力を駆使し積極果敢に攻撃に参加する。

早稲田ラグビー部のフルバックであることを誇りに思うという五郎丸に、なぜそのポジションを選んだのかと、私は聞いた。彼は、直ちにこう答えた。

「佐賀工業高校に入学し、ラグビー部に入った頃ですね、とにかくフルバックがいい、と思っていました。特別な理由はないんです。ただ、自分はフルバックをやるんだ、という思いが自然に込み上げてきた。監督である小城博先生にも『僕はフルバックしかやりません』と、言ったくらいです」

そのポジションなら、自らのキック力やラインを切る俊足も生かすことができる。攻撃では自在に動き回ることが可能だ。

五郎丸には、フルバックこそ最もラグビーを楽しむことができるポジションだと思えてならなかった。既存のイメージを刷新し、破壊力と突破力を武器に戦うプレーヤーの誕生は、その直観力に負うものだった。

その五郎丸がラグビーを始めたのは、わずか3歳の頃である。

「自分では覚えていませんが、3歳の時、両親の勧めで地元福岡の三宅ヤングラガーズという少年ラグビーチームに入りました。1歳違いの兄、亮と一緒にラグビー場に通ったんです。最初の頃はボールを触るより、グランドの横の草むらでバッタを捕って遊んでいましたね。でも、だんだんにボールを触り、パスをし、自然にルールも覚えていきました」

小学生になると、センターのポジションを与えられ、兄とともに中心メンバーの一角を担った。練習にも熱中し、身体能力でも群を抜いていた五郎丸は、ラグビー以外のどんな競技でも特別なセンスを見せていく。

そんな彼が、小学4年生の時にはラグビーを離れ、サッカー選手となった。6年生までの3年間サッカーに打ち込んだ五郎丸は、当時をこう振り返る。

「ラグビーは大好きでしたし、他の競技をしたいとは思いませんでした。けれど、小学校にサッカーチームがあり、仲のいい友達の多くがサッカーをやっていたんですよ。その友達に誘われて、練習をするようになったんです。僕が小学校に入学した年にJリーグが開幕し、サッカーが盛り上がっていたこともあり、ちょっとだけやってみよう、と軽い気持ちでチームに入ったんです。ラグビーを続けている兄からは『どうして、お前はラグビーよりおとなしいサッカーなんてやるんだよ』と、不思議がられていました」

ポジションはゴールキーパー以外何でもこなす。オールラウンドプレーヤーの五郎丸は、間もなく福岡市選抜チームに名を連ねることになる。

周囲は、その才能を高く評価したが、五郎丸の心は大きくラグビーに傾いていった。

「サッカーも楽しかったですが、同時に、ラグビーが好きだと確認することにもなりましたね。兄の言うとおりでした。ラグビーのフルコンタクトの激しさが自分には合っているとわかったんです。サッカーでもフィジカルコンタクトはありますが、正面から当たればファウルになってしまう。けれど、ラグビーなら、ルールに則って全力でぶつかることが許されている。その爽快感を求めて、再びラグビーを始めようと思いました」

中学進学と同時に築紫丘ラグビージュニアスクールに所属した彼は、強いタックルと俊足を生かし、センターとしてすぐに頭角を現した。

高校は亮が進学していた佐賀工業に進む。ラグビー部の小城監督が熱心に誘ってくれたことが理由だった。全国大会の舞台となる花園ラグビー場を兄弟で目指すことになったのである。

親元を離れた兄と弟は、高校の近くにアパートを借りふたり暮らしを始めた。15歳の五郎丸は、食事から洗濯まで、身の回りの雑事を自らこなさなければならなかった。

「小城先生の奥さんが、僕たち兄弟に本当に親切にしてくださったんです。僕らの食事が、朝は冷凍食品、昼はホカ弁とわかっているから、しょっちゅう朝食を作ってくれたり、週末にはお宅へお邪魔して一緒に御飯を食べたりしました。だからホームシックにかかるようなことは一度もありませんでした」

そこには、理想のラグビーを追い求め、練習に打ち込める環境があった。

「高校入学時、すでに180センチで80キロぐらいありました。本来ならフォワードに就かされる体格でしたが、小城先生は僕の願いを聞き入れ、フルバックに起用してくれたんです」

俊足とキック力を武器に持った五郎丸は、2年生でレギュラーとなる。U－17の日本代表にも選出され、2002年に行われた高知国体では優勝、兄とともにチームの勝利に貢献した。

五郎丸兄弟を有する佐賀工業は、その冬、全国大会に出場し、花園での優勝候補に名を挙げられるまでになっていた。

どんなに食べても体重が減ってしまうほどの練習に取り組んだ五郎丸の胸も自信で膨らんでいた。

「3年生で花園が最後になる兄たちを、優勝して送り出したい、そう思っていました」

しかし、佐賀工業は準々決勝の対東福岡戦で花園から姿を消すことになった。敗因は、五郎丸のミスだった。

自陣の深い場所に蹴り込まれたボールを拾った五郎丸は迷わず攻撃に転じたが、あっさりとボールを奪われ、敵にトライを許してしまう。

「風上で自陣に深くボールを蹴り込まれた場合、タッチキックでピンチを逃れるというセオリーがあります。僕はそれを無視して突き進み、結局、相手にトライのチャンスをつくってしまったんです」

このプレーで流れが変わり、佐賀工はリズムを崩し自滅していった。東福岡にリードを許した後半、試合中に涙を流しながら走る兄の姿を見た五郎丸はただ震えていた。

ノーサイドの瞬間、五郎丸はチームのメンバーに二度と合わせる顔がない、と思って下を向いた。

「自分のせいで優勝のチャンスを潰してしまった。兄や他の3年生に、本当に申し訳ないことをしてしまったと、落ち込みました」

敗北の責任を負った五郎丸はラグビーをやめ、姿を消そうかとさえ考えていた。16歳の彼には、ただ闇雲に自分を責めることしかできなかった。

「あの試合の後には、申し訳なさと情けなさで、呆然としていました。この先、どうすればいいんだろうと落ち込んでいた時、小城先生が何も言わずに、マンツーマンで練習を見てくれたんです」

ラグビー部の練習が終わった後のグラウンドに、照明が落ちることはなかった。そこに残った五郎丸と小城監督は、ふたりだけで黙々と練習を続けたのだ。

「1カ月間はみっちりやりました。きつい練習が終わったあと、またきつい練習をする。でも、あの特訓のお陰で精神的にも強くなれました。あそこで小城先生に見捨てられていたら、ラグビーを続ける気にもなれなかったと思います」

現在でも対東福岡戦のビデオは見られないと、五郎丸は言う。

「今もあの恐怖が蘇ります。悔しさと、申し訳なさからは解放されていません。でも、あした経験が今の自分をつくっているんだとも感じているんです。自分本位なプレーで負けたことの衝撃は、自分自身を戒め、ラグビーという競技にとって一番大切なものを思い起こさせてくれましたから」

傷ついた心を癒し、再び練習に邁進《まいしん》する。3年生で出場した花園も準々決勝で破れたが、ラグビーへの情熱は薄れることがなかった。

大学でもラグビーを続ける決意をした五郎丸は、スカウトを受け早稲田大学スポーツ科学部に進学、名門たるラグビー部に所属する。

「兄が関東学院大学に進学した時から、僕は早稲田に行きたい、と考えていました。小さい時から一緒で、いつも兄に助けられていた自分だからこそ、大学では兄の手を借りることなくやってみよう、と思いました。兄とは大学で別々になったあとも、本当に仲がいいです。一緒にいると喧嘩もするんですが、実家へ帰郷した時など、ふたりで九州一周の旅に車で出掛けることもあるんですよ」

早稲田ラグビー部員になった五郎丸は、小城監督同様、心の底から尊敬する指導者に出会うことになった。

「清宮（克幸）さん（現・サントリー監督）が説くラグビー哲学に胸を打たれました。小が大を制するラグビーこそ、早稲田の符丁《ふちょう》ですが、それを日々の練習で丹念に教えてもらうことができた。清宮さんの言った早稲田ラグビーのセオリーを実践することが、唯一勝利への道なのだと思えました」

清宮監督が選手たちに伝えたその理論とは——。五郎丸の解説は明瞭だ。

「早稲田は組織で動いている。個人個人のプレーは常に連係のなかにあると考えます。たとえば、センタースクラムから左に展開する。僕ら走り出すバックスは、攻めて敵のバックスを一回潰します。その間にうちのフォワードがまず相手のフォワードより先に動き出すわけです。そうすることでゲームの流れが掌握できる。敵のフォワードが受身のうちにこちらのフォワードが突っ込んでいく。そうしたら、ここで僕らバックスは攻撃の拠点となるポイントをつくる。流れるように動きが継続することで、相手にディフェンスをさせ続けるんです。そうするとプレーが絶対に切れません。こっちが切れずにゲインできて（距離を稼げて）、また新たなチャンスを生み出すことができるんです」

清宮監督にとって最後となる05年1月の全国大学ラグビーフットボール選手権決勝。その前日、ベンチに入るメンバーだけに行われる「ジャージ渡し」の儀式で、五郎丸は清宮監督から最後の言葉として「縦横無尽」を贈られた。

「フィールドで縦横無尽であれ。そう言われたことが自分のプレーを支え、突き動かして

1986年福岡県生まれ。3歳からラグビーを始める。中学時代よりラグビー部に所属、佐賀工業高校時代には3年連続で花園に出場。U－17日本代表にも選ばれる。早稲田大学スポーツ科学部に進学し、1年生よりフルバックのレギュラーとして活躍、全国大学選手権優勝などに貢献する。2005年日本代表選出、対ウルグアイ戦で日本代表デビューを果たす。08年よりトップリーグのヤマハ発動機ジュビロでプレー

います。どんなに苦しい時でも、走り、動き続ける。それを絶対に忘れません」

03年、04年にはU－19日本代表に選出され、05年4月には日本代表の南米遠征に同行、ウルグアイ戦で初キャップを獲得した。5月に行われたスーパーカップにも出場し、日本代表の戦力として期待を集めている。

「いつの日か、日本代表としてワールドカップを戦いたい。そして、勝利したいですね。外国勢に勝って、日本のラグビーが世界から取り残されている状況を覆したいです。清宮さんは、それが早稲田のラグビーが目指すところだと、言い続けていました」

生涯ラグビーと携わりたいと話す五郎丸が胸に期することは何なのか。私の問いかけに彼の目が鋭く光った。

「とにかく、大学選手権の決勝で勝って、『荒ぶる』を歌うことに集中したいです」

『荒ぶる』は早稲田ラグビー部が、日本一になった時にしか歌えない第二部歌。決勝で関東学院に敗れた昨シーズンは叶わなかった。

「06年から指揮を執る中竹竜二監督のもと、大学日本一になる。そして、その先も激しいラグビーを続けます」

早稲田ラグビーの勝利が、やがて日本ラグビーの未来も切り開いていく――。そんな自負を、彼はその厚い胸板の奥に抱いている。

黙黙

野球

小笠原道大

Michihiro Ogasawara

その先を天空に向け、高く掲げられるバット。見開かれた眼は、ピッチャーの腕から離れた白球の軌跡を追いかける。ボールと交わる唯一の点を見いだした時、バットは鋭く空を切り裂く。迷いのない渾身のフルスイングこそが、この打者のトレードマークだ。

ただひたむきに野球に取り組むこと——。それが小笠原道大の信条である。

野球に出合った日から現在まで、そうした思いが揺らいだことは一度もないのだろうか。私がそう聞くと、小笠原の語勢が鋭くなった。

「野球という競技に全身全霊で取り組めば、苦しいのは当たり前です。僕自身、いつもその苦しみと向き合ってプレーしている。しかし、自分をぎりぎりまで追い詰め、奮い立たせてくれるものは、野球しかありません。過酷なトレーニングに臨もうと、不調に苦しもうと、そう思えます。グラウンドに出てボールを追いかけ、バッターボックスでバットを振れることの歓《よろこ》びは、掛け替えのないものですよ」

実際の体躯よりはるかに小笠原を大きく見せているのは、彼が漂わせる存在感のせいだ。声高になることも、大仰《おおぎょう》な仕草も好まない。一心に野球というスポーツに打ち込むことで勇を鼓《こ》し、その情熱が辺りを圧倒する。

そうして紡いだ小笠原の野球人生は、2006年シーズン、ある頂点を迎えることになった。3月にアメリカで行われたWBC（ワールド・ベースボール・クラシック）で日本代表の一員として戦い、世界一に輝いたのだ。

所属していた北海道日本ハムファイターズでもパ・リーグ優勝を飾り、中日ドラゴンズを下しての日本一に。さらに、KONAMI CUPアジアシリーズ2006でもチャンピオンになった。数多《あまた》の勝利に彩られたシーズンを通し、不動の三番打者であった彼は、打点王ばかりか初の本塁打王も獲得し、初めてのMVPにも選出された。

「まさに機が熟したというべき一年でした。選手全員の力を結集し、チームが勝利するそのためだけに突き進むことができました」

そんな充実感こそ、彼が長年追い求めてきたものだった。何度個人タイトルを獲得しても、優勝への渇望は埋められなかった。

「ことさら、僕にチームで戦い勝利することの意味を突き付けたのは、『日本代表』という立場でした。04年8月のアテネオリンピックでは銅メダルに甘んじましたが、昨年のWBCではついに優勝を摑《つか》むことができた。だからこそ、今度は、ファイターズで勝つことが重要でした」

ついに頂点に立ち歓喜した小笠原だが、高揚感に浸り続けることはなかった。上から見下し、受け身になることなどあってはならない。勝者となったからこそ、戦う者の魂が問われるのだ。彼は自分にそう言い聞かせていたのだという。

「僕は、特別な資質を持ったわけでも、野球エリートでもない。そんな自分がなぜプロ選手になり、何とかここまでやってこれたのかといえば、挑むことをやめなかったからです。目の前にあるハードルがどんなに高くても、目指すべき場所だと信じればジャンプする。一度で駄目なら、何度でも。転んだら、また立ち上がってやり直すだけ。昨シーズンはすべてをクリアした。本当に節目の年といえます。だからこそ、プロ入りして10年を迎えていた僕は、これからも挑戦者でなければならない、と考えていました」

日本シリーズが終わり日本一となった直後の06年11月、小笠原はＦＡ（フリーエージェント）を宣言し、その去就に注目が集まった。北海道日本ハムファイターズは複数年契約を提示し残留を求めたが、ＦＡ権を行使するか否か、彼はすぐに答えを出せなかった。これまでの環境を享受し勝利を目指すのか、または、移籍を果たし新たな世界に飛び込んで一からチャレンジをするのか、深慮したのである。

ゼロからのスタートを切ってこそ、なお前進があるはずだ。しかし、北海道の地と札幌ドームを埋め尽くすファンへの愛情は抑えがたい……。アジアシリーズを戦っていたその時期、小笠原は苦悩していた。

チームメイトにも黙して語らなかった苦しさに終止符を打ったのは06年12月に入って間もなくのことだ。彼は、移籍を決めていた。

「この時期に考えたことのすべては、今も胸にしまってあります。本当にいろいろ考えました。最後に決断したのは、野球選手としてももっともっと成長したいと思ったからです。前を向いて一心不乱に突き進んでいくために、新天地でプレーすることを選びました」

4年という長期契約を結んだのはセ・リーグの読売ジャイアンツだった。

「どの球団にお世話になろうかと考えていた時、巨人軍が手を挙げ、必要としていると言ってくれたのです」

小笠原と面談した清武英利球団代表は、輝かしい成績だけが理由ではない、と説明した。巨人のスカウト陣は、小笠原が黙々と走塁練習する姿や、グラウンドに転がったボールを自ら拾いトンボをかける様子をリポートにまとめ、小笠原の野球に対する真摯《しんし》な姿勢こそが魅力なのだ、と説いていた。清武代表はそのことを彼に告げ、入団を持ち掛けたのである。

「優勝やタイトルだけでなく、ここに至るまでの過程や、野球に向き合う姿勢を評価してもらえたことが嬉しかった。巨人の一員として再スタートすることの責任はすべて自分にあります。中途半端で生半可な気持ちでは、すぐに足元をすくわれる。日々、命を懸けてプレーするつもりですよ」

彼は今、どんなに苦しくても離れられなかった野球の魅力を改めて思い返している。

小学2年生の時、小笠原は野球を始めた。千葉県千葉市で生まれた彼は7歳で千葉西リトルリーグに入る。

「自分から野球をやりたいと言った記憶はありません。父も高校まで野球をやっていて、兄もリトルリーグで毎日練習していたので、当たり前のように野球を始めました。最初、床屋に連れて行かれていきなり坊主頭にされた時には、おさな心にも恥ずかしくてね、一日中泣きましたよ」

3歳年上の兄が所属し、父がコーチを務めていたそのチームは全国大会3位になるほどの強豪だった。右利きでありながら左打ちを父から教えられた小笠原は、すでにバッティングでセンスを見せていた。当時からミートが得意で、あまり三振をしなかった。

中学1年生の夏にリトルリーグを卒業すると、すぐにシニアリーグへ。1989年、暁星国際高等学校に入学し、野球部に入った。千葉県木更津市の丘陵地帯にある全寮制の高校は、野球に打ち込むには絶好の場所だった。

「当時監督だった五島卓道先生を尊敬していたので、必死で練習に付いていきました。シニアリーグではサードやファーストをやっていたのですが、高校に入ってセカンドに就かされた。社会人野球で二塁手だった先生が、僕に付きっきりで教えてくれました」

そんな小笠原が、高校2年生になると、突如キャッチャーを命じられる。いきなり内野手から捕手にコンバートされた小笠原は、戸惑わずにいられなかった。

「子供の頃も、捕手の経験はありませんから『絶対に嫌だ』と言い張りました。けれど、五島先生から『やれ』と言われれば逆らうことはできません。そのあとは気持ちを切り替え、どうしたら短期間で良いキャッチャーになれるか考えながら、必死で練習に取り組みました」

五島監督が小笠原にキャッチャーを命じたのには理由があった。

「当時のエースピッチャーの気性が激しくて、強引なところがあったんです。その激しいピッチャーと互角にぶつかりながら、リードできるのは、強いながらも落ち着いた性格の人間でなければならない、と先生は考えた。それで、キャプテンでもあった僕を選んだ。先生からその理由を聞けたのは、卒業から15年後のことでした」

結局、甲子園出場は叶わなかったが、小笠原は卒業後も野球を続けることを希望する。92年、NTT関東（現・NTT東日本）の野球部に所属するのである。

「高校卒業時の僕は、当然、プロのドラフトにかかるほどの知名度も実力もありません。それで、社会人野球を目指したんです。捕手でセレクション（選抜試験）を受けたのは、もし選手として駄目でも、ブルペンキャッチャーとして生き残る道があるだろうと、先生が考えてくれたからですよ。それだけじゃなく、五島先生は、ＮＴＴ関東の野球部に『あいつは高校3年間で30本近くホームランを打っている』と、話してくれていたんです。もちろん嘘だったんですが、そのお陰で、セレクションに何とか合格することができました」

都市対抗野球を戦う小笠原は、キャッチャーやセカンドに就き、時にはＤＨ（指名打者）として試合に出場した。

「ノンプロで戦いながらも、いつかはプロ野球選手になりたいという夢は抱き続けていました。もしかしたら、ドラフトにかかるかもしれない、と期待しながら会議の日を待ったこともあります。そのたびに、落胆することになるのですが」

転機が訪れたのは社会人5年目のこと。96年のドラフト会議、日本ハムファイターズが小笠原を3位で指名したのである。

プロの世界で捕手となった小笠原はレギュラーを獲得することを切望し、がむしゃらに練習に励んだ。この時チームには、小笠原が尊敬し手本とした野球人、落合博満と片岡篤史がいた。

入団2年目には、左手人差し指を骨折し、ギプスをしたままホームランを打って周囲を仰天させたこともある。

「キャッチャーフライを捕ろうとして人差し指を骨折してしまった。骨折から3週間後の7月、再び1軍に登録されたんです。今、自分にできることはバットを振ることだけだ。そう覚悟を決め、代打で起用された打席でフルスイングしました」

この時の一撃が、小笠原のニックネーム「ガッツ（根性・気力）」の由来である。

99年、落合が引退して空いたファーストで、レギュラー出場することになった小笠原は、それまでの努力を、打率や本塁打といった目に見える結果で残していった。プロ3年目にはベストナイン、ゴールデングラブ賞を獲得。常に執念を持って打席に入り、ビッグイニングのきっかけをつくる小笠原に付いたキャッチフレーズは、「バントをしない二番打者」だった。

以後、数々のタイトルを得た彼は、２００４年に本拠地を札幌に移してからも、「球界再編」という危機を迎えた時も、チームを超えた球界のリーダーのひとりとして、気概あるプレーでファンを魅了したのだった。

07年、ジャイアンツの小笠原として生まれ変わった彼に気負いはない。新鮮な思いを胸に、日々、ゲームに臨んでいる。妻も、ふたりの娘も、小笠原が戦うことに全力を注ぐための環境をつくり、気遣い、支えてくれている。

「かっこ良さを求めるつもりは毛頭ありません。洗練されず、不細工でもいいから、力のこもったプレーをしたいですね。たったひとつのアウトのために、捕れないボールに食らい付いていく。そういう場面を、何度も何度もファンの方たちに見てもらいたいです」

日本代表でともに戦った選手は、同じボールを追いかける同志となった。

「（高橋）由伸や上原（浩治）、二岡（智宏）は、日本代表の時から多くを語らなくても目指す世界を共有できる仲間です。その心強さは、日を追うごとに一段と大きくなっています」

ジャイアンツにある伝統や刻まれた栄誉は、小笠原を奮い立たせる材料だ。

１９７３年千葉県生まれ。７歳より野球を始める。暁星国際高校、ＮＴＴ関東を経て、97年に日本ハムファイターズに入団。２００２、03年と2年連続で首位打者を獲得。04年には日本代表としてアテネ五輪出場。06年ＷＢＣの日本代表に選出され世界一に貢献。06年5月にＦＡ権を取得し、同年パリーグのＭＶＰに。07年読売ジャイアンツに移籍しリーグ優勝に貢献。2年連続でＭＶＰを獲得した。リーグをまたいでのＭＶＰ受賞は史上初

「長嶋茂雄終身名誉監督、原（辰徳）監督が守ったサードに就かせていただくことの責任は、ずっしりと感じています。３月、宮崎キャンプにいらした長嶋さんに肩を叩かれ、直接激励の言葉を頂いたことは、この先もずっと忘れることがないでしょう」

　物静かな表情とは裏腹に、長いシーズンを戦い抜くという気力は間欠泉のように吹き上げている。

「ゲームを観戦してくだされば、新しいジャイアンツを感じていただけると自負しています。それと同時に、『懐かしい』と感じていただきたいんですよ。Ｖ９の頃の巨人軍を思い出すような場面を、みんなでつくりたい」

　選手たちは皆、自ら果たすべき役割をしっかり心に刻みつけている。

「今のチームは、監督、コーチ、選手、球団のスタッフ、そのすべてが、勝利という目的に向かって走っています。選手みんなが、口に出さずともやるべきことを理解していますよ。ひとつの勝利という結果を積み重ねるごとに自信になって、試合ごとに成長していけるといいですね」

　もちろん、不安がないわけではない。

「チームの中でも競争があります。僕は若い選手に負けたくないですから、彼らの何倍も練習しなければならない。今までどおりにやっていては、追い付かれ追い越されてしまうでしょう。だからこそ、これまでにないほどの危機感を持ってグラウンドに出ていますよ」

　小笠原が、そうした危機感から解放され、安堵だけに包まれる日は来るのだろうか。私を見た彼は微笑みながら首を振る。

「現役でいる限り、危機感や緊張から解き放たれることはないですね。僕は、45歳まで現役でプレーしたいと思っている。安堵することは、求めていませんよ。この先、10年でも15年でも、戦いの場に立つ緊迫感を覚えていたいですから」

松坂大輔／吉田沙保里／為末大／中嶋一貴／清水宏保
菅山かおる／朝青龍／柳沢敦／野口みずき／井口資仁
冨田洋之／別府史之／北島康介／田臥勇太／村主章枝
井上康生／本橋麻里／室伏広治／五郎丸歩／小笠原道大
石川佳純／末續慎吾／鈴木絵美子／柴田亜衣／山本隆弘
田山寛豪／上野由岐子／梅崎司／土佐礼子／伊調千春、
伊調馨／田中将大／福士加代子／宮本慎也／鈴木徹

松坂大輔

Daisuke Matsuzaka

Saori Yoshida

吉田沙保里

為末大

Dai Tamesue

中嶋一貴

Kazuki Nakajima

Hiroyasu Shimizu

清水宏保

菅山かおる
Kaoru Sugayama

朝青龍
Asashoryu

Atsushi Yanagisawa

柳沢敦

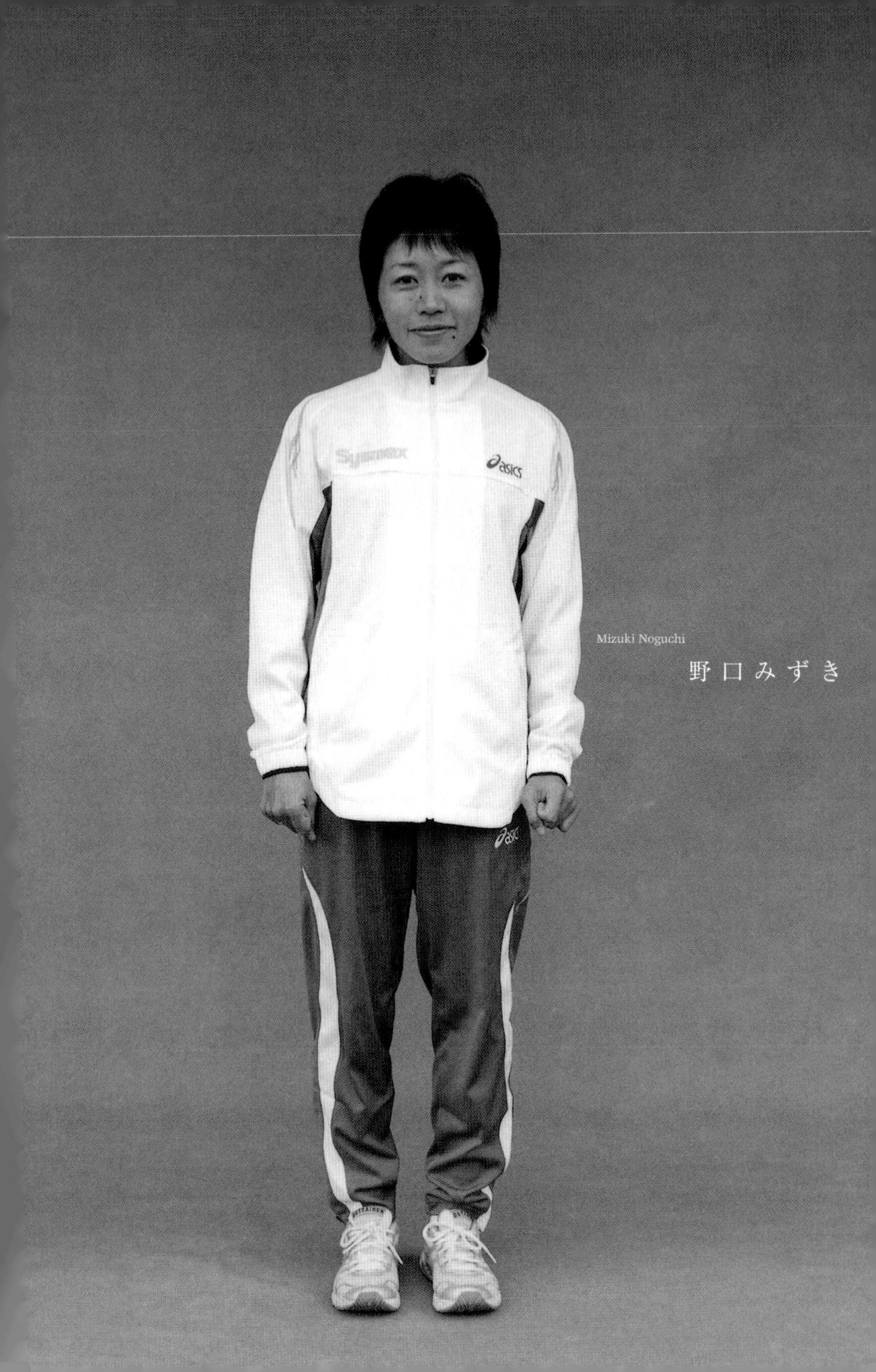

Mizuki Noguchi

野口みずき

Tadahito Iguchi
井口資仁

Hiroyuki Tomita
冨田洋之

別府史之
Fumiyuki Beppu

北島康介

Kosuke Kitajima

田臥勇太

Yuta Tabuse

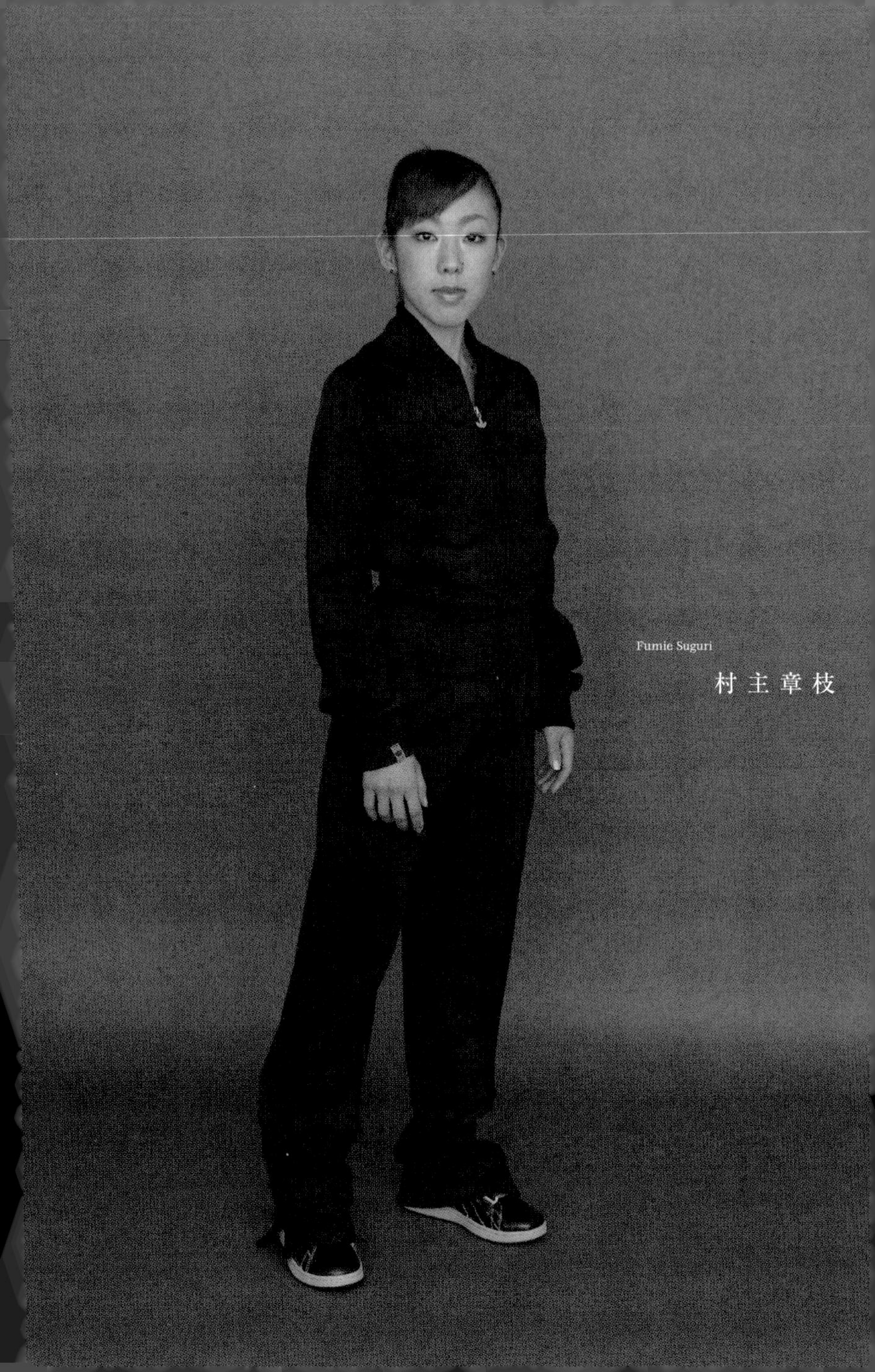

Fumie Suguri

村主章枝

井上康生
Kosei Inoue

Mari Motohashi

本橋麻里

室伏広治
Koji Murofushi

五郎丸歩

Ayumu Goromaru

小笠原道大

Michihiro Ogasawara

石川佳純

Kasumi Ishikawa

Shingo Suetsugu

末 續 慎 吾

Emiko Suzuki

鈴木絵美子

柴田亜衣

Ai Shibata

Takahiro Yamamoto

山本隆弘

Hirokatsu Tayama

田山寛豪

上野由岐子

Yukiko Ueno

梅崎司

Tsukasa Umesaki

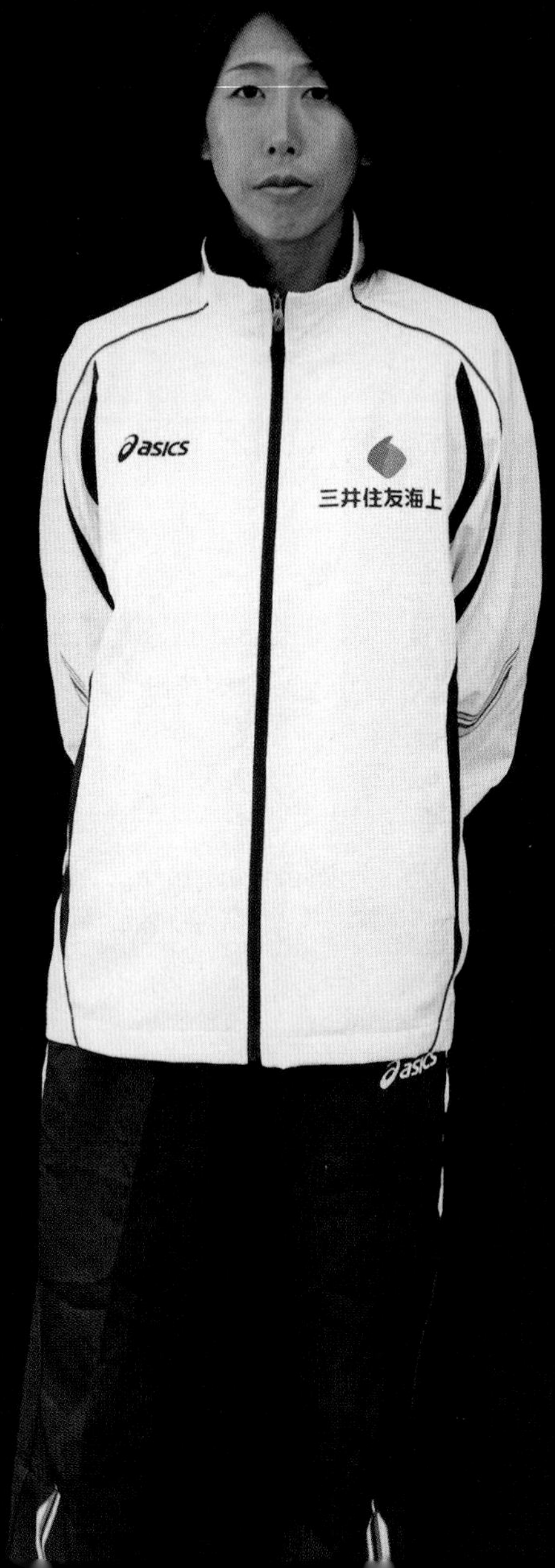

Reiko Tosa

土佐礼子

Kaori Icho
伊調馨

Chiharu Icho
伊調千春

田中将大
Masahiro Tanaka

Kayoko Fukushi

福士加代子

宮本慎也
Shinya Miyamoto

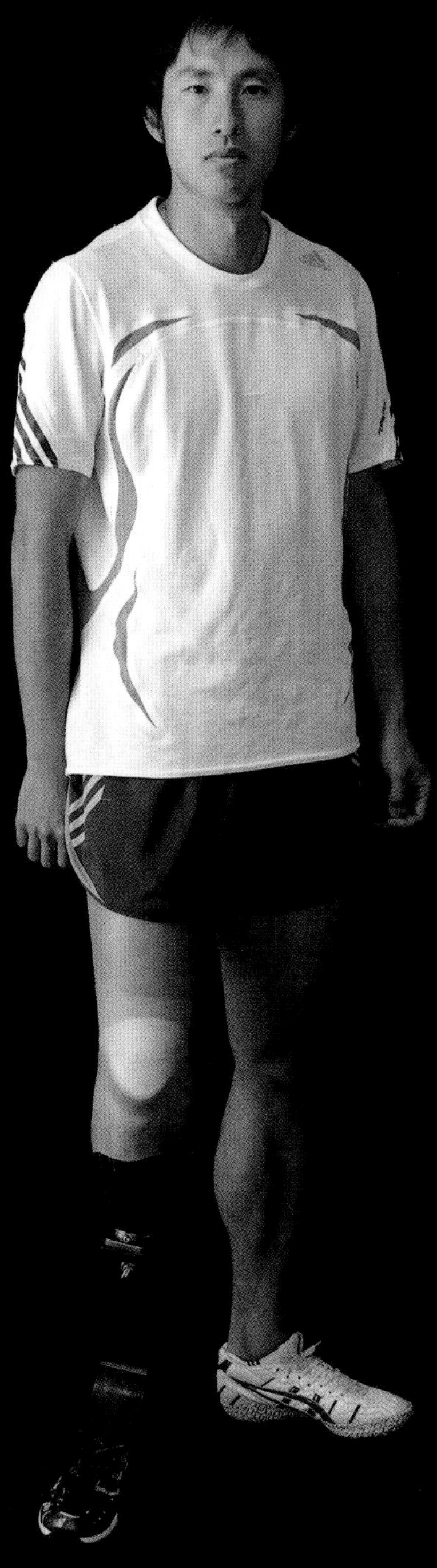

鈴木徹

Toru Suzuki

ポートレイト撮影

福岡耕造

為末大、清水宏保、朝青龍、柳沢敦、井口資仁、冨田洋之、北島康介、井上康生、本橋麻里、五郎丸歩、小笠原道大、末續慎吾、山本隆弘、上野由岐子、梅崎司、土佐礼子、田中将大、福士加代子、鈴木徹

桑田瑞穂

松坂大輔、吉田沙保里、萱山かおる、別府史之、室伏広治、鈴木絵美子、田山寛豪、伊調千春・馨

森 善之

野口みずき、村主章枝、石川佳純、柴田亜衣

増田勝行（SIGNO）

中嶋一貴

マーク東野

田臥勇太

大井成義

宮本慎也

卓球

石川佳純

Kasumi Ishikawa

英知

セルロイド製のボールが時速100キロを超えるスピードで行き交っていく。3メートルに満たない卓球台は、高速ラリーの舞台となり、メトロノームのように小気味よい音を響かせる。

ラケットにボールが触れるインパクトの瞬間は、わずか1000分の1秒。人間の反射能力を超えるこの時間を積み重ね、選手は相手を倒すために前後左右の激しい動きを繰り返す。

13歳11カ月で全日本選手権準決勝進出を遂げ、14歳で世界選手権（ダブルス）出場を果たした石川佳純。私は、一流選手しか知り得ないスピード感やその光景を言葉にして欲しいと言った。すると彼女は、驚いたようにこう問い返す。

「卓球のボールって、そんなに速いんですか。自分がプレーしている時には、気がつきませんでした。私は相手のボールも自分のボールも普通に見えます。白くて丸いボールが目の前にちゃんとある。線に見えることも消えることもありません。相手が打つ瞬間の動きも見えますよ。自分のラケットのどこに当たっているのかは見えませんが、感覚ではわかります。ボールや相手の動きが見えないと、守ることも攻めることもできませんから」

常人にとって異次元のスピードも、世界を目指す卓球選手にとっては特別なものではなかった。さらに、研ぎ澄まされた鋭敏な感覚は、「高速に反応する」ことだけにとどまらない。

石川が卓球を楽しいと感じるのは、相手と対峙し、攻略するためのプロセスを実行できるからだ。

「卓球選手にはいろいろなタイプの選手がいます。私は左利きのシェイクハンドですが、選手はそれぞれタイプが違うんです。タイプが違えば得意な技も弱点も違います。ゲームが始まれば、相手の弱いところを一生懸命探すんです。相手の弱いところを自分の得意な技で攻めていく。もちろん、逆に私が弱いところを攻められることもあります。その時にはなんとか挽回して、私から相手の弱いところを突くんです」

どんなに攻めていても、敵に得意なプレーを許せば得点は挙げられず、勝機は遠ざかる。相手の弱点に自分の強みをぶつけるからこそ、リードを奪いそのまま引き離すことができるのだ。

あの激しいラリーの最中、攻め込むためのプレーを組み立て、ゲームの流れをつくる。彼女の柔軟性と予見力は、14歳という年齢には不釣り合いなものだった。

「相手の弱いところと自分の強いところを当てていく。そうすれば必ず勝利に近づけます。私はそうやって考えてプレーすることが大好きなんです。小学生の頃の試合では、母がコーチとして付いていてくれて、攻めるポイント、打ち返すコースなどを細かく教えてくれました。最近は、だんだん自分自身で考えられるようになったと思います」

石川が観衆の視線を引き付けるのは、愛らしく無邪気な表情とともに、勝つことに向けられた強い意志と試合を掌握しようと努める英知が見えるからだ。

２００２年、全日本卓球選手権大会ホープスの部（５年生・６年生）に出場していた石川を見て大器であることを確信したというミキハウスの大嶋雅盛監督は、小学生から高校生までのアスリートを支援・指導するミキハウスＪＳＣへと石川を誘った。女子卓球の指導者として名を馳せる大嶋監督は言う。

「あの子が5年生の時ですね。試合を見てピピッときたんですよ。あの年、佳純はベスト8までしか進めなくて、もっと強い子供はほかにもいたんです。しかし、私には、佳純がどの選手とも違って見えた。とにかくプレーが柔らかい。10歳なのに動きに幼さがなく、大人っぽかった」

卓球指導に長年携わる大嶋監督でさえ、小学生の選手を見てその将来の成功を強く感じることなど、それまではないことだった。

「実際、自分でも驚いていましたよ。5年生の時には叶わなかったんですが、6年生の時にもう一度誘い、JSC入りが決まりました」

スカウトを受けた石川は、迷うことなく結論を出していた。

「中学に行ったら、これまで以上に本気で卓球に打ち込みたいと思っていたので、ミキハウスJSCに行けることは嬉しくて仕方ありませんでした。家族と離れることは少しつらかったけど、もっと強くなりたかったし、強くなるための環境に飛び込んでいける自分は本当に幸せだと思いました」

生まれ育った山口県山口市を離れ、大阪府羽曳野《はびきの》市の四天王寺羽曳丘中学校に進学。八尾市にある寮での生活は彼女をますます闊達《かったつ》にした。

「朝は、6時15分に寮を出て学校へ行きます。午後3時頃、学校から戻ってすぐに練習開始。夜9時か10時まで、毎日6時間ぐらいは練習します。夜寝るのは、ご飯を食べて、宿題をやって、夜中の12時ぐらい。洗濯も掃除も自分でやります」

休みもほとんどないが嫌だと思ったことはない。

「大嶋先生は、『卓球だけ頑張っても意味がない。今しかできない勉強があるんだから頑張りなさい』とおっしゃいます。もちろん、頑張ろうと思いますが、大変なのは試験勉強ですね。小学校とは違うので、試験前は夜中まで勉強します。寮での生活は楽しいですよ。クラブのメンバーとはみんなすごく仲がいいし、母とはメールや電話で毎日連絡をとっているので寂しくありません」

こう語る石川の才能に誰よりも早く気づいていたのは、母親の久美さんである。

娘が中学校へ進学するまでコーチを務めた久美さんは、福岡大学の卓球部や実業団に所属し、国体や全日本選手権に出場する強豪選手だった。同じく福岡大学で卓球部に所属していた夫の公久さんも、全日本選手権出場の経験を持つ。結婚を機に引退し、卓球から離れていた久美さんに、「山口市の卓球チームでプレーしてほしい」と依頼がきたのは、生まれた娘が2歳になる頃だった。復帰した久美さんは幼い娘を連れ、連日、体育館での練習に勤《いそ》しんだ。実力はすぐに戻り、再び国体や全日本選手権の成人の部で活躍することになる。

娘が母に「卓球をやりたい」と告げたのは、2000年のこと。久美さんは、今でもその日のことを鮮明に記憶している。

「小学校1年生の11月でした。佳純が『お母さん、私にも卓球を教えてほしい』と、言ったんです。2歳から娘を体育館に連れて行き、私が卓球をしている姿を間近で見せていたからでしょうが、正直、最初は迷いました」

現役の国体選手であった久美さんは、自分の練習時間を捻出するだけでも必死だった。もし、娘に教えるとなれば、時間のやりくりはさらに厳しくなるだろう。

「佳純と4つ違いの妹、梨良《りら》もいましたし、育児と家事と卓球の練習で精一杯でした。私は、佳純に聞きました。『遊び半分で卓球を教える時間は、お母さんにはないのよ。本気でやれるの？　途中でやめるなんて言わない？　本当にそうできると約束するなら、真剣に教えてあげるから』と。佳純は頷《うなず》き『私、頑張るから教えて』と言ったんです」

石川もまた当時のことをはっきりと覚えている。

「お母さんの卓球の練習を何時間も体育館の片隅で待っているんです。その間、いつもぬり絵をしていました。でもそれが退屈で、退屈で。だったら私も、母のように卓球をやろう、と思いたちました」

久美さんは、娘の意を受けコーチを引き受けた。家の近所には卓球場がなく、ふたりは防府市内にある卓球センターへ車で片道1時間をかけて通ったのだ。

「マンツーマンの練習ですから、佳純には厳しかったと思います。私自身の練習がある時には、夕方、夫に会社から駆けつけてもらい、佳純の練習を見てもらいました。思いのほか上達が早く、小学校2年生から出場できる全日本卓球選手権大会バンビの部の県予選に挑戦することを目標にしたんです」

母は幼い石川に水泳やバレエ、ピアノなどの習い事をさせ、1歳の頃から漢字も教えていた。いろいろな経験が才能を伸ばす機会になると信じていたからだ。

「卓球もそのひとつ、と考えていました。けれど、やってみるとものすごい集中力で卓球に取り組んでいる。あの時に、単なる予感ですが『この子は卓球を続け、ある程度の成績は収められるかもしれない』と、思えました」

7歳の誕生日に母から贈られた赤いユニフォームを着て挑んだ山口県予選。石川は、わずか3カ月の特訓で予選を2位で通過し、見事県代表の座を掴《つか》む。初挑戦の全国大会でもベスト64に入った。

父と母は、娘が卓球をするためにより良い環境をつくろうと自宅を新築。1階部分を卓球場に造り替え、そこで卓球教室も開いたのである。

「このまま卓球を続けていくなら、いつでも練習できる場所をつくってあげたかったんです」

両親の思いは、娘に届く。卓球教室で母や通いの生徒たちと練習に励んだ石川は、進級するごとにその力を倍増させていった。

やがて、同じ世代の子供たちでは、彼女の練習相手にはならなかった。石川はひとり、自宅からさほど遠くない高校の卓球部の練習に参加し、高校生を相手に練習やゲームを行っていたのである。

石川自身は小学生時代をこう振り返った。

「小学生の頃は、全国大会でなかなかいい成績が取れなくて、最初はベスト64、3年生の時にはベスト32、4年生の時にはベスト16……。県予選を勝ち上がって本線に出場することが決まると、いつも優勝を目標にしました。でも、なかなか思うような結果が出ない。卓球をやめようとは思わなかったけど、負けるたびに悔しくて、落ち込んでいました」

階段を一気に駆け上がることのできないフラストレーションを抱えた石川は、自分の卓球を静かに見つめ返した。

「私のフォアハンドやサーブは、まあまあだったんですが、バックハンドがまったく弱かったんですね。バックを突かれると負けてしまうことが多かったんです。何とか、バックを強化したいと考えてラバーを変えることにしたんです」

卓球のラケットには木にラバーが貼り付けてあるが、このラバーには「表」と「裏」がある。「表」には表面に小さな突起があり、「裏」は表面が平らで粘着性がある。ラバーの表を使うか裏を使うかは、選手が自己のスタイルや技に合わせて選択する。

「ずっと表だったのですが、それを裏にしたんです。しっかりしたツッツキをしたかったし、バックでドライブしたかったので変えました。表だとドライブせずに返ってしまうんですが、裏なら、自分で回転をつくれるから」

ツッツキとは、ラケットでボールの下部をこすり、前進回転とは逆の回転をボールに与えることだ。ラバーを裏にして以後、回転が効いた彼女のバックハンドは、大きな武器になっていく。

石川の快進撃はこうしてスタートした。03年全日本卓球選手権ホープスの部でついに優勝をした石川は、同年の全日本選手権にも出場。高校生と大学生を破り3回戦に進出した。06年全日本選手権では社会人を破り5回戦に進出。13歳で日本代表候補入りとなる。

中学2年生で出場した07年全日本選手権では準々決勝で勝利し、史上最年少でのベスト4入りを果たした。07年5月にはクロアチアのザグレブで行われた世界選手権大会に出場

1993年山口県生まれ。ミキハウスJSC所属。小学校1年生より卓球を始める。2005年からは自宅を離れ大阪の四天王寺羽曳丘中学校に入学し、ミキハウスJSC卓球部に所属。06年には全国中学校卓球大会個人の部にて優勝。全日本卓球大会カデットの部14歳以下シングルスで優勝を果たす。07年、08年の全日本卓球選手権大会シングルスで2年連続ベスト4、ジュニア優勝。08年世界卓球選手権大会団体メンバーに選ばれ3位に

し日本代表（ダブルス）として戦った。

偉大な結果を築きながら、彼女の謙虚さは薄れることがない。「もっと強くなること」を目指す石川にとって、これまで与えられた結果など、過程にしかすぎないからだ。

「ミキハウスの先輩たちと一緒に練習し、試合をさせてもらって、すごく勉強になっています。憧れているのは、中国の王楠《ワン・ナン》さん。スタイルも一緒なので、王さんのビデオと自分のビデオを見比べて研究することもあります」

娘を大阪へと送り出した母、久美さんは、「本当の戦いを知るのはこれから」と言って、声高には喜びを露《あらわ》にしない。石川が世界の舞台で羽ばたくことを疑わない大嶋監督も、「若くして騒がれ、潰れていった選手は数知れない。佳純の頂点は、ここではない。そのことを常に言い続けるつもりです」と厳しさを滲《にじ》ませる。

さなぎが蝶へ羽化するように変化を体感している石川は、自分をどう見つめ、未来を思い描いているのか。涼やかな瞳を一段と輝かせ、彼女は私にこう言った。

「もっともっと技術を磨き、どんな相手にも負けないテクニックと心をもちたいです。そのためには自分に負けないようにしなければいけませんね。つらい練習にも、挑んでみせます。でも、私、試合が好きなんですよ。試合をしていると、もう、苦しかったことなんて全部吹き飛びます。ひとつひとつの試合を大切に戦いたい。そして、いつの日か、オリンピックに出場することが目標です」

孤独な戦いを恐れない少女は、世界へ駆け出すための準備を、静かに整えている。

最速

陸上短距離

末續 慎吾

Shingo Suetsugu

スタートラインに沿って両手を付き、一列に並んだ選手たちは、まるで彫像のように動きを止める。大歓声が渦巻くスタジアムに訪れる一瞬の静寂。号砲が響いた刹那《せつな》、低い姿勢から飛び出した肉体は爆発的なエネルギーを放出する。ゴールラインまで続くレーンを蹴る脚は加速をもたらす装置となり、前へと進む体は新しい風を生む。脚を運ぶリズムと心拍とが重なり合い、時が刻まれていく。そして、スタジアムが歓呼の声で埋め尽くされるなか、瞬く間に戦いは終わりを告げるのだ。

陸上100メートル、200メートル、400メートルリレーで各国のアスリートと最速を競う末續慎吾。私が、オリンピックや世界選手権でレースに臨む心持ちを教えてほしいと言うと、彼は肩を竦《すく》めこう答えた。

「怖いですよ。体の厚みが僕の2倍もあって、筋肉の量も付き方もまったく違う。陸上なんて並んで走るだけだと思うでしょうが実際は格闘技ですね。隣のコースから拳《こぶし》が飛んできそうだし、肘だってガンガン当たりそうな距離ですから」

短距離走で日本人がメダルを獲得することなどあり得ないと信じられてきた。末續が現れるまでは——。彼が日本陸上の歴史を変えたのは、2003年8月に行われた世界陸上パリ大会での200メートルだった。

末續は、8月29日に行われたファイナルに出場する。オリンピックと世界陸上を通じ、短距離の決勝に日本人が進出するのは初めてのことだ。

スタート直後の末續は2番手を行ったが、すぐに5番手まで落ちる。筋肉の痙攣《けいれん》でフォームのバランスが微妙に崩れていた。しかし、末續は諦めなかった。限界を迎えた体を魂が牽引し、そこから巻き返しを図るのである。

「このままで終われるか、という気持ちだけが脚を前に出させていましたね」

末續の体は3番手のキャンベルをゴール直前で追い上げる。タイムは20秒36。彼は100分の1秒の差で銅メダルを獲得したのだった。

3番手に名前があるのを確認すると、末續は師である高野進コーチのもとに駆け寄り、抱き合い、天に向かって叫んだ。

「走るために自分は生かされてるんだ、という気持ちでした。だからこそ、渾身の力で自分の存在を主張したかった。レース中は確かに苦しかったですが、高野先生をはじめ支えてくれた人たちの顔が浮かんで、歯を食いしばれました」

末續の名前は瞬時に世界へ轟《とどろ》いた。そして、同時に彼の走法が脚光を浴びるのである。末續がメダル獲得後のインタビューで「ラスト50メートルでナンバを意識した」と語ったことから、その名が知られるようになった。

日本の古武術にもある「ナンバ走り」は、同じ側の手脚を同時に出す走法で、腕を振らず、肩や腰を回さず、体をひねらず、脚を跳ね上げないことを基本としている。これまでの短距離走の理論とは真逆ではあるが、末續は高野の指導のもと、腕、脚、股関節の動きにこのナンバを取り入れた。

「パリの世界陸上では、各国のコーチや選手たちが僕の練習を偵察していました。フランスの新聞が『忍者走り』など大きく取り上げていましたが、他の選手から見れば僕の走りは異様だったでしょう」

末續の走りは彼の個性となり、銅メダルを勝ち得たシンゴ・スエツグとして世界に認知された。

「日本陸上には長い時間をかけて築かれたものがあり、それを僕が吸収してあの舞台に立たせてもらった。だから、メダルを取れたのは到底僕ひとりの力ではありません」

栄誉を手にしたが、安堵することはなかった。

「走るからには世界一を目指したいし、記録も追い求めたい。銅メダルってことはその上にふたりもいるってことですからね、実は喜びと同時に悔しさも抱えたんですよ」

彼の走りは未だ進化の途中である。

末續が陸上に興味を持ったのはほんの幼い頃だ。

「子供時代、テレビで物凄く速く走る人を見て興奮したんです。なんてカッコいいんだろう、と憧れました。84年のロサンゼルスオリンピックや88年のソウルオリンピック。ロサンゼルスの時にはまだ4歳でしたが、金メダルを獲得したカール・ルイスの姿を薄《うっす》ら覚えています」

熊本県熊本市に生まれた末續は、小学生の頃から格段にかけっこが速かった。

「スポーツは空手やサッカーをやっていましたが、5年生になって市に少年陸上クラブができて所属しました。そこでは、楽しく走らせてもらいましたよ。徐々に記録が出て高学年になると全国大会にも出場するのですが、1等賞になる喜びは格別でした。レースに出るたびにここが自分の居場所なんだ、と感じていたんですよ」

だが、負ければ自己の存在を証明できなかったと落ち込み、自分を責めることもあった。

「レースに敗れると自分自身の存在感が薄れていくようで不安でした」

中学校でも陸上部に所属していた彼は九州中学選手権の100メートルで2位になり、陸上の名門校として知られる九州学院高校陸上部から誘いを受ける。

「入学は95年です。禿雄進《かむろゆうしん》先生の指導を受けるのですが、今、僕があるのは先生に出会えたからです。技術はもちろんですが、競技に対しての考え方やその場においての人との接し方を教わりました。弱気になったり、タイムを気にしたりする僕を見て、先生は、陸上は小さなことにとらわれるべき競技ではない、と叩き込んでくれたんです」

走ることが楽しかった。インターハイや国体の常連となった彼は、大学でも陸上を続けたいと願うようになる。

「高野先生は僕が2年生の秋に出場した『なみはや国体』でのレースを見ていてくれて、声を掛けてくれました」

東海大学体育学部の准教授であり陸上部を率いる高野進は、400メートルの日本記録保持者（44秒78、1991年日本選手権）だ。バルセロナオリンピックでは日本のスプリント選手としては64年ぶりに決勝進出を果たしている。高野は荒削りだがダイナミックな末續の走りを見て「暴れ馬のようだ」と言った。

「僕よりも優秀な選手は大勢いたんです。僕の走りは不細工だなとも思ったらしいですよ。それなのに『暴れ回るような君の走り方が好きだ』と言ってくれました」

3年生の春になると、高野が率いる東海大学陸上部から正式に勧誘される。熊本を訪れた高野に「入ります」と答えた末續は、その晩、一緒に食事をした席で高野を質問攻めにしていた。

「どういう練習をするんですか、それは何のためにやるんですか、と、陸上のことを聞きまくりました。先生は躊躇《ちゅうちょ》することなく、すべての質問に答えてくれたんです。そればかりか、部員ひとりひとりの細かい練習メニューまで持ってきて見せてくれました」

末續はその夜、自分の人生を託せる人に出会えた喜びで胸がいっぱいになっていた。

98年春に東海大学体育学部に入学し陸上部の一員になると、湘南キャンパス近くの寮に入った。しかし、子供の頃からの夢、オリンピック出場を叶えるべく練習に取り組んだ矢先、彼に悲報が舞い込むのである。

「98年の6月、父が心臓の病気で急に他界してしまったんです。呆然としたと同時に、現実的な問題に直面しました。奨学金を得ていましたが日常生活の費用は仕送りでまかなっていたので、母にお金の苦労をさせることが本当に心苦しかった」

母は「何も気にせず陸上を続けなさい」と言ったが、末續はつらかった。

「あの時、わがままを言って陸上を続けることにしたんです。けれど、1年後に決まる2000年シドニーオリンピックの代表になれなければ陸上をやめよう、と決めていました。出られなければ熊本に帰って会社勤めをし、微力でも母を支えようと思っていました」

授業の後、陸上部で4、5時間の練習をする。その後、寮に戻っても末續はトレーニングをやめなかった。オリンピックという目標をクリアするためには、身体を鍛えるしかない。そう思い詰めた彼は、不安で体を休めることができなかったのだ。

「部屋に戻ってから腹筋を2000回やろうと決めるんです。やり終えても、本当にこれで十分なのかと不安になる。それで『意識を失うまでやる』という自己ルールをもうけました。何度もやるうちに体もどんどん鍛えられて、意識がなくなるまでの時間が長くなる。あの頃は、寝る時間を削って練習していたので、休んだ記憶がないです」

1年後、末續は高野からシドニーオリンピック代表選手に選ばれたことを告げられた。

「200メートルでもA標準記録を切っていたので『文句なしの決定だ』と言われ、ほっとして腰が砕けましたね」

高野は、五輪に向けて取り組む未知の走法を20歳の末續にこう説いた。これまでの理論から考えると常識破りだが、日本人の肉体には向いている走法なのだ、と。その主たる発想は、力を効率的に使うこと。バランスのとれた安定感のある姿勢をつくり、そこから前傾姿勢をとることで自然に脚を前へ出していく。前へ出す脚に重心を乗せながら進むことで、地面を蹴った際に生まれる反発力を最大限に利用する。そうすれば無駄なエネルギーを使わずに走ることができる。

末續も最初は戸惑ったが、実践していくうちにこの走りの可能性を感じ取っていた。

「高野先生からは、ボーンボーンと跳ねるのではなく、忍者のごとく地面をはうようにピターっと走れ、と言われました。平面でも、まるで下り坂を走っていくような感じです。やっていくうちにスピードが増すことがわかっていった。僕の走法は、既存のものではありません。他の選手が簡単に適応できるものでもない。先生とふたり、手探りで唯一無二の走り方をつくり上げていったんです」

高野が示す練習を末續が実践する。後ろ向き走法、砂の上を裸足で練習、選手をおんぶして坂道を駆け上がる練習。末續は、目指す走法にとってそのトレーニングが必要か否かを、高野に端的な言葉で伝えていった。

準決勝進出に甘んじたシドニー五輪後も高野との暗中模索のトレーニングは続いた。遠いトンネルの先に光が差したのは02年に入ってからだ。アジア大会200メートルで1位、400メートルリレーで2位、翌03年には日本選手権100メートルで1位、200メートルでも1位を獲得する。

そして迎えたパリ世界陸上で、高野と末續の走りは、ひとつの結実を見るのである。

「パリ世界陸上での走りも、パーフェクトではあり得ません。日々、肉体も変化し、走り方も変わっていかなければならない」

自分の肉体の進化を実感する末續にはチャレンジしたい種目があった。最も足の速い者を決める100メートルのレースである。

「僕にとって、速さの象徴はやっぱり100メートルなんですよ。自分よりもめちゃくちゃ速いやつがいるのは承知ですが、そこを避けてしまうことを納得できない自分がいたんです」

04年8月、アテネオリンピックに臨む末續はその思いを高野に吐露し、100メートルに出場することを切望した。

「父親のように僕を見守ってくれている先生は『わかった』と言って許してくれました。しかし、結果は惨敗です。僕のオリンピックはわずか10秒で終わりました」

自分より足の速い選手がこの世界にはごまんといる。そのことを胸に刻みつけることが

1980年熊本県生まれ。ミズノ所属。九州学院高校卒業後、東海大学にて高野進監督の指導のもと、ナンバ走りを取り入れた走法を完成。2003年世界陸上パリ大会にて、200メートルで日本人初の銅メダルを獲得。06年アジア大会で200メートル2連覇。08年北京オリンピック代表。ベスト記録は100メートル10秒03(日本歴代3位)、200メートル20秒03(アジア記録03年)

大切だったと、末續は振り返る。

「アテネで負けて、自分の目指すものがより一層鮮やかに浮かび上がりました。僕は0・01秒でも人より速く走りたい。そのために、またトレーニングに没頭するだけです」

07年8月に大阪で世界陸上が行われ、08年8月には北京での五輪が開催される。末續の肩に掛かる期待は大きい。

「メダルや成績が求められていることも十分に感じています。自分自身、ここまでやってきて1番にならないでどうする、という思いもある。勝利のために必要なことを毎日、真摯《しんし》に積み重ねていくしかないですね」

末續の身体能力をもってすれば、どんな競技でも世界を目指せただろう。陸上以外のスポーツをする自分を想像したことはないのだろうか。彼はカラカラと笑い、甲高い声を響かせた。

「まったくないな。自分にとって走ることほど楽しいことはないんです。最近、子供たちに陸上を教える機会があるんですが、僕はテクニックより先に、この楽しさを知って欲しいと思うんですよ」

楽しさはその実、彼に壮絶な戦いを強いている。

「苦しさも達成感の一部ですね。最近は、30代になって走っている自分を想像できるようになりました。馬力だけでなく経験を生かして走れるようになってきたからかもしれません」

彼を銅メダルに導いた魂の力――。それもまた、さらに強大になっている。

シンクロナイズドスイミング

優美

鈴木 絵美子

Emiko Suzuki

天地を逆転させた姿勢で垂直になり、水面に伸びた両脚は思いのまま水しぶきを上げる。プールの中、無呼吸のまま動く身体は力みがなくしなやかだ。高さ、正確さ、伸び、柔らかさ、そのどれもが観る者に勇壮な美しさを感じさせる。

音楽に合わせ身体を連続してリズミカルに弾ませながら、感情や意志を明快に表現する。水泳の種目のひとつであるシンクロナイズドスイミングは、水中で自在に躍動し、技の完遂度、同調性、難易度、芸術的な表現力、構成力などを競い合う。

水中のバレエ――。競泳と舞踊が見事に融合された競技の魅力を私が聞くと、鈴木絵美子はにわかに口元を引き締めた。

「シンクロが美しさを競い合うことは確かです。しかし、クラシックバレエやミュージカルと決定的に違うのは、シンクロがあくまでもスポーツであるということ。ジャッジ（審判）からより高い採点を受けるためには、抜きん出た身体能力が必要です。それが他者の真似ではない動きや技、つまりオリジナリティーをつくるんです。選曲や衣装、メイクや水面での表情も、勝つためには緻密に計算されなければなりません」

華麗な技で魅せるには、筋力や心肺機能を鍛え上げる必要がある。またチーム（8人）がひとつになって演技をするには、地味な反復練習で心と動きを合わせるしかない。

「独創性や優美さは、シンクロでは大きな武器ですね。でも、ただ楽しげに自由に動き回るだけでは決して勝つことができない。肉体的な鍛錬は不可欠で、なおかつ技のひとつひとつには厳正な規律が求められる。私がシンクロをここまで好きになったのは、美を求める芸術性と、心身を鍛え肉体に備わった力を表現するスポーツであることが一体になっているからだと思います」

　日本シンクロナイズドスイミング界のエースである鈴木は、一日のうち10時間近くをプールで過ごす。

「東京都北区にある国立スポーツ科学センターのシンクロ用プールで練習しています。ここは競泳用のプールと違い、水深が5メートル以上あるんですよ。プールサイドの壁には、バレエのレッスンで使うようなバーや鏡が取り付けられています。美しい表現を確立するため、センター内にあるスタジオでダンスのレッスンを受けるんですが、プールサイドでもそうしたトレーニングができるようになっています。そのあとプールに入り、クロールでのウォーミングアップ。体をほぐしながら徐々に水中での技に取り組み、音楽に合わせ実践的な練習を重ねていきます。一緒に練習している原田（早穂）とともに、一日のおよそ半分はプールで過ごしていますね」

　１６７センチ、58キロの均整のとれた身体は、長時間の激しいトレーニングだけで維持されるわけではない。一日５０００キロカロリーほどの食事を摂ることも必要になる。

「シンクロのトレーニングではカロリー消費量が多く、通常の食事ではどんどん痩せてしまうんです。なので、無理をしてでも食べて肉体を維持しなければならない。ちゃんと三食しっかり摂って、練習の合間には補食も摂ります。体重の上下があると、水中での感覚が変わってしまう。浮力に変化があると演技に響くので、体重の維持には物凄く神経を使います」

　20代女性のカロリー摂取量は、２０００以下。その2倍以上の熱量を補給するからこそ、水中での過激な演技が行える。

「優雅で女性的な印象と違い、シンクロはタフで荒々しい一面を持っています。水面で華やかであるために水中では歯を食いしばって泳ぎ、鋭い目で辺りを見回さなければなりません」

究極の苦しさを超えたところにこそ本当の美しさがある。鈴木はそう信じている。

埼玉県浦和市（現・さいたま市）に生まれた鈴木がこの美しく激しいスポーツに出合ったのは、小学校3年生の終わり頃だ。水と戯れることに魅せられた少女は、競泳のレッスンを経たのち、自らの直感でシンクロに挑むようになる。

「4歳の頃、ふたりの兄について行ってスイミングクラブで競泳を習い始めました。他の子供たちと同じように、水に入ることから始めて、息継ぎを覚え、やがて泳げるようになりました。でも、兄たちがスイミングクラブを脱会すると、私も一緒にやめてしまいました。末っ子でいつも兄たちと一緒だったので、ひとりで通い続ける気にはならなかったんです」

だが、幼い鈴木の心には、水の中で覚えた解放感や、泳ぐことの楽しさが消えることはなかった。

「クラブをやめたあと、自分は泳ぐことが大好きなんだと実感したんです。その頃は選手になりたいとか、大きな大会に出たいとか、特別な目標はなかったのですが、『水でこそ自分を表現できる』という漠然とした思いは、すでに抱いてました」

自分の中に芽生えた願いに突き動かされた彼女は、母に「もう一度水泳を習いたい」と、頼んでいた。

「小学3年生の終わりの頃、以前とは違うスイミングクラブを訪ねました。与野市（現・さいたま市）にあるアテナアクアメイツです。そこへ競泳のレッスンを見学しに行ったのですが、その時初めてシンクロナイズドスイミングの練習を見たんです」

プールでは、競泳とシンクロの練習が同時に行われていた。

「習うはずの競泳ではなく、仕切られたプールのすぐ横で行われているシンクロの練習に目が釘づけになってしまった。これをやってみたい、と思ったのではないんですが、生まれて初めて見る選手たちの動きにただ好奇心を煽《あお》られていました」

シンクロを興味深げに見つめる鈴木に気づいたコーチが彼女に声を掛けた。

「シンクロの先生が、『ちょっとやってみたら』と誘ってくれた。一度試しにやってみようと、シンクロのクラスに参加することになりました」

1週間ほどシンクロの練習に参加した鈴木は、競泳とはまったく違った水の感覚に夢中になっていった。

「競泳をやっていて、幼いなりに水の摑《つか》み方を習得していたつもりでした。推進力を得て、水の上を進むことの気持ちよさも知っていた。でも、シンクロを学んでみると、これまでとはまったく違った新たな水の摑み方を発見できたんです。最初は水に浮くことや立ち泳ぎの練習をするんですが、そこには見たことのなかった景色が広がっている。毎日発見の連続で、ただ楽しくて。いつの間にかシンクロの練習に取り組むことが当たり前になっていました」

1984年に行われたロサンゼルスオリンピックで正式種目になったシンクロ競技。日本は五輪で常に好成績を残している。中学生になった鈴木はオリンピックで活躍する小谷実可子や神保れいに憧れ、熱心に練習するのだった。

間もなく、そんな彼女に運命の出会いが訪れる。中学3年生の時、ジュニアオリンピック大会という大舞台に初めてソロで出場した彼女は、そこで日本シンクロ界を築いた人物に声を掛けられた。

「その時、金子正子先生に『東京シンクロクラブに移籍して本格的にやってみない?』と言われました。私にとっては信じられないことでした」

金子正子(日本水泳連盟)シンクロ委員長は、日本のシンクロの黎明《れいめい》期、果敢に世界と戦った先駆者である。引退後、家庭を持ってからも渾身の力で後進の指導に当たってきた彼女は、一見して鈴木の才能を見抜いていた。

「日本にシンクロという競技を根付かせ、憧れの選手たちを指導していた金子先生は、私にとっては雲の上の人。声を掛けられた私は、ただ呆然としていました。当時のコーチに『一生懸命やったらオリンピックにだって出られる選手だから、この子をぜひ移籍させて欲しい』と、言ってくださったんです。私はそれをあとで聞いて驚いてしまった。実は、中学を卒業したらシンクロはやめるつもりでした。日本代表やオリンピックなど遠い夢でしかなかった。そんな私は、先生の言葉に背中を押されるようにして本格的な競技者となることを目指すようになっていったんです」

東京シンクロクラブでの練習は苛烈《かれつ》を極めた。

手足が長く日本人離れした体型を持つ鈴木だからこそ、高度な足技やジャンプが求められた。それを身に付けるため、体力の限界まで追い込む練習が続いた。

私立淑徳巣鴨高等学校へ進学しても生活の中心は常にプールにあった。

「水中にいない生活のほうがむしろ不自然でした」

日本大学経済学部に進学した1年後の2001年、日本代表として世界選手権に出場した鈴木は、04年8月にアテネで行われる五輪を戦うのに不可欠な選手と目されていく。恵まれたプロポーションと表現力、それを際立たせる優れた運動神経は、鈴木が天性のシンクロ選手であることを示していた。ところが、期待を背負った本人は何度となく第一線から退くこと考えていたという。

「あの頃は、よく金子先生から『あなたは蚤《のみ》の心臓ね』と言われていたんです」

練習で上手くいっても、本番では百パーセントの力を出しきれない。情熱を全面に押し出すことができず、自分だけで空回りしてしまう。彼女は自分の弱さを気に病んでいた。

「先生に『試合に勝てないのは、相手に負けているからではない。その場の雰囲気に負けてしまっているだけなのよ』と指摘されて、気づかされました。勝利を目指すために戦う相手はまず自分なのだ、ということを。そう意識できるようになると、激しく動きながらも心は冷静に保つことができました。自分の姿が俯瞰《ふかん》できると、自分にとっての最高の演技も見えてくるのです」

アテネオリンピックに出場を決めた鈴木は、これまでにない自信を手にしていた。

「私にはやれるんだという気持ちがないと、絶対にいい演技はできません。不安は呼吸を乱すし、体を萎縮させるんです。自分が不安になると、それが一瞬でチーム全体に伝播してしまう。だからこそ『絶対に大丈夫』と言い聞かせ、信じることが必要なんです」

観ている者は、シンクロの選手が楽しげに泳いでいたり、苦もなく潜ったりしていると思うかもしれない。しかし、彼女たちは水面でも水中でもぎりぎりのところで演技をしている。当然、瞬時の油断も許されず、気を抜くことはできない。

「まず、呼吸を止める苦しさを受け入れなければ戦えません。同時に自分がどの位置にいるのか、他の選手と接近しながらきちんと並べているのか、常に目を見開いて確認しています。リフトや水面へのジャンプは大きな見せ場ですが、水中での準備が重要です。水の中でも声を出してタイミングを合わせるんですよ」

アテネ五輪では、原田をはじめとするチームメイトとともにルーティーン競技のチームに参戦、見事にロシアに次ぐ銀メダルに輝いた。充足感を味わった鈴木は、次なる日本代表チームの牽引者だと目されていたが、当の本人は競技からの引退を思い描いていた。

「持てる力を全部出せたという思いがあり、もう悔いがありませんでした。オリンピックというステージは国を背負う重圧とともにあることも痛感したので、そうしたプレッシャーから遠ざかり少し休みたい、という気持ちがあったんです」

進路は決めていなかったが、とにかく水からは離れたいと考えていた。そんな彼女を再び奮い立たせたのはやはり恩師の言葉だった。

「金子先生とは何度も話をしました。その時、改めて、やり遂げることの大切さを教わったんです。先生の『チームにはあなたの力が必要よ』という言葉を聞いて、本当に燃え尽

1981年埼玉県生まれ。ミキハウス所属。98年東京シンクロ代表として国際大会USオープに出場。2001年日本代表チームのメンバーとして世界選手権に出場、04年アテネ五輪ではチームで銀メダルに輝く。06年日本選手権のソロとデュエットで1位。07年日本選手権では3種目で1位に。08年北京五輪に出場するチームのリーダーを務める

きるまでやってみよう、そう思えました」

アテネで才能を証明した鈴木は、北京オリンピックを目標にさらなる前進を決意する。アテネ五輪後、シンクロ・デュエットで銀メダルを獲得した立花美哉と武田美保が引退し、鈴木は真のリーダーとしての責務を担うことになった。

「少し前までは自分がチームを引っ張ることなど考えられませんでした。でも、今は、私が先陣を切って進むことでチームはもっと飛躍できると信じています」

06年には、日本を率いた井村雅代コーチが中国代表の特別コーチに就任したことが発表され、シンクロ界を震撼させた。

しかし、どんな状況であっても彼女が手にしたシンクロへの愛情が揺らぐことはない。

「北京でメダルを獲得することが大変なことはわかっています。でも、ライバルを必要以上に意識することはありません。私たちは、自分たちの表現を目指すだけです。金子先生の下、積み重ねてきた技を磨き、新たな日本のシンクロをつくり上げていくつもりです」

決戦に向けた日々を送る彼女に私は聞いた。その先に広がる世界は見えているのだろうか、と。すると、少し強張った頬が緩み、笑顔が浮かんだ。

「器用ではないので幾つものことを同時には考えられません。現役を続けるのかどうかも決めていない。でも、これだけはわかっています。シンクロの楽しさをひとりでも多くの人に伝えるため、自分にできることをやっていきたいです」

水泳

未知

柴田亜衣
Ai Shibata

しなやかな腕が左右交互にしっかりと水を摑《つか》み、力強く後方へと押し出していく。滑らかな液体の中で推進力を持った体は、疾走するパワーボートのように水面を滑りスピードを増していく。何層もの筋肉が覆う長い脚は、律動的な心臓の動きにも似て正確なリズムを小気味よく響かせる。何度ターンを重ねても美しいフォームに狂いが生じることはない。まるで、水の中に暮らすマーメイドのように、彼女は軽やかに泳ぎ続ける。

女子水泳自由形長距離で世界のトップをいく柴田亜衣。彼女のダイナミックな泳法は、日本人女子スイマーとしては著大な176センチの体躯《たいく》と、一日1万7000～2万メートルを泳ぐ過酷な練習がつくっている。10キロ、20キロの距離を泳ぐトレーニングを、彼女はどんな思いでこなしているのだろうか。苦しいと思わないはずがない。私がそう言うと、柴田は少女のような笑顔を浮かべこう話した。

「朝起きると、今日もまたプールで何時間も過ごすんだな、と考えます。だけど、嫌だ、逃げたい、と思ったことは一度もないですね。現役でいる限り、自分の体がどんな可能性を秘めているのか知りたいし、自らの限界を超えていきたい。私自身、そう願っているのですから、泳ぎ続けることは当然のことなんです」

0・1秒でも速く泳ぐことがスイマーの使命。そのために命を削るようなトレーニングにも臨まなければならない。蒼ざめるような覚悟や、レースを戦う緊迫感が、常に柴田を取り巻いている。

しかし、驚くべきことに、そうした状況に身を置きながら、柴田には悲壮感が微塵《みじん》も感じられない。勝つことを目的に戦いながら、順位やメダルに固執することもない。伸びやかな体に宿る心は朗らかで、蝋燭《ろうそく》の炎のように優しく温かいのだ。

「もちろん、大きな大会の前には自分を追い込みますし、レース直前には緊張もします。でも、同時に私には『こうして泳げることに感謝しなければ』という思いがあるんです」

子供の頃、水泳を習い、泳ぐことが好きになった。やがて選手になって記録が出るようになると、世界各国で戦う機会に恵まれる。才能は見事に結実し、世界水泳選手権やオリンピックにも代表選手として選ばれた。

「家族の協力でずっと水泳中心の生活を送ってきましたし、今は、社会人になって水泳だけに打ち込む環境に置いてもらっています。こんなに恵まれている選手はいないと思うんですよ。家族や周囲の方たちのお陰でこうした生活がある。そのことに感謝しない日はありませんし、だからこそ自分が負う責任も重いと思っています」

世界一を競い合うアスリートでありながら、自我を主張することに固執しない。この誠実さこそが、彼女を金メダリストへと押し上げたのである。

子供の頃から五輪出場を目標にしていたと話すアスリートが多いなかで、柴田はまったくの例外だった。

「オリンピックを意識したのは、アテネ大会の1年前、20歳の時です。それ以前は、自分がオリンピックに出場することなど想像もできませんでしたよ」

水泳界でいえば大器晩成型の彼女が、世界の舞台へ階段を駆け上がる最大のきっかけは、鹿屋体育大学への進学である。

徳島県の穴吹高校を卒業後、大学水泳部での活動を目指して彼女は、鹿児島にある大学の水泳部をスイミングクラブのコーチから勧められる。高校まで通っていたＯＫスイミングスクール脇町の阿部英則所長と鹿屋体育大学の田中孝夫監督は旧知の仲であり、柴田の進路はふたりの指導者の助言で決まったのだった。

「徳島から鹿屋に行くことにも違和感はありませんでした。子供の頃から自然のなかで育っているので、むしろ大都市へ行くことは選択しなかったと思います。入学して水泳部で練習を始めると、強く思ったことがあったんです。それは、『鹿屋体育大へ行って、田中先生の決めた練習に取り組めば、絶対強くなれる』ということ。何人もオリンピック選手を育てている先生のもとで頑張れば、私自身ももっと成長できるかもしれない、と心が弾みましたね」

２年生になると日本代表にも選出された。次々に自己新記録も塗り替えた。頭角を現した柴田には期待が寄せられ、彼女自身もそれに応えようと努力を重ねる。ところが、大学入学後、上昇線だけを描いてきた柴田は、２００３年の世界選手権で大きな挫折を経験することになった。

「その年のパンパシフィック大会でも調子が良くて、初めて海外の大会に出場したんです。それが、スペインで行われた世界水泳選手権。それなのに、自己ベストが出せたのは１５００メートルで一度だけ。記録も結果も残せず、すべて予選落ち。結局、一度も決勝では泳げませんでした」

勇んで臨んだ大会であったにもかかわらず、他の日本代表の選手たちの決勝レースをスタンドから応援することになった。柴田は、その不甲斐なさに下を向いていた。

「どうしてここまで来て、決勝で泳げなかったのかと、自分を責めました」

そんな柴田に力を与えたのは、同い年のチームメイト、北島康介だった。

「北島君が、100メートル平泳ぎで世界新を出し優勝したんです。勝負に勝ってガッツポーズを見せ、金メダルを受け取る姿を目の当たりにしたら、本当に感激して、心から彼を尊敬したし、自分にだってやればできるんじゃないか、という勇気がわいてきました。北島君のお陰で、次のオリンピックを目標にすることができたんです」

03年9月にインカレがあり、それが終わって10月になると、柴田はオフシーズンを迎えた。

「その時期、田中先生に、次のシーズンの個人目標を立てて渡すという習慣があるんです。そこで、私は『2004年8月のアテネ五輪に出場する』という目標を書きました」

柴田の目標を読んだ田中監督は、黙ったまま頷《うなず》き、『命を預けられるか』と声を掛けた。

「もちろん、はいと返事をしました。オリンピックに出場するには今までの練習では駄目なんだ、とわかりましたから。どんな練習が待っていようと怖くない。目標を書いた時にはそういう覚悟ができていました」

柴田は田中監督が組んだ練習メニューに従いひたすら泳いだ。

「04年の日本選手権でオリンピック出場のために必要な記録をクリアしていましたが、日本記録にはまだまだ届かなかった。オリンピック前にアメリカのニューメキシコ州で行った高地トレーニングを経て、自己ベストをどんどん出していたんですよ。800メートルでの記録が一気に5秒も縮まったんです。それでもメダル獲得なんて思い描けませんでした。ただ自己ベストを出すことだけを目指していたんです」

04年8月、アテネオリンピック。柴田はスポーツの祭典を心から楽しんでいた。

「国内外の有名アスリートがすぐ近くにいるんですよ。なのでいつもキョロキョロしていました。選手村で、谷亮子さんを見つけて大興奮でした」

8月21日、競泳女子800メートル自由形決勝に臨んだ柴田はのびのびとして、いつもと同じ精神状態でプールに入ることができたという。

「予選、決勝とも、周りの光景もすべて見えましたし、必要以上に硬くなることはなかったです。スタンドで応援してくれる日本代表の選手の顔も見えました。本当にオリンピックを楽しんでいました。調子も良かったし、早く泳ぎたくて仕方なかったんです。泳げば自己ベストを出す自信があったんです。もう、不安はゼロでしたよ。田中先生も、私の様子をつぶさに見てくださっていて、『動じず落ち着いてレースを迎えられているな』と思ったそうです」

メダルを期待されていたのは柴田ではなく、同じく決勝に進出し、当時日本記録を持っていた山田沙知子。そして、優勝候補筆頭はフランスに女子競泳初となる金メダルをもたらしたローラ・マナドゥだった。

「先に行われた400メートルではマナドゥが圧倒的な強さを見せ優勝していました。だから800メートルの決勝でも、絶対に前半から飛ばしてくると思えたんです。決勝前夜、チームメイトにも『向こうが最初から飛ばせばチャンスだよ』と言われ、自分でも『とりあえずマナドゥに頑張って付いていって、後半抜けたらいいな』と話していたんです」

レース前日、柴田の頭のなかには鮮明な戦略が浮かび上がっていた。最後の100メートルで追い上げるのでは遅い。それでは、馬力のあるマナドゥに逃げ切られてしまうかもしれない。だからこそ200メートルで追いつき、彼女にプレッシャーを掛けるのだ。

「実際スタート台から飛び込む時には、『自己ベストを出して、なんとか3番目に入りたい』と考えていました」

そして、レースは柴田の心算どおりに展開する。

「隣のマナドゥは、やはり前半からビューッと飛ばしていて先頭に躍り出ました。レース序盤、私は2番手から4番手争いをしていて、マナドゥのことを意識する状況になかったんですよ。ところが、600メートルに差し掛かった頃、トップの彼女に近づいているのがわかって、『今だ、今頑張るしかない』と思い、力を振り絞ったんです」

心のなかでは、ある言葉を繰り返していた。

「田中先生がレース直前に、『あわてず、あせらず、あきらめず』と言って送り出してくれたんです。冷静に、諦めずに泳げばいいんだ、と自分に言い聞かせてました」

1番で帰ったとわかった時、驚いていたのは自分自身だった。8分24秒54の自己ベスト。首から金メダルを下げ、掲揚される日の丸を見つめていた柴田は、現実感を持てないでいた。殺到した取材を明け方まで受け、ようやく選手村に戻ると、オリンピックで勝ったのだという思いが少しずつわいてきたという。女子自由形初のメダルという快挙を振り返り、柴田はこう呟《つぶや》いた。

「金メダルはもちろん嬉しかったのですが、これまで水泳を続けてこられたことを、とにかく有難いなと思っていました。私が水泳と出合えたのも、ずっとやってこられたのも、家族や仲間、先生たちのお陰ですから」

　金メダルは彼女の感謝の証《あかし》となった。

　柴田が水泳を始めたのは、3歳の頃だ。福岡で生まれた彼女は、父の転勤に伴い赴《おもむ》いた徳島でOKスイミングスクール脇町に入る。

「母が水泳好きで、もっと小さな頃からプールには連れて行かれたようです。徳島に引っ越してから3歳違いの姉とスクールに通ったのですが、泳げるようになるとなおさら楽しくて、プールに入ることが生活の一部になっていきました」

　水泳の上達と共に身長もぐんぐん伸びた。小学校を卒業する時には、165センチに達していた。中学生になると170センチを超える。

　長身の彼女の美しいフォームは評判だった。腕のかき、2ビートとのコンビネーション、息継ぎの一連の動きなど、コーチから教わったこともなく自然に身についた彼女の泳法は、無駄がなく合理的で長距離を泳ぐには最適だった。

「自分としては得意だから長距離を選んだわけじゃないんです。他の泳ぎが芳しくなくて、消去法でいったら自由形の長距離が残ったんですよ」

　穴吹高校に進学すると、四国の競技会でその名を知られることになる。しかし、初めて出場した日本選手権では、同学年の山田沙知子に50メートルも離され惨敗するのだった。

　柴田自身、この先も水泳をやっていくなら自分の殻を破る必要がある、と感じていた。

「阿部先生から、一日17キロのメニューを組まれたのはこの頃です。私がOKスイミングスクールで友達と一緒に泳ぐことを望んだので、転勤の多い父は単身赴任をしてくれてい

1982年福岡県生まれ。チームアリーナ所属。3歳より水泳を始める。高校までOKスイミングスクール脇町に通い、徳島県穴吹高校卒業後、鹿屋体育大学の水泳部に所属。大学2年生で日本代表に選出された。2004年アテネ五輪800メートル自由形で優勝し、女子自由形で日本人初の金メダルを獲得。07年世界競泳で金メダル、08年の日本選手権で優勝し、北京五輪の800メートル自由形代表に

ました。母も姉も、私のトレーニングを支えてくれている。それに報いるためにも、常に自己ベストを目指そうと考えていました」

鹿屋体育大学から大学院に進学し、05年にはスポーツメーカーのデサントに入社。大学時代と同じ環境で練習を続けている。

「もう一度オリンピックを目指すからには結果を出したいです。メダルを意識しないわけではないですが、私が見据える目標は新記録ですね」

07年にメルボルンで行われた世界水泳選手権で、４００メートルでは4分05秒19、１５００メートルでは15分58秒55の日本新記録を樹立した。

「自分の記録を更新していけば、おのずと結果もついてくると信じられます。自己ベスト、日本新を出していけば、世界新も見えてくるかもしれない」

北京オリンピックまでは、一日8時間もプールに入る日々が続くだろう。2度目のオリンピックが終わったあと、柴田はどこへ向かうのか。私が問い掛けると、ちょっと俯《うつむ》いた柴田の口元からくすくすと笑い声が聞こえた。

「近い将来、ぜひ結婚して子育てしていたいですね。ただの願望で、具体的な計画はまったくないんですが。第一線で戦うことはないかもしれないけど、水泳にはずっと関わっていきたいです。この間も、腰痛の方のための水泳教室をやったんですが、これがなかなか難しいんですよ。最近は、教えることで水泳の奥深さを味わっています」

自己の可能性を信じる柴田は、自分にとっての未知なる領域にたどり着くため、今日も泳いでいる。

バレーボール

期待

山本 隆弘

Takahiro Yamamoto

ネット越しに見る者は、その高さに恐れを抱くだろう——。

重力に逆らい、まるで羽を持ったようにふわりと浮き上がる2メートルの体。最高到達点は3メートル45センチにまでなり、大きく開かれた腕が捕らえた瞬間、白球は相手コートに突き刺さる。エネルギーを注入されたボールがバウンドする際の衝撃音は、その選手のパワーに比例し、ただ辺りを震撼させる。空間を切り裂くスピード感は、やがて対戦相手の闘争心をも削《そ》いでしまうのだ。

山本隆弘は、201センチの身長も、アタッカーとしては圧倒的に有利な左利きであることも、胸に秘めたボールへの執念も、この競技で戦うために自らに与えられた資質であることを知っている。

少年時代、バレーに出合いその面白さの虜《とりこ》になったという彼に、プロになり日本代表で戦う姿を想像したことがあったか、と聞いた。私の目を見た山本は、遠い記憶をたぐるようにして言葉を紡いだ。

「中学校でバレーボールを始めた頃には、まったく技術はなかったし、勝ちたいという気概もありませんでした。ましてプロや日本代表なんて、想像もしていませんよ。ところが、日々ボールに触れ、少しずつでも巧《うま》くなっていくと、いつの間にか自分の人生の一部になっていましたね。バレーこそが情熱のすべてをぶつける的になった。現役でいられる時間は、そう残されてはいないでしょう。だからこそ、一球一球に渾身で向かい合っていきたいと思っています」

Vリーグ（バレーボール国内リーグ）・プレミアリーグに所属する松下電器・パナソニ

ックパンサーズでスーパーエースを務める山本。彼は、バレーボーラーとしての生き方を全《まっと》うするため、２００４年に大きな決断を下していた。日本では異例なプロ選手に名乗りを挙げたのである。

「大学を卒業後、最初は社員で松下電器に入社し、パンサーズの一員になりました。午前中は仕事をして、午後からは練習という生活だったんですが、オリンピック出場を目指すようになった頃から、『すべての時間をバレーボールのために使いたい』という思いが強くなったんです」

そこには、集中力を持って勝負に臨み、自分自身の逃げ道を封じたい、という真摯《しんし》な思いも込められていた。

「会社では、選手のために万全を期してくれました。日本で戦うバレーボール選手としては最上の環境にあったことは確かです。でも、だからこそどこかに甘えもあった。バレーが駄目でも会社で面倒を見てもらえる、という気持ちは確かにありましたから」

社員であることは安心感をもたらしたが、同時に、ぎりぎりまで自分を追い込むことを難しくしていた。

「一分一秒を勝負のために使いたい。自分のエゴかも知れませんが、オリンピックという夢に向かって走るためにも、言い訳の許されないプロになろうと思ったんです」

それ以前にプロ選手として戦っていたのは、フランス１部リーグ、アラゴ・デ・セテやセリエＡのペルージャに所属したことのある加藤陽一（現・ＪＴサンダーズ所属）だけだった。

「松下への入社を喜んでいた両親には反対されました。けれど、僕の考えを繰り返し話すと、最後は理解してくれた。何より、会社の対応に感謝しています。松下もプロ契約を結ぶという前例がなかったので、そのシステムを一からつくってくれたんですよ。1年ぐらい話し合いをしながら、プロ契約を完了しました」

未《いま》だ企業が母体のバレーボールにあって、プロ選手になることは後ろ盾を失うことでもあった。

「プロは結果がすべて。結果を出せなければその先の契約はない。それは当たり前のことです」

駄目なら当然、引退に追い込まれる。

「実力を発揮できなければ、職を失うわけですが、その覚悟も固めていました。プロ契約を結べないような時が来たら、教員免許を持っているので、どこかの学校に赴任しバレーを教えよう、と考えていましたね」

はたして、山本のプロ選手としての挑戦は今も続いている。

「怪我にも苦しみましたし、オリンピック出場という夢でも一度は挫折した。バレーをやめてしまおうと考えたこともありました。それでも、自分の力を信じて踏みとどまれたのは、プロとしての自負があったからです。マネージャーも置いていない僕は、すべて自分自身で行っていますが、日々、本当に多くのことを勉強していますよ」

彼は、ここまで自分を夢中にさせるスポーツとの出合いを感謝せずにはいられない、と言った。

鳥取県鳥取市で生まれた山本がバレーボールという種目に出合ったのは、鳥取東中学校に入学したあとだった。

「小学校の頃からとにかくスポーツ好きな子供でした。陸上で短距離も長距離も走り、野球やサッカーにも夢中だった。サッカーでもポジションはＦＷです。ジャイアンツファンで、プロ野球選手に憧れたこともありましたね」

父は若い頃、野球をやっていた。３つ上の兄はサッカー、母はママさんバレーの選手だ。

「母の練習について行くこともあって、バレーも身近に感じていました」

中学校に入る頃には、サッカーにプロリーグができることが決まったこともあり、漠然とサッカー部を志望するようになっていた。

「ところが、みんな考えることが同じで、サッカー部を希望した生徒が２００人を超えてしまった。それでも、僕はサッカー部を希望していたんですが、ちょうど部活動を決める日に、陸上部の先生が通りがかり、クラブ活動の申請書にボールペンで『陸上部』と書き込んでしまったんですよ。怖い先生で『嫌だ』と言えず、そのまま陸上部に入ることになってしまいました」

陸上部では110メートルハードルに挑んでいた。あまり練習熱心な生徒でなかった山本に、２年生への進級の頃、バレーボール部からの誘いがくる。

「ちょうど膝の怪我で陸上部の活動を休んでいる時でした。部員がいなくなってクラブが存続できなくなるからと、助っ人を頼まれたんです」

頼まれるままバレーボール部に転部するが、部員は山本ともうひとりだけだった。

「練習しても大勢いる女子部員にコートを占領されて、隅に追いやられていました。3年になる頃にはようやく部員が集まって市の大会に出場することができましたが、準優勝が最高です。全国大会を目指すような域にはありませんでした」

部活動として楽しんでいたバレーが、人生のターニングポイントとなる日が間もなく訪れる。バレーの名門として知られる鳥取商業高校の塚田忠雄監督が、彼の突出した身体能力に目を付け、指導を申し出たのだった。

「僕の身長は中学1年で160センチだったんですが、3年間で32センチ伸びたんですよ。中学3年生で190センチあるのでかなり目立っていたと思います。市の大会で僕を見た塚田先生が『ぜひ鳥取商業に練習に来なさい』と誘ってくださったんです」

当時の山本は、抜群な運動神経を礎にコートを駆け回りエースとして活躍していたが、実はバレーの基礎技術がまったく備わってなかった。

「鳥取商業に練習に行って驚きました。自分がバレーに必要なテクニックを何ひとつ身に付けていないことがわかったんです。そんな僕に呆れることなく、塚田先生や先輩たちは、一から教えてくれました。アンダーパス、オーバーパス、アタック、ブロックと、フォームやプレーのこつを順にゆっくりと覚えていきました」

練習は厳しかったが、毎日何かを覚える喜びに山本は胸を膨らませていた。

「鳥取商業への進学を勧めてくれた塚田先生が、『だまされたと思って俺の敷いたレールに乗ってこい』とおっしゃったんです。僕は迷うことなく先生の言葉を信じました。とにかく、この人のもとでバレーをやりたい、と思った。鳥取商業は公立高校なので、受験のために家庭教師を付けて猛然と勉強もしました」

　１９９３年４月、鳥取商業に進学すると、バレー部ではすぐにレギュラーに定着する。

「強豪高校が10校ほど集まって合宿を大阪で行うんですが、一日20セット戦う。早朝から夜までコートに立っていました。それでも、バレーが楽しくて仕方なかったですね」

　春の高校バレー（全国高等学校バレーボール選抜優勝大会）にも出場した山本は、瞬く間にその名を轟《とどろ》かせることになった。

　96年、大学バレーの強豪、日本体育大学へ進学する頃には、日本代表を背負う選手になることを嘱望された。その期待に応えるべく山本の快進撃が始まる。99年にはユニバーシアード・スペイン大会で準優勝。２０００年には日米対抗戦でスーパーエースとして全日本デビューを果たす。01年のワールドリーグでは欧州や南米のスターを向こうに回しベストスコアラー5位に輝き、03年のワールドカップではベストスコアラーとＭＶＰを同時に獲得したのだった。

「２０００年に代表入りし、01年に松下に入ってからは、以前に勝る勢いで勝つことに貪欲になりました。それまでは夢でしかなかったオリンピックが現実の目標になっていったんです」

　山本に掛けられる期待は大きかった。新たな才能を得た日本代表は、92年のバルセロナ大会以来、12年ぶりにアテネ五輪出場を目指すことになったのだ。

「オリンピックへ出場しなければ、世界と肩を並べて戦うことにはならない。そんな使命感も大きかったですし、自分でも五輪の舞台で最高峰のバレーを実践したいと思っていました」

しかし、予選の戦いは厳しかった。04年5月に行われたアテネオリンピック出場のための世界最終予選で、2勝5敗と惨敗を喫したのである。最大のライバルと目された中国に競り負けた日本は、大会終盤になっても実力を発揮できぬまま沈んでいった。敗者としての責任は、スーパーエースである山本の肩に重くのし掛かった。

「実際、自分の決定力不足が敗戦の大きな要因でした。ここ一番で決められなかったことで流れを相手に向けてしまった。自分に責任があることは疑う余地がありません。負けたことへの落胆と、オリンピック出場を果たせなかったことへの喪失感で、自分はこのままプロのバレーボール選手でいていいのかと自問自答していました」

五輪を目指し満身創痍《そうい》で戦い続けた山本の膝や腰の痛みは、その大会後、抑えられないまでになっていた。

「怪我の治療に時間を割いたこともあり、コートから遠ざかっていたんです。集中力が失せ、練習に出ても、潑剌《はつらつ》とした動きをなかなか取り戻すことはできませんでした」

この時期、日本代表のみならずバレーの世界から引退することも考えた山本は、故郷に戻り鳥取商業を訪ねていた。

「引退の気持ちを塚田先生に伝えようとしたその時、先生が、僕にこう言ったんです。『俺が敷いたレールは、まだ続いているんだぞ。あの時と同じようにだまされたと思って、もう少し走ってみろよ』と。まだ僕の力を信じてくれる人がいるのかと、胸が熱くなりました」


1978年鳥取県生まれ。日本体育大学卒業後、松下電器に入社、パナソニックパンサーズに所属。2003年ワールドカップにてベストスコアラー、MVPを獲得。04年からはプロ選手に。06年の世界選手権代表に選出され、スーパーエースとしてベスト8入りの原動力になった。08年北京オリンピック世界最終予選でも活躍し、16年ぶりとなるオリンピック出場に貢献。身長201センチ、最高到達点は345センチ山本は大きな挫折からゆっくりと立ち上がる。そして、最後のチャンスに賭けて走り出すことを決めたのだった。

「今の自分には、やはりバレーしかない。そう思うと腹に力が入り、もう一度日本代表で五輪を目指したいという野心がわいてきました」

再起を果たすべく召集された新日本代表の監督には、若き植田辰哉が就任していた。北京オリンピックを目指す植田は、当初、スーパーエースに頼らずサーブレシーブを充実させる戦術を打ち出した。しかし、06年の世界選手権に臨むことになると、ついに大砲をチームに呼び戻したのだ。2年振りの日本代表で、山本は驚異的なスパイク決定率を示し、大会ベスト8入りの原動力となったのである。

「目指すオリンピックは北京が最後になるでしょう。勝負は勝者と敗者がいて、その結果は終わるまでわからない。だからこそ、悔いを残したくないんです」

山本を導いた恩師。塚田監督は、彼が再び五輪を目指す意志を伝えたあと、06年に癌のために急逝した。

「先生が敷いたレールを今も走っていますよ、と墓前で報告しました」

山本の戦いは今日も続いている。私は、その重圧がどんなものなのかを彼に聞いた。山本は目を細めて微笑むとこう言った。

「コートに立ち、跳び、ボールを追って走ることが喜びです。プレッシャーが消えることはありませんが、こんな喜びを抱ける自分は幸福なのだと思います」

トライアスロン

勇者

田山 寛豪

Hirokatsu Tayama

泳ぎ、漕ぎ、そして走る——。ラテン語で3を示すトライと競技を意味するアスロンを合わせ、「トライアスロン」と名付けられた新興スポーツは、その苛酷さゆえ人々を惹《ひ》きつけていた。水泳（スイム）・自転車（バイク）・ランニング（ラン）という異種競技を連続して行うのだから、肉体に与える負荷は計り知れない。優れた筋力や心肺機能、自転車を操るテクニックに加え、苦しみに遭遇しても決して逃げない心を持ち合わせた者だけがゴールを許される。

私は、日本でトップランキングの田山寛豪に、なぜこれほどまでに肉体を酷使する種目に挑むのかを聞いた。すると彼は、よく日に焼けた顔をほころばせ躊躇《ちゅうちょ》することなくこう答えた。

「自分の肉体と精神が日々進化できることを実感させてくれるからだと思います。そして、レースを戦うことで自分自身を見つめ省みることができるようになりました。スポーツが好きで運動神経も良かった僕は、どんな種目でもそこそこのレベルにはありました。けれど、どれも世界を目指し争う程ではなかったんです。ところが、トライアスロンでなら日本一を狙い、世界の強豪と戦える可能性があった。そのことが何より自分を奮い立たせました。練習は本当に苦しくて気が遠くなることもありますが、それを乗り越えていけば、必ず結果が付いてくると信じています」

田山が人生を賭けるこの競技は、１９７４年にカリフォルニア州サンディエゴで産声をあげた。現地のトラッククラブのメンバーが考案し、独自のルールで泳ぎと自転車と走りを組み合わせレースにして戦ったのだ。

それから4年後の78年、海兵隊員であったジョン・F・コリンズ大佐とワイキキにあるフィットネスセンターによりトライアスロンが競技として確立される。ハワイ・オアフ島で行われた第1回大会には15名が参加した。合計225・2キロメートルの競い合いは、アイアンマン（鉄人）レースと呼ばれ、人が体力の限界に挑戦する新スポーツとして注目を集めた。

瞬く間に全米に広まり、やがて海外にも伝わっていったトライアスロン。目新しい、けれど壮絶な競技が日本で最初に行われたのは、81年、鳥取県の皆生温泉でのこと。やがて、各地でレースが催され、マラソンやフィットネスの愛好者がこぞって参加するようになる。

「日本にトライアスロンが上陸した81年に僕は生まれました。僕がトライアスロンと出合えたのは、運命のような気もしているんです。外国人選手と競り合って勝つことは易しいことではありません。でも、僕は日本人にもそうした力があることを証明したいんです」

現在、日本にはトライアスロンの競技者が2万人ほどいると言われているが、そのトップに立つのが田山なのである。

茨城県大洗出身の彼が最初に接したスポーツは水泳だ。スイミングスクール通いは本人も自覚がない2、3歳の頃から続いていた。

「水泳を始めたのは自分の意志ではありません。両親が水戸にあるスイミングクラブに入れたんです。僕は兄、姉、弟の4人兄弟ですが、全員が通ってました。父と母は、僕たちを毎日車で送り迎えしてくれたんですよ。僕たち兄弟にとって水泳は日常になくてはならないことでした。僕の種目はフリースタイル。400、800、1500メートルの長距離が得意だった。小学校の時には水球もやっていましたね」

県下でも上位のタイムを残していた彼に転機が訪れるのは、98年、茨城県立大洗高校2年の時だった。

「小学校、中学校と水泳以外のスポーツはほとんどやったことはなかったんですが、高校2年になると、陸上部の監督から『駅伝のメンバーが足りず集めているんだが、お前は走るのも得意だからぜひ陸上部に入ってくれないか』と誘われたんです。監督である小沼力先生は、日本体育大学の陸上部出身で箱根駅伝も走ったこともある。僕も長距離走は嫌いじゃなかったんで、誘われるまま軽い気持ちで、陸上部に所属したんですよ。陸上部の練習時間は授業が終わってから1時間半ぐらい。それから母が運転する車で水戸へ行き、スイミングクラブで練習もしていました」

陸上と水泳を両立し、なお好成績を残す彼に、小沼監督は第三のスポーツを勧めたのだった。

「しばらくすると監督から『お前は泳ぐのも得意だし、走るのも速くなっている。あと自転車を練習すれば、トライアスロンという競技でオリンピックを目指せるぞ』と、言われたんですよ。僕はトライアスロンを知らなかったので、監督に『それは、何ですか？』と聞きました。説明を聞き、オリンピックを目指せるという言葉に惹かれて一気に興味がわいていったんです」

94年にIOC（国際オリンピック委員会）がトライアスロン競技を承認し、2000年のシドニー五輪から正式競技になることが決まっていた。

好奇心に駆られた田山は、小遣いで『トライアスロンジャパン』という雑誌を購入する。そこで、すでに世界レベルで活躍する日本人選手がいることを知るのだった。

「僕と同い年の選手が国際大会に出ているという記事を読んで驚きました。また、スター選手が所属するチームテイケイに憧れたんです。自分にはまだ知らない世界がある。そこに向かって走り出す自分の姿を想像しては、ワクワクしていましたね」

田山は、中古の自転車を譲り受け、高校の校庭でバイクの練習を始めた。

「実は、その頃水泳で伸び悩んでいたんです。関東大会止まりで全国大会には届かない。僕より速い選手も大勢いて、オリンピックを目指すことなど絶対に無理だとはっきり自覚していました。トライアスロンでなら壁を破れるかもしれない、そう思ったんです」

99年、高校3年生になると田山はついにトライアスロン大会に出場する。トランジション（スイムからバイク、バイクからランへと競技種目を転換すること）の方法も知らずロスタイムの多かった田山だが、荒削りな力がそのまま発揮された。

「潮来トライアスロン大会です。ディスタンス（距離）はスイム1・5キロ、バイク40キロ、ラン10キロの合計51・5キロで、オリンピックや世界選手権と同じです。自転車で40キロを走るのは、その日が初めてでバテバテでしたけど、水泳で大幅にリードできたのと、たまたまジュニアのカテゴリーに速い選手がいなくて、いきなり優勝できました」

茨城新聞に出た自分の記事を読みながら田山は興奮した。間もなく、水泳とランニングの好タイムが評価され、ジュニア選手として水泳とランニングでの強化指定選手に選ばれたのだった。

「強化指定選手になったので、お台場で行われた日本スプリントに出場できたんですよ。周りは雑誌でしか見たことのない選手ばかり。スプリントは距離が半分なので勇んで出場したのですが、バイクで周回遅れになり、結局『周回遅れ失格』となって自転車を降り歩いて帰りました」

泳ぎと走りは他に引けを取らない。しかし、経験のないバイクでは対等に戦うことができなかった。

「失格の悔しさがバネになりました。小沼先生のアドバイスで、先生の後輩が陸上部で監督を務める流通経済大学に入学し、そこでトライアスロン一本に絞って練習するようになったんです」

決意を固めた田山に朗報が届く。

「大学に入る時に、ＪＴＵ（日本トライアスロン連合）のジュニアの指導者である村上晃史さんが僕のコーチになってくださるという連絡があったんです。もう夢のようでしたね。大学１年の６月から栃木県で村上さんが行っている『トライアスロン村上塾』での練習にも参加することになりました」

スイマーではなくトライアスリートとしてのキャリアをスタートさせた田山は、村上の指導を受け、全身全霊で必要なテクニックの習得に努めた。２０００年のシドニーオリンピックのトライアスロン競技をテレビで観戦したことも手伝って、競技への情熱は一気に燃え上がる。

「01年５月、大学１年の時に日本選手権で優勝したのが、初めてのタイトル奪取でした。

日本チャンピオンになったんですよ。その頃から周囲が『04年のアテネオリンピックに行くのは田山だ』と噂するようになるんです。それで、最初は単なる目標でしかなかったオリンピックを自分でも強烈に意識するようになっていきました」

五輪に出場するためには自分の殻を打ち破らなければならない。田山は、そのためにエリート集団であるチームテイケイの練習に参加することを望んだのだった。

「02年9月、大学3年生の時に初めて兵庫県の猪名川町にあるチームテイケイの練習に参加させてもらいました。大会で知り合ったテイケイ所属のトップ選手、小原工《おばらたくみ》さんに頼み込んだんです。そこで、当時はまだ現役として活躍していた八尾彰一監督に出会います。八尾さんと練習し、自分がどんなに未熟だったかを知ることになりました」

チームテイケイは、大手警備会社であるテイケイ株式会社が設立した日本で初めてのトライアスロン実業団チームだった。

「『ここでならもっと強くなれるかもしれない』と思うようになりました。憧れの先輩、監督からいろいろなものを吸収したかった。この時期、100キロ、180キロと、バイクでのロード走行も経験するんですよ」

八尾は、自らが日本トライアスロン黎明《れいめい》期のトップアスリートであり、シドニー五輪に出場した小原を指導したことでもその名を轟《とどろ》かせていた。

「テイケイの合宿に参加し、それまでの自分が何も考えていなかったことに気づかされ、愕然とするんですよ。トライアスロンに必要な体作りや、技術を学ぶことはもちろんなんですが、八尾監督から教えられたことは『勝利には、強靭な魂が必要である』ということです。練習し戦えることを喜び、周囲の選手を尊敬し、いかに自分を高めていけるか……、それを考えることが己を前進させることに繋《つな》がるんです。日々、そうしたことを学ぶために、監督の言葉をノートに書き込み、読書をし、思いを日記に綴るようになりました」

苦手だったバイクも膨大な練習量とともにタイムを短縮していった。二度三度とチームテイケイでの練習に参加した田山は、大学卒業後、同チームに所属することを切望した。

「テイケイに所属するには日本選手権で3番以内に入るというハードルがありました。ところが、03年、大学4年生の年に僕は膝を痛めてしまい8月に手術をすることになるんです。膝にメスを入れたので再起不能と囁かれ、それまで周囲にいた人たちの多くは離れていきました。ショックを受けましたが、僕はテイケイに入り再起することを諦めませんでした。9月に復帰して練習を始め、10月に選手権に出場し、何とか3位に入ることができたんですよ。4位だったら練習生にしかなれなかったので、嬉しかったですね」

〝就職試験〟に合格した田山は、即座にアテネ五輪へと照準を絞る。同年12月、ニュージーランドで行われた世界選手権で20位という日本人最高の順位に付け、さらに五輪出場権を獲得するため、世界選手権での10位以内を狙うのである。

「周りは無理だ、と言っていました。でも、僕は何としても出場枠を自分の手で掴《つか》みたかった。それにはオリンピック出場に必要な実績、ポイントを2倍付けできる世界選手権で10位に入る以外なかった。04年5月、マドリードで行われた世界選手権に出場し、9位になります。それでアテネ五輪へ出場することができたんですよ」

目指した目標を必ずクリアする強い精神力は、いつしか田山を日本人トップへと押し上

1981年、茨城県生まれ。高校3年生で初めてトライスロン大会に出場。流通経済大学入学後、『トライアスロン村上塾』の練習に参加。2001年5月には日本選手権で優勝。大学卒業後、チームテイケイに所属。八尾彰一監督のもと練習を積み重ね、04年世界選手権にて9位に。同年アテネ五輪に出場し、13位に。08年より、流通経済大学職員となり、八尾監督が設立したチームブレイブに所属。08年、北京オリンピック代表

げていた。

「アテネ五輪で戦った感動は今も忘れません。でも、結果は13位。それに満足することはできないですね。日本人にだってメダルを取るチャンスがある。自分より一回りや二回りも大きい選手と競り合うことができる。そのことを証明するために、北京オリンピックを目指しています」

田山が自らの気持ちや監督の教えを綴るノートはもはや数十冊になった。集中力はこれまでにないほど高まっている。未知なる領域にたどり着くため、壮絶な練習やレースは続いていく。

「07年8月の世界選手権ハンブルク大会は、たくさんの課題が残りました。フィニッシュライン手前500メートルまで16位を走っていたのですが、最後のスプリント（ラストスパート）で4人に抜かれるんです。もう二度とこんな思いはしたくない。自分を見つめ直し、北京に向かって課題を克服していきたいです」

08年5月、チームテイケイが廃部となり、田山は八尾監督が新設した「チームブレイブ」での活動をスタートさせた。

アテネに続き北京五輪の出場権を得た彼は、「善戦」など目指していない。日本のトライアスロンが進化し、トップを脅かす存在であることを印象付けたいと思っている。

「オリンピックでの戦いは、肉体の限界を超えるものになるでしょう。どんな息苦しさ、痛みが襲ってくるのか想像もつかない。でも実は、苦しむことだって楽しみにしているんです」

明るく弾むような声で語る田山にトライアスロンの魅力を聞いた。彼は、私の目を真っすぐに見るとこう言ったのだ。

「競技の間に見える光景が僕は好きです。泳ぐ時、バイクで走る時、ランニングする時、トライアスロンに挑む者にしか見えない景色があるんですよ。タイムなんか関係ない、楽しむためのトライアスロンもあります。僕はひとりでも多くの方に、このスポーツの魅力を伝えていきたいと思っています」

一途

ソフトボール

上野 由岐子

Yukiko Ueno

前傾し縮めた体が動きだすと、弾力のある筋肉が一気に躍動する。力強く踏み出された左脚と広くいっぱいに張られた胸が、堂々とした美しいフォームを築くのだ。弧を描くしなやかな右腕からは円周12インチ（30・2〜30・8センチ）のボールが繰り出され、そのスピードは時速120キロにも迫る。

腕を360度回転させるウインドミルとよばれる投法でバッターを圧倒する上野由岐子は、女子ソフトボールの世界では剛速球投手として、その名を轟《とどろ》かせている。

ソフトボールでは、ピッチャープレートからホームベースまでの距離が13メートル11センチ。硬式野球の18メートル44センチよりも約5メートル30センチ短い。この距離で上野の速球を目の当たりにすると、体感速度は150〜160キロにまでなるのだという。

私は上野に、速球を投げる醍醐《だいご》味《み》について聞いた。よく日に焼けた顔をほころばせた彼女は声を弾ませ、こう答えた。

「スピードボールでバッターを打ち取った時の爽快感は、投げることとの原動力にもなりますね。打たせて取るアウトの取り方も大切ですが、速いボールは自分の持ち味なので、それでアウトを奪えた時には波に乗れるんです。もちろん、まだまだ課題はあります。正確にコースを狙うコントロールも重要ですし、バッターとの駆け引きでも勝たなければならない。スピードだけじゃなく、すべてのことに自信を持てるよう、もっともっと投球を磨いていきたいです」

すでに北京オリンピックに出場を決めている女子ソフトボール日本代表のエースは、自らの技量に満足はしていなかった。さらに、北京が五輪出場の最後の機会（05年8月、

ＩＯＣは12年ロンドン五輪から、野球とソフトボールを正式競技から外すことを決定した）になるという事実が、彼女の心を逸《はや》らせている。

「ソフトボールが五輪競技でなくなるというニュースを聞いた時には本当にショックでした。世界の頂点を目指して戦ってきた代表チームは、まだその夢を実現していないんです。北京五輪は、金メダルのため自分が貢献できる最後の機会だと思うので、絶対に悔いは残したくないんです。そのためにできることは、どんなことでも惜しまないつもりです」

緊張と重圧を感じながら、エースの誇りを胸に投げる彼女の競技人生は、まさにクライマックスを迎えようとしている。

上野がフィールドでボールを追いかけ、バッターボックスに立つことに夢中になったのは、小学校３年生の時だった。

「同級生の男の子に、『うちのチームに入らないか』と誘われたんですよ。そのクラブは、花畑ブルージェイズという男子だけのチームなんですが、なぜか女子の私に声が掛かりました。聞いてみると、チームの監督が家の近所をランニングしていた私を見て、同級生に『あの子を誘っておいで』と、言ったんだそうです」

ひとりの少女が少年ソフトボールチームの監督の目にとまる。偶然の出来事のようだが、それには理由があった。

「平和台球場近くの陸上競技場でやっていたちびっこマラソン大会に出場して、３番手でゴールして、メダルを首に掛けてもらったんです。それが嬉しくて『次の大会では絶対に金メダルだ！』と意気込んでランニングを始めました。すると、父が『一緒に走ろう』と言ってくれて、ふたりで毎日トレーニングしていたんですね。その様子を、車で子供たちの送り迎えをしている監督さんが見たんです。私はずっとソフトボールをやりたいと思っていたんですが、女子が入れるチームはなかったので本当にラッキーでした」

近所の男子と走り回って遊んでいた上野は、幼い頃からずば抜けた運動神経を持ち合わせていた。サッカー少年団に誘われたこともあったが、彼女は福岡で人気のあるソフトボールをやりたいと願い、密かにそのチャンスを待っていた。

「水泳やピアノ、書道など、いろいろ習い事も続けていたんですが、ソフトボールほど好きになれるものはありませんでした」

男子に交じって始めたソフトボールでもすぐに頭角を現した。

「友達とグラウンドにいることがとにかく楽しかったですね。練習のない日は寂しくて、壁を相手に練習するほど。最初は、内野をやったり外野をやったりしていましたが、自分としてはどうしてもピッチャーをやりたかった。家でも父を相手にピッチングの練習をしていたんです。5年生の時、壁に向かって投球練習をしている私を見た監督は『そんなにピッチャーやりたいんだったらやってもいいぞ』と言ってくれたんですよ」

投げてストライクが入らなければ怒られ交代もさせられた。女子だからという甘えは許されない。その悔しさがまた上野を練習に駆り立てた。

「父を相手にしたピッチング練習は欠かしませんでした。小学校2年生の頃から始めたランニングも、卒業するまで続けたんですよ。父もずっと付き合ってくれた。最後は自転車になっていましたけど」

熱中する上野に両親は目を細め、娘がソフトボールに全力を注げるよう協力するのである。

地元の柏原中学校に進学すると、迷わずソフトボール部へ。ここで上野は、初めて「女子ソフトボール」を体験したのだった。

「不思議な感覚でした。小学校時代、男子と張り合ってきた私は、女子のなかでは必然的に力が抜きん出てしまう。それまでは男子とわいわい楽しくプレーしていましたが、中学ではチームの先頭に立たざるを得なくなったんです」

柏原中学校は福岡県下では最強校。２年生でエースになった上野は、将来の目標を明確に描くことになった。

「中学校でもソフトボールがすべての毎日でした。その頃、テレビのニュースで１９９６年のアトランタオリンピックからソフトボールが正式種目になることを知り、私も『ソフトボールでオリンピックに行くんだ』という思いを強くしていきました」

将来の夢に「オリンピック出場」と記した中学3年生の時、ついに全国大会優勝の栄誉を手にする。全国制覇までの21試合を投げ通し、連勝し続けた彼女は、ソフトボール強豪校、九州女子高等学校に進学したのだった。

1年生から先発投手としてソフトボール部に迎えられた上野は、2年生でジュニアの日本代表に選出され、世界選手権で1位に輝いている。やがて、「２０００年シドニーオリンピック代表の一員に」と注目されるのだ。１７０センチを超える身長とバランスの取れた筋肉をもった上野への期待は、日々高まっていた。

ところが、アクシデントが彼女を襲う。体育の授業中に高跳びで転び、腰椎を骨折してしまうのだ。全治3カ月の重症で入院生活を余儀なくされたのだった。

「ベッドに寝たきりで何もできない。看護師である母が、自分の仕事を終えたあと片道2時間かかる病院に駆け付け、身の回りの世話をしてくれました。ソフトボール部の仲間も会いに来ては、『早く良くなってね』と温かい声を掛けてくれた。母や友達の優しさに助けられました」

チームを引っ張りながらも、自分のことを考えるのが精一杯で常に孤独に陥っていた彼女は、家族やチームメイトの優しさに触れソフトボールへの愛着を再確認していた。

骨折が完治し、高校3年生の秋に出場した「2000年とやま国体」で優勝を果たすと、上野は日本代表への思いを大きくしていった。彼女が出場できなかったシドニー五輪で、代表チームはアメリカに次ぐ銀メダルを獲得したのである。

「シドニー五輪代表には、高校の先輩である内藤恵美さんもいたんです。銀メダルを摑《つか》んだ選手たちをテレビで観ながら、私もオリンピックで投げたい、と胸を高鳴らせていました。ただ、自分の未来も具体的に考えるようになっていて、将来は教員資格を取得して先生になり、学校でソフトボールを教えたいと考えていたんです」

教員資格取得のために大学進学を希望していた上野だが、間もなく進路が一変する。実業団チーム、日立&ルネサス高崎（現・ルネサス高崎）の監督であり、日本代表をシドニーに導き、続くアテネでも指揮をとることになった宇津木妙子監督（現・ルネサス高崎総監督）が上野のもとを訪れたのだ。中学と高校でそれぞれ全国制覇を達成していたエースにとっても、それは至福の瞬間だった。

「宇津木監督から直接、実業団入りを要請していただきました。それで心が決まりましたね。やっぱり、オリンピックを目指そうとはっきり自分に言い聞かせました。ルネサスには外国人ピッチャーがいなかったので、『自分がエースになってやる』という気概も持てた。進学を取りやめたことにも両親は理解を示してくれました」

01年、福岡から上京しチームの本拠地である群馬県高崎市の寮に入った上野は、実業団チームのレベルの高さに驚き、力を付けるためにとピッチングや筋力トレーニングにも励んだ。

一日の大半を練習に費やした彼女は、新人ながら日本リーグで2試合連続完全試合を達成、新人王の栄誉を得たのだった。

日本代表の最年少選手になった上野は、02年の女子ソフトボール世界選手権大会中国戦でも完全試合を成し遂げる。同年のアジア大会では日本初となる金メダルを手中にした。

「自分のソフトボールは世界と戦っても勝つことができるんだ、という自信と喜びが胸を満たしていました。だからこそ、次なる目的がこれまで以上にくっきりと浮かび上がりました。アテネ五輪で金メダルを目指すことこそ、私の使命だと思えたんです」

ところが、04年8月アテネに臨んだ上野は、そこで五輪の洗礼を受けるのである。初戦のオーストラリア戦ではホームランを打たれ、また、次に投げたカナダ戦でも0－1で黒星を喫するのだ。

「自分の弱さを痛感しました。緊張したわけではないんですが『押さえなければ』という思いが強すぎて狙い所を絞れないまま、ゲームが終わってしまったんですよ」

しかし、上野は諦めなかった。1次リーグ最終戦の中国戦でまたも完全試合をやってのけたのだ。

「今度こそ、私が押さえ込まなければ、あとがないんだという気持ちでした。一球一球に魂を込めて投げたその結果が完全試合に繋《つな》がったんです」

4勝3敗で決勝トーナメントに進んだが、2戦目オーストラリアに敗れ、日本は銅メダルでアテネ大会を終えることになった。出場する機会に恵まれなかった最終戦で、上野は悔いだけを残していた。

「出場できなかったことが悔しいんじゃないんです。5回に、一死満塁のピンチが訪れた時、私は『ここが私の出番だな』と勇み立っていたんです。ところが監督は、私に一瞥《いちべつ》もくれなかった。あそこで登板させてもらえるピッチャーでなかった自分が、本当に悔しかった」

その悲しみと悔恨が、彼女を北京へと向かわせている。

「日本が金メダルを取るには、去年の世界選手権でも敗れているアメリカや開催国の中国など、打ち負かす必要のある強敵がいます。でも、女子ソフトボールが金メダルを狙える最後のチャンスだからこそ、勝たなければならないんです」

世界選手権後には、ルネサス高崎の監督である宇津木麗華監督とともにアメリカへ行き、クラブチームでの練習に参加するという経験を得た。

「アメリカでの練習に参加して、心底ソフトボールを楽しむ心を思い出していました。小

1982年福岡県生まれ。ルネサス高崎女子ソフトボール所属。ポジションは投手。右投げ右打ち。小学校3年生よりソフトボールを始める。柏原中学校3年生の時に全国大会で優勝。九州女子高校3年生の時に国体で優勝を飾る。高校卒業後、日立&ルネサス高崎（現・ルネサス高崎）に入社。2004年日本代表に選出され、アテネ五輪にて銅メダルを獲得。06年世界選手権で銀メダルを獲得。08年北京五輪代表

学生の頃のような気持ちです。私は、勝つために試合に出ています。でも、こうしてプレーするのは、ただソフトボールが好きだからなんですよ」

勝利という期待をずっしりと感じている、と話す上野。彼女は、白熱する戦いに挑み、勝敗を超えた成果をも摑むに違いない。

「ソフトボールを離れた自分を想像できない」と笑う上野に、私は夢を聞いた。彼女は満面の笑みを浮かべるとこう語った。

「やっぱり、いつかは先生になって、ソフトボールを教えたいな。ソフトボールというスポーツに出合ってこんなに幸せな私の気持ちを、ひとりでも多くの子供たちに伝えたいんですよ」

サッカー

突破

梅崎　司

Tsukasa Umesaki

パス、トラップ、ドリブル、そしてシュート――。ボールを操る両脚は、数センチのコントロールを計りながら精巧に動き続け、軽快なステップでゴール前へと躍り出る。左サイドから切り込むドリブルは鋭く、相手DF（ディフェンダー）を振り切ってなお繰り出すパスは正確だ。右利きながら左足でのキックの精度も高い。

抜群の視野の広さを武器に、消耗を省みない渾身の動きを見せる彼は、倒れそうになりながらも踏みとどまる強さを持っている。勝利への意欲を常に語る攻撃的MF（ミッドフィルダー）、梅崎司。私がピッチで思い描くサッカーを聞くと、彼は明瞭な声でこう答えた。

「どんな瞬間も『前へ』の意識を忘れたくないんですよ。ボールを下げない。一対一になったら絶対に仕掛ける。サッカーはゴールを守るだけでは勝利は得られない。ゴールを奪ってこそ、はじめて結果が残せるんです。繋《つな》いでいくパスには攻撃への思いを込めたいですね。毎試合、チームのために貢献したい、と考えています。そして、同じ心で、鮮烈な結果を自分自身で残すことも求めている。僕のアシストやゴールで勝利を摑《つか》む。そんなゲームをひとつでも増やしていきたいです」

肥前半島から島原・長崎半島が分岐する平野の中央にある長崎県諫早市。泥海にすむ魚ムツゴロウの生息地として知られる干潟を望むその街で生まれた梅崎は、6歳でサッカーに出合った。

「小学1年生の時に地元のクラブチーム『長崎フットボールクラブ』に入りました。伯父が小学校でサッカーを指導していたんです。その伯父の家に遊びに行き、近所の運動場で子供たちがやるサッカーに混ぜてもらった。でも、ボールを蹴ったことすらない僕は一度もボールに触ることができず、物凄く悔しい思いをしたんです。それで、負けず嫌いの性格に火が付いちゃった。すぐに『サッカークラブに入りたい』と言うと、母がクラブの説明会に足を運んでくれました」

脚だけでボールを操るスポーツは梅崎を虜《とりこ》にし、ドリブルやリフティングの練習を毎日欠かさないようになった。

「小学生時代は友達と遊んだという記憶がないですよ。サッカーのトレーニングしかしていなかったです」

クリスマスプレゼントに、ドリブルの練習のため地面に置く〝コーン〟をねだったこともあった。

「足も速くなっていったし、どんどん技術も上達してさらにサッカーが好きになる。ポジションは最初スリートップのウィングでしたが、4年生からはトップ下に定着しました」

小学校の卒業文集に将来の夢を「プロサッカー選手」と記した少年は、憧れの選手たちのプレーを模すことにも必死になった。

「マラドーナや前園（真聖）さんのドリブルを真似していました。1997年のワールドカップ予選からは中田英寿さんが大好きになりました。6年生の時にフランス大会があったんですが、背番号8の代表ユニフォームを着て応援していました」

中学2年生になると隣の大村市の「キックスFC」に移る。高校進学のため塾通いも始めていた。

「3年生が引退したチームは4、5人になってしまいゲームができなかったので、小学校時代のコーチがつくったキックスFCに移ったんです。練習は相変わらず楽しかった。でも、チームの実力は九州大会で1回戦か2回戦で負けてしまう程度でした」

プロを夢見る梅崎は、卒業後の進路に思いを巡らせながら中学最後の大会に臨んでいた。

「夏に高円宮杯（U－15）という大会があって、それで負ければ3年生は引退します。キックスFCは優勝候補を倒してベスト8になった。トーナメント表を見ても絶対決勝にまで行けると確信していたんですよ。ところが準々決勝で僕が通う諫早中学校のサッカー部と対戦し、負けるんです。自分たちより格下のチームにワンチャンスで入れられて、そのままゲーム終了。悔しくて一日中泣いていました」

しかし、この敗戦が梅崎の人生の分岐点だった。

「準決勝を戦うはずの日が、大分トリニータU－18（ユースチーム）のセレクション（選抜試験）の日だったんです。落ち込んでいた僕に母が『どうする？』と聞いてくれて、気持ちを切り替えるために行くことにしたんですよ」

九州各地から優秀な選手が100人も集っていたが、なんとか勝ち残ることができた。彼はセレクション当日に合格を告げられる。合格者のなかには、後に大分トリニータでチームメイトになるGK（ゴールキーパー）の西川周作もいた。

「あのままトーナメントを戦っていたら、セレクションは受けられなかったし、地元の高校でサッカーすることになっていたでしょう。そうしたら、今とは違った人生だったでしょうね」

卒業後、大分市にある選手寮に引っ越し、クラブの近くにある高校に進学した梅崎は、練習に明け暮れながらプロへの思いを一気に膨張させていた。彼にはプロを目指さなければならない理由があった。

「セレクションの直後、両親が離婚したんです。母がひとりで僕と4歳下の弟を養うことになった。ユースに所属し、寮生活をすれば普通の高校生以上にお金がかかります。母は昼夜働いてその資金を出してくれました。離れることになった父は、僕がサッカーを本気で続けることを歓迎していませんでした。進学校を受験しろと言い、プロサッカーへの夢なんてすぐに色あせる、と反対していたんです。でも、一日も早くプロになり、母を楽にしたいという僕の考えは変わりませんでした」

寮での生活は新鮮で、洗濯や掃除といった家事も苦ではなかった。母や弟に会えるのは盆と正月ぐらいであったが、ホームシックにもならなかった。何より、サッカー漬けの生活が梅崎の心を震え立たせていた。

「入った時の監督がファンボ・カン（皇甫官）さんだったのですが、このまま頑張ればトップチームまで上がれるよ、と言ってくれた。嬉しくて、また練習に熱中するんです」

自分のスタイルをつくりたい。誰にもない技を持ちたい。そう考えた彼は、クラブの練習が終わっても寮へ引き上げようとはしなかった。

「何かひとつでも武器をつくりたいと思っていたので、チームの練習の後も個人練習をしていました。ひたすらドリブルからクロスとか、ドリブルからシュートとか。壁やフェンスに向かってクロスを上げたり、シュートしたりしていると、精度は確実に上がっていきました。才能ある選手だったら僕のようにがむしゃらな練習など必要ないかもしれない。

けれど、僕はそんな力を持って生まれてはいないから、練習して練習して、下から這い上がるしかなかったんです。練習しすぎだと、監督から自主練を禁止されてしまったこともありました」

2年生になり、レギュラーポジションを獲得する。しかし、秋になると長いトンネルに入ることになった。

「レギュラーを外されて一回どん底まで落ちたんです。何もかも上手くいかなくて。チームのポジションが変化したことがきっかけでした。前線のサイドをやりたかったんですが、中央のトップ下に就かされた。それまでとは視野もプレーも違うじゃないですか。そこから歯車が狂って、思うようなプレーができなくなっていったんです」

ある試合後のことだ。ファンボ監督から途中出場を命じられた梅崎はトップ下に就いたが、すぐにサイドバックへの移動を促された。

「いったい何やらせたいんだと、頭に来ました。きっと不満そうな顔をしていたと思います。そうしたらまた交代させられた。それでマジにキレてしまった。意味わかんねぇよって、目の前にあったペットボトルを蹴り上げちゃったんです」

ロッカールームでタオルをかぶっていた梅崎に、監督はふたりだけで話したい、と言って彼に向き合った。

「あんな態度はプロになってからやるんだな、と物凄く怒られました。でも、翌日監督が『お前に一番期待しているんだからな』と言ってくれた。その言葉を聞き、自分を信じてくれる人たちのために頑張ろうと思いました。そして、自分にできることを積み上げていくしかないんだと、これまで以上に練習する覚悟をしたんですよ」

大分トリニータU−18に入団以来つけているサッカーノートには、目指すサッカーや自分に足りないと思うテクニック、そして、ポジション争いやゲームを戦うために必要なメンタリティーが次々に書き込まれていった。

「腐らずやることの大切さはあの頃覚えました。自分を見失ったり、狂ってしまった感覚を修正したりしていく経験は、今の自分の血や肉になっていると思います」

黙々と臨んだ練習の成果は、高校3年生の6月に訪れる。ファンボ監督に代わって就任した村田一弘監督は梅崎に的確なアドバイスを送り、彼のイメージを実現する手助けをしてくれた。ユースにも専属のフィジカルコーチが付き、肉体が急速に進化していることも実感できた。

「足が急に速くなり、体にキレが増していきました。その年の国体に出場したんですが、2人来ても、3人来てもドリブルで全部抜けるんですよ。ようやくトンネルから抜け出して、自分のスタイルができつつあるな、と実感できたんです」

自信を取り戻した彼に朗報が届く。

「ユースのチームでも自分がチームを引っ張っていくという気持ちでやっていました。9月に入ると、大分トリニータのトップチーム入りが決まったんです」

すぐに契約を結んだ梅崎は2005年、18歳でプロ選手となった。同時に、新たな世界にも挑むことになる。11月のアジアユース選手権1次予選では吉田靖監督率いるU−18日本代表として予選突破に貢献したのだ。クラブチームと日本代表との双方でプレーすることを望んだ彼は、前にも増してサッカーに情熱を注いでいくのである。

　大分ではブラジル人のシャムスカ監督のもと、初年度の出場試合は3試合にとどまったが、翌06年はレギュラーとして活躍した。また、チームメイトの福元洋平、森重真人とともにU－19日本代表にも選出された。そして、06年8月31日、彼にとっても驚きの報が舞い込んだ。日本代表監督（当時）イビチャ・オシムが、梅崎を初召集したのだ。U－20や五輪代表を飛び越えての抜擢に、周囲ばかりか本人も驚きを隠せなかった。

「06年中東遠征に行き、9月6日の対イエメン戦でピッチに立ちました。後半ロスタイムの交代で、フィールドを走れたのは数分でしたが、あの歓声と高揚感、そして日の丸を背負って戦うことの尊さを肌で感じられた。僕にとっての掛け替えのない経験です」

　自分を成長させたいと願う野心は彼を次なる行動へと駆り立てた。07年1月、フランス2部リーグの『グルノーブル・フット38』へ、5カ月の期限付きではあったが移籍を遂げたのである。

「少しでも早く欧州のサッカーを経験したいという気持ちがありました。いつか欧州のトップリーグで戦うためにも、これまでとは違ったサッカーを体感したかったんです」

　しかし、その挑戦はすぐに終焉を迎える。グルノーブルには彼とポジションを争う選手が4人おり、外国人枠の問題もあって出場できたゲームは13試合中5試合しかなかった。スタメン出場もわずか2試合である。

「完全なる敗北です。自分らしさをアピールするまでにも至らなかった。出場する機会を得ても、そのチャンスを生かせなかったんですよ。契約の延長を望みましたが、それも叶

1987年長崎県生まれ。ポジションはミッドフィルダー。2002年15歳で大分トリニータU－18に、その後05年にはトップチームへ昇格、Jリーグデビュー。06年に日本代表デビュー。07年1月にフランス2部グルノーブル・フット38へ期限付きで移籍。同年6月に大分トリニータへ復帰。各年代の代表に選出され、07年U－23日本代表として北京五輪出場権獲得。07年12月浦和レッドダイヤモンズへ移籍した

わなかった。でも、諦めた訳じゃない。海外で戦える力を得てから必ず再挑戦したいです」

グルノーブルで孤独な戦いを強いられている最中、U－20の戦いに身を投じた梅崎は、ゲームを戦えることの喜びに包まれていた。

「U－20のチームは、本当に素晴らしいチームでした。選手がそれぞれの思いを抱き、自分のため、チームのためはもちろん、他の選手のために頑張れるんですよ」

フランスから07年6月に帰国し、6月6日に大分に合流した梅崎は、その直後の6月30日からカナダのトロントで開幕したU－20ワールドカップに出場したのだった。

「グループリーグではみんな心がひとつになり、理想的なサッカーができたと思います」

スコットランド、コスタリカに勝利し、強豪ナイジェリアに0－0で引き分けたU－20日本代表は、グループリーグ1位で決勝トーナメント進出を決めたのである。しかし、そこで対戦したチェコにはPK戦の末に敗れた。

「99年のワールドユース準優勝を越えたいと思っていましたから、本当に悔しかったですね。あの大会、僕らのサッカーを体現できたという思いもある。でも、最後の最後、自分たちを見失ってしまった。世界で戦うことの怖さ、勝つことの難しさが身にしみています。終わって涙が止まらなかったのは、あのチームがこれで終わってしまうという寂しさから。浮いたり沈んだりしながら成長できた最高のチームでしたから。あのメンバーでいつかまた、さらに大きなステージに挑戦したいです」

07年11月には五輪代表メンバーにも選出され、北京五輪アジア最終予選を戦った。

「予選最後の2試合から五輪代表に合流したんです。ベトナム戦の後半、ピッチに立ちましたが、改めて日本代表のユニフォームを着ることの喜びを感じましたね」

与えられたチャンスには必ず結果を残す。それでなければ絶対に先には進めない。練習でも、ゲームでも、梅崎はそう自分に言い聞かせていた。

「僕は状況に応じて求められるプレーを100パーセント提供できる選手でいたい。代表のユニフォームを着ることは僕にとって最大の目標です。ワールドカップという世界最高の大会でプレーすることも目指したいですからね。自分のサッカーは、まだ進化の途中。もっと磨いて、もっと苛酷な戦いにも身を投じたいです」

梅崎の第二幕は始まったばかりだ。Jリーグでもさらなるステップアップを目指し、07年12月に浦和レッドダイヤモンズへの移籍を遂げた。

私は彼に、サッカー以外のことに思いを巡らせることがあるのか、と聞いた。同世代の若者なら自由に旅をしたり、恋をしたりすることもできるだろう。小さく息をついた梅崎は、きっぱりと顔を横に振る。

「僕の居る場所が特別であることを、自分でも、十分にわかっているつもりですよ。だから、今はサッカー以外に欲しいものなんてないです。僕を支えてくれた母をこれからはずっと僕が支えていきたいし、弟の保護者でもあるつもりです。こんなふうにゲームを戦える毎日に、感謝せずにはいられないんですよ」

意志

マラソン

土佐 礼子

Reiko Tosa

休むことなく動き続ける長い手足。一団となったランナーのなかにあって、その姿は常に存在感を示している。視線を前に据え、しっかりと顎《あご》を上げて走るフォームは、ゴールを目指す強い意志の表れだ。しかし、その顔は決して穏やかなわけではない。苦しげな表情はゴールまで消えることがなく、少し歪んだ口元では荒い呼吸が繰り返される。時には、苦悶のあまり声さえ漏らす。

レースを戦う相手は他のランナーばかりではない。肉体を襲う苦痛に耐えなければ、42・195キロを完走することはできないのだ。両肺は酸素を取り込もうと極限まで稼動し、全身を形作る60兆個の細胞からはエネルギーが供出される。

マラソンという競技に挑む土佐礼子は、苦しさのなかでこそ走る喜びを感じる、と言う。私は、苛酷なレースで頂点を目指す土佐にライバルはいるか、と聞いた。こくりと頷《うなず》いた彼女は、弾むように軽やかな声でこう話す。

「紛れもなく、ライバルは自分自身です。もちろん、他のランナーに競り勝つことを目的として走るんですが、そのためにはまず自分が苦しい状況に打ち勝たねばならない。私は、野口（みずき）さんや高橋（尚子）さんのような飛び抜けたスピードを持っていません。不格好でも、苦痛を耐え抜いて走り切るしかない。耐えることこそが自分の持ち味だと思っています。なので、レースが苛酷になればなるほど、自分の持ち味が生かせるんです。暑さや、またアップダウンの激しいコースが、私を後押ししてくれます。苦しい環境が勝つチャンスを与えてくれる。だから、走っている時には、『もっともっと苦しいレースになれ！』と願っているんですよ」

土佐の真骨頂が発揮されたのは、２００７年9月2日に行われた世界陸上大阪大会でのレースだった。気温27・5度、湿度74パーセントという暑さのなか、午前7時にスタート。土佐は灼熱のレースをこう振り返る。

「あの暑さのなかでは、記録より順位を狙うレースになることは予想していました。スタートはスローペースでしたが、リズムと積極性だけは失わないよう、心掛けていましたね」

先頭で長居競技場を駆け抜けていった土佐は集団を引っぱった。

「スペシャルドリンクのためのボトルの色をオレンジから金色に変えたんです。ところが、よく見えなくて給水に失敗してしまいました。でも、慌てることはなかったです。水を取って頭から掛け、体を冷やしました。それに、嶋原（清子）選手が、自分のボトルを手渡してくれて助けてくれたんですよ」

北京オリンピックの出場権を賭けたこのレースに土佐は故障を抱えたまま臨んでいた。

「世界陸上の1カ月前のことですが、高地トレーニングを行っていた中国雲南省の昆明で転んでしまったんですよ。４００メートルのインターバル練習前のウォームアップの時、地面に落ちていた板の上に乗って転倒し、左膝を強打したんです」

松葉杖を使うほどの痛みに苦しんだ土佐は、急遽、合宿先から帰国する。世界陸上辞退も頭をよぎるほどの怪我だった。

「骨に異常はなかったんですが、一時はどん底まで落ち込みました。どうして、こんな時にと自分に憤ってもいた。中国から国際電話をして夫（村井啓一さん）に随分愚痴も言ったんです。でも、夫は『大丈夫だよ。痛みが引けば走れるようになるから』と何度も前向きな言葉で励ましてくれた。それで考えが切り替わりました。帰国して間もなくすると痛みが引き始めました。万全ではないまま練習も再開しました。レースの前には本番さながらの長い距離を走るんですが、世界陸上の前は25キロ走るのが精一杯。でも、そうした調整が疲労を緩和してくれ、功を奏したんだと思います」

25キロを過ぎると外国人選手が速度を上げ、土佐もそれを追いかけた。しかし、39キロ手前ではスピードが鈍り、5位まで落ちた。

「ヌデレバ選手や周春秀《シュウ・シュンシュウ》選手から15メートルほど離れてしまいました。ただ、諦めることはなかったです。離れても何があるかわからないので、『ここが辛抱のしどころだ』と自分に言い聞かせていました。前を行く選手の背中を見ながら、もう一度上がっていこうと思えたし、誰かが落ちてきたら絶対に捕らえてやるぞと、考えていました」

日本人最高位かつメダルを獲れば、北京五輪女子マラソンへの出場枠を確保できる。土佐は、脅威の粘りでスピードが鈍ったケニアのシティエネイと中国の朱暁琳《シュ・ショウリン》、両選手を抜き3位に上がる。

「06年11月の東京国際女子マラソンへ6年ぶりにエントリーし、2年8カ月ぶりにフルマラソンで優勝して、世界陸上大阪大会への出場権を掴《つか》みました。それから『東京発、大阪経由、北京行き』が合い言葉になっていた。最後はメダルを意識して走りましたよ。普段、なかなか姿が見えない夫も、いい所で待ちかまえて声を掛けてくれ、力になりました。長居競技場に帰ってきた時の歓声は今も忘れられません」

世界陸上大阪大会を含め過去10回のマラソンで優勝が3回。2位が3回、すべてのレースにおいて5位以内と、安定した力を誇る土佐。盤石の備えがあればこそだが、彼女が崩れない強さはその精神力にある。

「すべてはトレーニングのお陰です。普段の練習でも、泣きながら走るほど自分を追い込んでいるので、そのとおりに走ればいいんだと思えるんです。レースで特別な力を発揮しているわけじゃありません。若い頃から故障も多いし、独走するようなスピードもない。いつものように苦しんで、いつものように渾身で走り切るだけなんですよ」

北京五輪まで充分な時を得た土佐は、そのレースに懸ける思いも大きい。04年8月のアテネオリンピックの記憶が、彼女を奮い立たせているのだ。

「アテネでは野口さんやラドクリフさんのスピードにまったく付いて行けなかった。25キロからの野口さんの独走は素晴らしく、日本人がシドニーの高橋さんに続き連続して金メダリストになって本当に良かったと思いました。でも、同時に、自分はメダル争いに加われなかったという悔しさがあった。アテネに出られたことは誇りでもありますが、ただ走り切ったという気持ちしか残らず、もうちょっと頑張りたいな、という思いがあったんです。帰国して練習を再開して、すぐに『もう一回オリンピックに出るんだ』と心に決めていました」

30代を迎えた土佐はさらに力強い走りを見せている。そして、彼女のマラソンランナーとしての姿は、その順位以上の感動を呼び起こす。

愛媛県松山市で誕生した彼女は、三姉妹の末娘である。小学校4年生から始めたバスケットボールに夢中になるスポーツ少女だった。

「一番上の姉は文系でスポーツをしていませんでしたが、二番目の姉がバスケットボールをやっていて、それで私も始めたんです。中学でもバスケ部で活動し、松山商業高校に進学してもバスケを続けるつもりでした。ところが、進学コースにいたので担任の先生から『補習もあるし、団体競技だと迷惑がかかるよ』とアドバイスされた。それでひとりで走れる陸上なら、と陸上部に所属しました。実は、父も母も陸上選手だったんです。父はよくジョギングをしていました。私もリレーの選手には選ばれなかったけど、マラソンではいい成績を残せていたんです。なので、私にとって陸上は身近なスポーツだったんですよ」

土佐を指導する陸上部の顧問は、順天堂大学陸上部に所属し、箱根駅伝も走ったことがある竹本英利監督だった。

「私が入学した年に竹本先生も体育の教師として赴任してきたんです。竹本先生と出会えた幸運がなければ、今の私もなかったと思います」

しかし、当時の土佐は練習に付いていくのがやっとだった。

「最初は20分、30分走るのがしんどくて、私のような者は陸上をやっちゃいけないのかも、とか思いながら走っていました。毎日、もうやめる、もうやめると言っていたんです」

いつも最後尾にいたが、それでも走り続けた。

「高校2年生に進級する時、一年やれたんだからもう一年頑張ろうと思えたんです。種目は主に800メートルや3000メートル。同時に、高校女子駅伝を目指すようになって、だんだん走ることが楽しくなっていきましたね」

1993年に愛媛県高校総体3000メートルで優勝するが、ほかには目立った成績はなく、ごく平凡な陸上部員だった。

「世界選手権やオリンピックなど、自分には関わりのない世界でした。もちろん、あの頃は、そんな大会に自分が出るなど想像したこともありません」

スポーツ推薦で松山大学に入学しても、土佐が際立った成績を残すことはなかった。

「初マラソンは98年2月に行われた愛媛マラソン。この時には凡庸な記録ながら優勝しました。けれど、他ではまったく勝てませんでしたね」

しかし、土佐には胸の奥にある自信があった。

「自分は社会人になっても陸上を続けるんだ、と思い込んでいたんですよ。大した成績もないのに『大丈夫、必ず私は走り続けるんだ』と根拠のない自信を持っていました」

恩師である竹本監督に相談にいくと、順天堂大学の先輩、鈴木秀夫監督が指揮する三井海上（現・三井住友海上）女子陸上競技部へ推薦してくれたのだった。土佐の強運は、またしても彼女を前進させる。

「竹本先生は鈴木監督に『駅伝ぐらいでは使えるかもしれません』と言って、プッシュしてくれたそうです。鈴木監督は、後に『後輩からの頼みじゃなかったら土佐は取らなかった』と言っていました」

入社が許され傷害長期保険部に所属した彼女は、松山から東京都町田市にある合宿所に移り住む。そして、鈴木監督の導きで、ついにマラソン選手になるのだった。

「練習は苦しかったんですが、陸上だけに打ち込める最高の環境で、信頼する鈴木監督のもとで走れる喜びに包まれていました。入社直後の5月、ある大会で１５００メートルに出場したんですがまるで駄目だった。数日後、監督から『お前、やる種目がないな。マラソンでもやるか』って言われて、その場で『はい、やります』と返事をしたんですよ」

すぐにマラソンを意識できたのは、優勝した愛媛マラソンの興奮が彼女の心に深く刻まれていたからだった。

「あの時、心の奥底では、いつかマラソンをやってみたいな、と考えていたんです」

土佐の記録は目覚しく伸びていった。

「その頃、市河（麻由美）選手が世界選手権に出るのでボルダーで合宿を行っていたんですが、そこに一緒に連れていってもらえた。空気の薄い高地でトレーニングしていたら、自分でもびっくりするほど走れるようになって、それまで以上に走ることが楽しくなったんです」

自分の進むべき道を見いだしたという思いに包まれていた土佐は、ついに結果を導き出していく。01年の世界陸上エドモントン大会ではリディア・シモンと熾烈なデッドヒートを演じ、わずか5秒差の2位でゴールし銀メダルに輝いた。02年4月のロンドンマラソンでは2時間22分46秒で自己の最高記録を更新する。

アテネ五輪の最終選考レースとなった04年3月の名古屋国際女子マラソンでは終盤から追い上げ逆転優勝を飾り、アテネ五輪女子マラソン代表の座を勝ち取った。

「自分は運に恵まれ、周囲の方たちに助けられてきました。マラソンを走るたびに感謝の気持ちでいっぱいになります」

土佐が安定した心で競技に挑めるのは、彼女を支えるパートナーの存在なしには考えら

１９７６年愛媛県生まれ。三井住友海上女子陸上競技部所属。松山商業高校入学後、陸上競技を始める。松山大学卒業後、三井海上（当時）へ入社。04年3月の名古屋国際女子マラソンで優勝し、同年のアテネ五輪女子マラソン日本代表に選ばれ5位入賞。06年東京国際女子マラソンで優勝し、07年世界陸上大阪大会女子マラソンにて銅メダルを獲得。08年北京五輪女子マラソン日本代表

れない。04年12月に村井さんと結婚、タヒチで式を挙げた。

「夫は松山大学陸上部の先輩です。在学中に付き合い始め、町田へ引っ越してからも遠距離ですが常にコミュニケーションをとってきました。彼は、NTTに就職するんですが、その後、自ら陸上部に入ってトレーニングを続けるんです。そうした陸上へのひたむきさをずっと尊敬していました。今は、松山大学の職員をしていて未《いま》だに別居ですが、夫に支えられていることは間違いありません。北京でも、もちろん彼の力を借りることになるでしょう」

すでに北京に向け走り出している土佐に、私は北京の先にある未来を想像して欲しい、と言った。土佐は笑顔になり、明るい声でこう答えた。

「日本では結婚し、子供を持ってからマラソンを走る選手がほとんどいません。私自身、出産しても走るラドクリフさんやシモンさんのようなランナーになりたいですね」

未来を思い描く彼女の瞳には、静かな闘志と走ることの歓喜が宿っていた。

感動

レスリング

伊調　千春／馨

Chiharu Icho / Kaori Icho

古代ギリシャ、ローマ時代から強者たちが挑んだスポーツ、レスリング。古代オリンピックでも人々を熱狂させた格闘技の魅力は21世紀の今も変わらない。

直径9メートルの円形マットを戦いの舞台とするこの競技に用いられるのは己の肉体のみだ。競技者は対峙した選手の両肩を同時にマットへ着けることを目指し、そのための技を繰り出していく。フォール（両肩をマットに着ける）や審判の採点によるポイントを獲得し勝利を積み重ねても、王者になれる選手はただひとり。それ以外はすべて敗者となる。

1896年にアテネで開催された第1回近代オリンピックから正式種目であるレスリングにおいて、雌雄を分けるのはむろん力だ。さらに強靭な精神力と洗練された技術、試合の状況を即座に見極め先を読む能力が必要になる。

選手たちの「強さ」は、それまで積み重ねてきたトレーニングの証《あかし》であり、人知れず流した汗と涙の量に比例する。

この激しくて孤独なスポーツに打ち込み、試合に挑む姉妹がいる。

伊調千春と伊調馨。

彼女たちは最も優れた選手であると同時に、最もレスリングを愛する者でもある。

私は、千春と馨に真っ先にこう聞いた。なぜこれほどまでレスリングに情熱を注げるのか、と。千春は真っすぐな視線を向け言った。

「子供の頃からレスリングで強くなりたい、と思ってきました。戦う私には常に目標があり、そのための課題があります。小さな努力を積み重ねることでしか目標は達せられませんが、その厳しい日々こそ自分を磨いてくれると思うんです。多くの方たちとの出会いをもたらし、勝つことの喜び、負けることの悔しさを心に刻み付けてくれる。レスリングがあるから私は生きているんだと実感できるんですよ」

じっと話を聞いていた馨は、姉、千春の声が途切れると笑顔で話し始めた。

「私は赤ん坊の頃からレスリングマットの上で転がって遊んでいました。スポーツだと認識するずっと前にレスリングに触れ、気が付くとレスリングがある生活が当たり前になっていた。だから、このスポーツをしていない自分を想像できないんです。勝負は厳しいけれど、勝つことの喜びは、どんな苦しい練習にも立ち向かう勇気を授けてくれる。レスリングをしていなければ、泣いたり飛び跳ねたりする大きな感動を知らずに過ごしたと思います」

頬を高潮させ語ったふたりは、「ある誓いを立てている」と言った。馨がまた笑顔で話す。

「4年前のアテネオリンピックでは叶えられなかった夢、ふたりで金メダルという願いを北京オリンピックで叶えたいんです。その思いは毎日強くなっていますね」

馨の横顔を見つめる千春は、静かにこう語り出した。

「私たち姉妹はずっと一緒にレスリングをやってきた。本当に幼い頃から姉妹で金メダルを獲得することが夢だったんです。アテネでは、私が銀メダルに終わってその夢が果たせなかった。馨に申し訳ない気持ちでいっぱいでした。北京でもう一度その夢に挑めることを本当に幸せだと思っています。私たち姉妹が金メダルを獲って初めて、ひとつの金メダルを手にしたことになるんです」

彼女たちは、「金メダルのためには命を賭する覚悟さえある」と固い決意を言葉にするのだった。

千春と馨は、姉妹の夢が打ち砕かれたアテネの記憶を鮮明に抱き続けている。その悔恨こそがふたりを奮い立たせているからだ。

2004年8月、女子レスリングが五輪正式競技となった初めての大会。中京女子大学レスリング部に所属する千春と馨はそれぞれ48キロ級、63キロ級に出場した。55キロ級には同じレスリング部の吉田沙保里が、また72キロ級には浜口京子（ジャパンビバレッジ所属）がおり、日本女子レスリングは「全階級でメダルを目指せる」と言われるほど、その強さを誇っていた。

千春、馨とも磐石な戦いぶりで、予選、準決勝に勝ち決勝進出を決める。

先に戦った千春の対戦相手はウクライナのイリーナ・メルニクだった。力の拮抗《きっこう》する試合は、延長戦にもつれ込む。勝利を意識した千春は、不用意なポイントを与えてはならないと考えていた。

「沙保里がフランス人選手と対戦した準決勝、タックルにいって返された場面があったんです。普通なら相手に3ポイント、沙保里に2ポイント入る場面なんですが、沙保里には入らず相手選手だけに3ポイントが加算されたんですよ」

明らかに審判のミスジャッジだったが、公式戦でポイントが覆《くつがえ》ることはない。

「その場面が頭にこびり付いていた私は、無理にタックルにいって返されたら終わりだ、と慎重になっていました。でも、攻めることを躊躇《ちゅうちょ》したからこそ、戦う姿勢が消極的だととられてしまった。競技判定の結果破れ、銀メダルになりました」

負けて呆然とする姉の姿を、馨はウォーミングアップのための会場にあるモニターテレビで見ていた。

「千春の強さを知っている私は絶対に勝つと信じていた。なので物凄く動揺しました。ショックを受けているはずの千春に会って話したかったけど、ドーピング検査があってなかなか戻ってこない。いよいよ私の決勝戦が始まるぎりぎりの時間になって千春が走って戻ってきたんです。千春は、強い調子で『勇気を持って攻めてこい！』と言ったんです。私は、その声を聞いてその場で大泣きし、涙をぬぐいながら試合会場へ出ていきました」

千春は、妹に自分と同じ轍《てつ》を踏んで欲しくないと思い、ドーピングを担当する医師に同行を頼み込んで、検査の途中で馨のところへ駆け付けたのだった。

「攻める気持ちを一瞬でも忘れたら勝利は遠ざかっていく。負けた私が唯一、馨にかけてあげられる言葉でした」

アメリカ人選手、サラ・マクマンと決勝で向き合った馨は、第1ピリオドで0－2とリードを許したが、第2ピリオドで反撃し3ポイントを奪って逆転する。そのまま試合は終わり、馨の金メダルが決まった。

2度大きくジャンプした馨は、ガッツポーズのあと声を上げて泣き出した。

試合後のインタビューで「千春に勇気をもらって攻めることができた」と言った馨。しかし、銀メダルを胸にした千春は、「(銀メダルでは)まったく嬉しくない」と言って顔を強張らせた。

アテネでは馨、吉田が金メダル、千春が銀メダル、浜口が銅メダルを獲得し、日本女子レスリングはその強さを証明することになった。しかし、中京女子大レスリング部でひとりだけ銀に終わった千春は、帰国後も自分を責め続けていた。

「アテネから帰国した後、ただぼんやりとしていました。05年になってもまだアテネの負けを引きずっていた私は、国内予選で負けてハンガリーで行われた世界選手権に出られなかったんです」

北京五輪に向けて気持ちを切り替えることは、千春にとって容易なことではなかった。

「このままでは駄目だと思って、それでちょっとレスリングから離れたんですね。私の友達の実家が福岡のお寺で、そこを訪ねてレスリングのことを忘れました。海に行ったり山に行ったりして、海がきれいだとか、夕陽がきれいだとか、心から思えて嬉しかったです。本堂の掃除をしたり廊下を雑巾がけしたり、普段やらないようなことをやりながら自分を取り戻していきました」

オリンピックを目指し、ただ突っ走ってきた千春には周りが何も見えなくなっていた。

「レスリングに没頭するあまり、平常心を失っていたんですよ。少しでもレスリングから離れたことで、俯瞰《ふかん》して自分の姿を見られるようになりました。マットに上がれるのはたくさんの方たちのお陰なんだと、改めて感謝の気持ちを教わりました」

苦悩する姉を黙って見守った妹は、姉がマットへ帰る日を信じて疑わなかった。

「千春自身が立ち上がらないと、周りがいくら頑張れ頑張れと言っても無理じゃないですか。だから、私は何もしなかったし、何も言わなかった。ただただ、レスリングの練習に打ち込みました。そして、ハンガリーでの世界選手権の直前に、記者の方たちから気持ちを聞かれ『千春のために戦いたい。金メダルを獲って、その金メダルを千春に見せて、またふたりで頑張ろうと伝えたいです』と答えたんです。ハンガリーに応援に来ていた千春は、私が金メダルを獲ると自分のことのように喜んでくれた。私が千春と一緒に戦いたいと願っていることをわかってくれたんです。帰ってからは千春もすぐに厳しい練習を再開していました」

復活した千春は馨とともに06年10月、中国の広州で開催された世界選手権大会に出場し、金メダルを獲得。以後、姉妹は無敵の強さを誇り、07年9月アゼルバイジャンで行われた世界選手権大会でも優勝、北京五輪出場への切符を手にしたのである。

千春と馨は選手としても互いを尊敬し合っている。馨は、千春の誠実さとレスリングに注ぎ込む情熱の大きさに憧れる、と言った。

「努力家で几帳面で、懸命に戦う千春の姿を見ていて、姉ながら本当に凄いアスリートだな、と思うんですよ。私も今もこうしてレスリングが続けられるのは、千春の背中を追い掛けてきたからなんです」

千春は、3つ年下の妹の強さと逆境をも受け止める弾力のある心を、誰よりも認めている。

「自分のペースを持っていて、どんな相手に立ち向かってもひるまない。身体能力も高いし、バランスもいい。沙保里と馨の強さは勝利のためには何が必要か、私に教えてくれるんです」

彼女たちをレスリングに引き合わせたのは、両親だった。生まれ故郷の青森八戸市にあるレスリングクラブ「八戸クラブ」に姉妹が所属したのは、兄の寿行が通っていたからだった。千春が当時を振り返る。

「父と母は、体力をつけ、またレスリングを学ぶなかで挨拶や礼儀を覚えて欲しいと思っていたそうです。八戸は昔からレスリングや相撲が盛んな土地なんですよ。家のすぐ近くにあった八戸クラブに兄が通っていて、私も4、5歳の頃、一緒に行くようになりました。同じくらいの子供たちがいたのでクラブがそのまま遊びの場でしたね。馨が最初に行ったのは、まだおしめが取れていない頃でした」

父と母は、兄とふたりの娘にレスリングの英才教育を施したわけではない。馨にとってもレスリングは、心躍る「遊び」だった。

「両親は絶対に勝ちなさいとか、将来はオリンピックに出場しなさいとか、そんなことは一度も言ったことがありません。練習も本当に楽しかった。私たちの恩師である沢内和興コーチにも怒られたことがありませんでした」

千春は沢内コーチとの出会いが今を築いている、と言う。

「コーチはレスリングだけでなくて、相手に『ありがとう』と感謝する、何か間違ったことをしたら『ごめんなさい』と謝るなど、人としての心を教えてくれた方です。本当に尊敬しています」

遊びでしかなかったレスリングは、いつしか彼女たちの闘争心を掻き立てる。やがて全国大会にも出場するようになった千春と馨は、がむしゃらに勝利を求めるようになっていった。

「私は県大会とか東北大会では優勝しましたけど、全国大会で優勝したことがないんです。小学校の時は最高で2位。馨は全国大会でもずっと優勝していましたね」

地元の長者中学校へ進学しても、ふたりはレスリングに打ち込んだ。千春は勝利を求める気持ちを大きくしていった。

「1番を目指して戦っているのに、私はいつも2番か3番。それが悔しくて、『もっと強くなりたい』と、考え込んでいたんです。眠れない夜もありました」

馨も、その頃初めての挫折を経験する。

「小学生の頃、敵はいなかったんですよ。中学校に上がって初めて、1年上の先輩に全国大会でフォール負けしたんです。それがショックで1カ月くらい練習を休みましたね。でも、自然とまたレスリングがやりたくなって、クラブに戻ったんです」

女子がまだオリンピックでレスリングを戦えない時代、ふたりの目標はすでにオリンピックでの金メダルだった。千春は幼い頃から金メダリストの勇姿に憧れていた。

「3歳の時に、ロサンゼルスオリンピックがあって、柔道の山下泰裕さんが金メダルを獲った場面を覚えているんです。オリンピックに女子レスリングがないことを知るのはずっと後で、ロサンゼルスオリンピック以降は山下さんのようになりたい、という思いを持ち続けていました」

千春が八戸を離れたのは1996年のこと。女子レスリングの名門校、京都府立網野高等学校へ行くことを決めたのだ。

「親元を離れてホームシックにもかかりましたが、それでも、レスリングがもっと強くなりたいという気持ちを確認した日々でもありました」

高校時代の活躍が認められ、千春は日本代表選手を輩出していた東洋大学への推薦入学が決まった。

「憧れの先輩がいたので迷うことなく決めました。世界チャンピオンになった先輩のような選手になりたかったんです」

姉の大学進学と時を同じくして、馨も親元を離れ愛知県名古屋市へと旅立っていた。中京女子大学付属高校（現・至学館高等学校）へ進学したのである。女子レスリングの強豪校として名を馳せる中京女子大で指導に当たっていた栄和人監督が、馨を呼び寄せたのだ。高校と大学のレスリング部が合同で練習を行う環境を、馨は心から喜んでいた。

「栄監督から『うちでレスリングをやらないか』と沢内コーチに話があり、私は喜んで愛知へ行くことにしたんです。千春が15歳で家を離れレスリングに打ち込んでいたので、私も同じように高校生になったら家を出るんだと決めていました」

姉妹は離れた場所でトレーニングに励み、勝つための技術を培っていった。しかし、思いもよらぬ事態が千春に訪れる。

「東洋大学レスリング部は男子がメインで、私が入学した時には女子のメンバーがふたりしかいなかったんですよ。2年生になって3人になったけど、レスリング部は朝練もやらない。このままじゃ強くなれないという思いがあり、他の大学に移ることを考えました」

馨は千春から相談を受けていた。

「電話で『中京女子大に行こうかな』と言っていたので、てっきり練習に来るんだと思っ

伊調千春／1981年青森県生まれ。八戸クラブでレスリングを始め、女子アマチュアレスリングの強豪として活躍。中京女子大学を経て、2006年綜合警備保障に入社、レスリング部に所属。03年、06年、07年と世界選手権大会優勝。04年アテネ五輪で48キロ級銀メダル。08年アジア選手権大会優勝、同年北京五輪代表

ていたんです。そうしたら、東洋大を辞めて中京女子大に入学するという。両親は心配したでしょうが、私は千春の意志の強さを知っているので、あまり驚きませんでした」

　2年生を終えれば同学年への編入が可能だったが、千春は2002年3月までの時間を待つことができなかった。彼女は、01年10月に東洋大を中退し、すぐに中京女子大での練習を始める。そして、02年4月に新入生として入学したのだ。

「栄監督とはもちろん面識があり、中京女子大へ来ないかと声を掛けてもらったこともあったんです。大学を中退してきた私を、監督は何事もなかったように受け入れ、ずっと一緒にやってきたように指導してくださった。私の1年上には沙保里がいて、1年下には馨がいる。両親や東洋大学の方たちには迷惑をかけ申し訳なく思っていましたが、強い相手と練習ができることが本当に嬉しかったです」

　翌年、馨も中京女子大に進学し、1年先輩になった姉とともに世界の頂点を目指すことになる。01年9月に女子レスリングがオリンピック種目として承認されたのだった。馨は瞳を輝かせてこう話す。

「レスリングの神様が04年にアテネで戦えるよう導いてくれた。そして、今度は北京にも姉妹で行けるんです。私は、千春がいなければ、アテネでやめていたと思います。ふたりで戦えるから頑張れる。人生のなかでこうした機会があることに感謝して戦っているんですよ」

　大学卒業後、綜合警備保障に所属したふたりは、変わらず中京女子大でトレーニングし、レスリングだけに打ち込める環境を手に入れた。彼女たちを世界チャンピオンに育て上げ

伊調馨／1984年青森県生まれ。兄、姉の影響から八戸クラブでレスリングを始める。中京女子大学を経て、綜合警備保障に入社、レスリング部に所属。2002年、03年、05～07年と世界選手権大会優勝。04年アテネ五輪で63キロ級金メダル。08年アジア選手権大会優勝、同年北京五輪代表

た栄監督はふたりを高く評価する。

「千春は誠実で努力家で、持続力が抜群です。自分をコントロールする能力は絶大で、レスリング部のリーダーでもある。彼女のガードは天下一品です。常に先にポイントを取りにいくことの意識さえ忘れなければ負けることはないと思います。また、馨の良さは神経が図太いところですね。おおらかで大胆で、そのうえ、勝負勘が際立っている。気合が乗るまでスロースターターなところもありますが、北京でもまったく心配はしていません」

日本代表のヘッドコーチでもある栄監督が目指す北京大会女子レスリング完全制覇。メダルを目指す千春と馨の夢は、この瞬間も膨張し続けている。

私は彼女たちに、今一度、人生の夢を聞いた。すると顔を見合わせたふたりは声を揃え、「オリンピックで姉妹で金メダルを獲ること!」と言った。

真っすぐな思いはそのまま彼女たちの魂に輝きを与えている。すべての観衆は、その情熱を全身に感じ、言葉には代えがたい勇気と感動を授けられるのである。

野球

存在

田中将大

Masahiro Tanaka

肉体を包む筋肉がバネのごとく全身を弾き、投球に小気味よいテンポを与える。空気を裂くように振り下ろされる右腕と、固く一文字に結ばれた唇が「渾身」であることの証明だ。彼が投げ込むボールは、時には伸びのあるストレートに、時にはキレのある変化球になり、キャッチャーミットへと吸い込まれていく。その一挙手一投足がゲームを左右する場面《シーン》をつくり出し、スタンドを埋めるファンの心を高揚させる。

私は彼に、最初のシーズンを戦い終え、自分に訪れた変化はあるかと聞いた。田中は大きな手のひらを見つめ、呟《つぶや》くように話し始める。

「最初のシーズンより現在のほうが、より自分らしい投球ができるようになったと思います。もっと良いピッチングをしてやろうという意気込みも、その自信も、持てるようになった。でも、同時に現状で満足したことは一度もありません。常に進化する自分を求めているし、そのためにできることは何も拒まない」

東北楽天ゴールデンイーグルスで18番を背負う田中将大。彼は生涯でたった一度のチャンスに大きな結果を残している。２００７年11月、パ・リーグ最優秀新人（新人王）を受賞したのだ。11勝７敗という数字以上に、彼の登場はメディアや観衆を興奮させた。

「楽天の先輩、球界のエースピッチャーたちと実力で並ぶことができたとは思っていません。ただ、１勝に満足することなく次の勝利を目指すことが大事なんだと自分に言い聞かせ、投げた一年でもありました。毎試合重ねたピッチングのなかから、反省点を見つけ、それを生かす姿勢だけは大事にしていた。だからこそ、新人王をいただけて本当に嬉しかったです」

確かに、田中は初登板から鮮烈なプロの洗礼も浴びた。07年3月29日、対ソフトバンクホークス戦で1回2/3を投げ6点を失う。立ち上がりから連打され、あっけないKOとなった。すかさずベンチから歩み出た野村克也監督の合図で交代すると、蒼ざめた顔の田中はベンチで頭を抱えた。

「自分が一軍にいてもいいのかと思っていました。オープン戦でも結果が出せていませんでしたから。そんな気持ちがそのまま投球に表れてしまった」

05年に創設された楽天は、先発ローテーションが固定しておらず、新人の田中もその一角を担うことになった。他の球団なら、二軍で経験を積ませるという選択もあっただろう。しかし、楽天の指揮官は、田中に先発を託すことに躊躇《ちゅうちょ》する素振りを見せなかった。ノックアウトされた田中について聞かれても野村監督は、「二軍に落とすつもりはない」と、即答した。しかし、当初はその事実が彼を苦しめていた。

「一球一球を慎重にと投げていましたが、野村監督からは『失うものは何もないんだから結果を恐れるな。無謀でいいんだ。もっと荒々しい心で投げろ』と言われてしまう。でも、あの頃の僕にはその意味がよくわからなかったんです」

06年8月の甲子園。田中は、駒澤大学附属苫小牧高等学校のエースとして、早稲田実業学校の斎藤佑樹と投げ合っていた。あの灼熱のマウンド上での勇姿をひと回りもふた回りも大きくして投げて欲しい。そう周囲が願うことは自然なことだ。しかし、「真面目過ぎる」「怖がっている」と指摘された田中自身は、ただ困惑した。

「自分では全力でやっているつもりでも、周りからは激しさ、若さが足りないと見える。

投げる度に何がなんだかわからなくなって、この時期はずいぶん考え込みました」

生来の明るささすら失いかけていた田中の気持ちを吹っ切らせたのは、恩師の言葉だった。

「中学時代に所属していた『宝塚ボーイズ』というチームの奥村（幸治）監督が、携帯の留守電にメッセージを吹き込んでくれた。『相手は何億円も稼ぐ選手なんだから、打たれて当然だ。打たれて勉強させてもらっている。そのつもりで、思いっ切りいけばいい』と言ってもらって、余計なことを考えるのをやめました」

その電話の当日は、デビューから3戦目の登板。4月12日、対西武ライオンズ戦、田中はマウンドで闘争心をむき出しにしていた。

「無難にまとめるとか、安定した投球をとか、そんな気持ちが消えていました。自分の持っている力をこの瞬間にぶつければいいんだと、そう思って投げたんです。三振を奪えた時には意識せずにガッツポーズが出ていました」

7回、二死満塁のピンチを迎えても、田中は怯《ひる》むことがなかった。バッターボックスに立った和田一浩（現・中日）を三振に取ると、ベンチにまで響く声が出た。

荒々しさを隠さない投球はその後も続いた。4月18日、対ソフトバンク戦ではついに初勝利をあげる。デビュー戦とは別人のような猛《たけ》りの表情がバッターを威圧した。気がつけば13個の三振を奪取し、完投での勝利を奪ったのである。

「振り返ってみても、オープン戦から初登板、初勝利まではトンネルの中にいるようでした。でも、ボロボロに打たれた経験があったからこそ、勝利を摑《つか》めたんだと思う」

田中は06年11月の入団会見から5カ月後、フィールドという戦場で戦う真の「プロ選手」

になった。7月10日には100奪三振を記録。8月3日には4回まで5失点と打たれながら、打線の援護で勝利投手となり9勝目をあげた。

ファン投票でパ・リーグ投手部門の1位を獲得しオールスター戦にも出場した田中は、07年のシーズン終了時に二桁勝利を成し遂げる。06年最下位だった楽天は、4位にまで躍進していた。

「11勝できたのは、逆転をしてくれた打線のおかげ。助けられた結果であって自分の力じゃないんですよ。今シーズンは、その逆を目指しています。打線が苦しんでいる時にこそ自分が相手を0点に抑え、チームに勝利をもたらしたいですね」

150キロを超えるストレートに加え、スライダー、フォークボール、チェンジアップを武器に持ったルーキーは、すでにチームを牽引する立場を自らに課していた。

胸を張り新たなシーズンのスタートを切った田中。彼が野球に出合ったのは、小学校1年の頃だった。

「幼稚園に入る前から野球が好きで、テレビで試合中継を夢中で観ていました。父がジャイアンツファンで、僕の憧れは、斎藤雅樹さんや桑田真澄さんでしたね。ふたつ違いの弟と、いつもビニール製の柔らかいバットとボールで野球ごっこをしていたんですよ」

ゲームにワクワクさせられた少年は、すぐにプロ野球選手を意識していたわけではなかった。

「小さな子供ですから、単に野球が好きなだけで、チームに入って本格的に練習することなど具体的には考えていませんでした。ところが、僕が家の近所でボールを投げたりして遊んでいるところを見た野球チームの監督から『うちでやってみないか』と声を掛けられたんですよ」

誘われて参加したのは「昆陽里《こやのさと》タイガース」。キャッチャーが足りず、監督から「やってみるか」と言われそのままキャッチャーになった。

「セカンドに盗塁するランナーを刺したりするのが大好きでした。キャッチャーも面白かったですよ。ただ、父とキャッチボールする時とか、ひとりで壁に向かって投げる時には、ピッチャーをやっていた。心のどこかには、ピッチャーをやりたい、という気持ちがあったかもしれません」

6年間休みなく野球を続ける田中を両親も懸命に応援してくれた。伊丹市立松崎中学校に進学後はボーイズリーグの宝塚ボーイズに所属する。

「中学の野球は軟式なので最初から入部するつもりはありませんでした。ボーイズリーグの3つのチームから誘われましたが、練習を見て宝塚ボーイズに決めたんです」

チームを率いていたのは、オリックスでイチローのバッティングピッチャーを務めたこともある奥村監督だった。田中は、この監督からピッチャーを勧められる。

「ピッチャーをやって、三振を取った時の爽快感や苦しい場面を凌《しの》いだ時の達成感を知り、その魅力に抗《あらが》えなくなりました。高校の野球部以上の練習をやっているという自負もあった。僕のピッチングの原点は、この時期にあると思っています」

中学3年生になり卒業が迫ると、いくつかの高校から誘いがあった。しかし田中は甲子園出場経験のある地元の有名校を蹴って、北海道の駒大苫小牧への進学を決める。

「やるからには強くなりたかったし勝ちたかった。自分で高校を回り、練習を見て入学を決めました」

　自宅を離れ寮生活がスタートしたが、寂しさを感じることはなかった。むしろ、野球部を率いる香田誉士史監督が行う厳しいトレーニングに身を任せることで、その心は充実していった。

「苫小牧は春までグラウンドが雪に覆われます。監督は、それでも構わずノックする。雪の上でイレギュラーする硬球が何度顔や体に当たったたかわからない。でも、その激しさがチームの志気を高め、結束を固めていったんですよ」

　04年、1年生の夏。キャッチャー兼ピッチャーの田中は甲子園のアルプススタンドにいた。決戦を繰り広げた先輩たちが、ついに頂点に立った瞬間をその目に焼き付けながら、抑えがたい興奮に体を震わせていた。

「先輩たちの優勝に感激し、そして『来年は必ずあのマウンドで投げるんだ』と、胸に誓いました」

　2年生になると、3年生のエースに次ぐ背番号「11」をつけた。田中はピッチャーに専念し、甲子園で初登板を迎える。駒大苫小牧快進撃の原動力となり、決勝戦を投げ抜いた彼は、前年見た光景を見事に再現したのである。

「40度を超える暑さは物凄いものです。でも高校生の僕が5万人の前で投げることなど、甲子園の決勝戦以外あり得ない。僕は大勢の人に見られれば見られるほど燃えるので、やりがいがありました」

3年生が引退すると、2年生の田中が主将に任命された。田中の投げるチームでなら春夏の連覇も絵空事ではない。そういった周囲の評判以上に、彼自身が甲子園で勝つことに意欲を燃やしていた。

しかし、思いもよらぬアクシデントが野球部を襲う。引退した部員が飲酒と喫煙で補導されていたことがわかり、春の甲子園への出場を辞退することになったのだ。監督も辞任することとなり、田中の前途は一瞬で暗転したのだった。

「本当につらい毎日でした。選抜の出場辞退が決まった時には、チームは崩壊寸前だった。キャプテンだった僕は、毎日、毎日、ポジションごとにいる副キャプテンを集め、ミーティングを重ねました。もう、野球をやめたいと部屋を出て行く者もいれば、野球部を去りたいと涙する部員もいる。僕は、そうした選手ひとりひとりと話し合い、『誰かひとりが欠けても駄目なんだ。みんなでこの状況を乗り切り、必ず夏の甲子園に出場して雪辱を果たそう』と、言い続けたんです」

田中の願いは通じ、ついにひとりの部員もやめることなく夏の甲子園出場を目指す時期を迎える。責任の重さを痛感していた田中は、とりわけ練習にも厳しい態度で臨んでいた。

「部員に好かれる必要はない、と思っていました。嫌われるぐらい厳しい主将であるほうが、チームの緊張も薄れない。勝つためにできることはどんなことでもやろうと、無我夢中でしたね」

ところが、張り詰めた気持ちは、知らず知らずのうちに田中の体にダメージを与えていた。やがてフォームが崩れ、前年夏のピッチングが嘘のような不調に悩まされることにな

1988年兵庫県生まれ。東北楽天ゴールデンイーグルス所属。小学校1年生から野球を始める。中学校時代には「宝塚ボーイズ」に所属し、投手と捕手の両方を兼務。駒澤大学附属苫小牧高等学校に入学後は、高校通算458奪三振を記録。甲子園では2年夏に優勝、3年夏は準優勝の立役者となった。卒業後、2007年に東北楽天ゴールデンイーグルス入団、同年パ・リーグ新人王受賞

る。道大会予選を戦う頃には、ウイルス性の胃腸炎を患い、絶不調のなかでなんとか甲子園行きを決めたのだ。大会に入ってなお疲弊した田中は、リリーフとしてゲームを戦った。

「最も苦しかったのは3回戦の対青森山田高校との試合ですよ」

6点差を跳ね返してくれたチームに応えようと田中も必死で投げ続けた。

「あの戦いをかいくぐり、チームはひとつになれました」

そして、決勝に進んだ駒大苫小牧は早稲田実業と対戦する。3回途中から登板し延長15回まで投げた田中は、わずか1失点と相手打線を抑えたが、早実のエース、斎藤佑樹も15回を完投。7安打1失点で、両チームは引き分けとなり、37年ぶりの決勝再試合が行われることになった。

翌日の決勝再試合、田中は1回途中からの登板。ゲームは拮抗《きっこう》したが、9回を迎えると早実が4―3とリードを奪っていた。9回ツーアウトでバッターボックスに立ったのは田中だった。

「斎藤君に三振で打ち取られた時には、計り知れない悔しさがありました。でも、こんな場面にいられたことを素直に喜び、感謝もしていたんです。試合が終わると体の力が抜け、動けなくなりました」

寝返りも打てないほど憔悴《しょうすい》した田中は、背負っていたプレッシャーはこんなに大きかったのかと、愕然としたという。

2年連続夏の甲子園優勝の夢は絶たれたが、田中は後を振り返らなかった。すぐにプロ行きの意志を示し、ドラフト会議での抽選を待つと表明したのである。北海道の苫小牧で

3年を過ごした田中が日本ハムファイターズに入団することを望んだファンも多かったが、田中は指名されればどこへでも行くと言って、決して言葉を濁さなかった。

06年9月25日、ドラフト会議で楽天が指名交渉権を獲得。田中は、楽天の指名を「運命だと思います」と言って、即座に入団の気持ちを明らかにしたのだった。

「高校生でドラフトを受けたのは、どこへでも行く覚悟があったから。〝運命〟と言ったのは、ためらったり悔やんだりすることは微塵《みじん》もないですよ、という自分の気持ちを伝えたかったからです」

田中の気概はゲームごとに発揮され、彼は球界屈指の人気選手へと成長を遂げた。

私は彼に、自分の進む道を思い浮かべることがあるかと聞いた。やがてFA権を獲得すれば自由な移籍交渉が許され、メジャーへの道も容易に開くだろう。しかし、前を見据えた田中は、首を振りこう言った。

「先のことは考えません。このチームで、戦うべき試合にすべてを懸けている。目前の一球、一球に思いを込めるだけです。楽天というチームで戦えるこの瞬間が、僕にとっては何より大切なんです」

陸上

純真

福士 加代子

Kayoko Fukushi

強靱な筋肉に包まれた肉体が求めるのは、まだ見ぬスピード。地を蹴った左右の脚はなめらかな円を描いて交互に前へと送り出され、その姿は飛んでいるようにも見える。毅然とした表情からは身体を襲う苦痛は微塵《みじん》も感じられず、ただ軽快な足音のリズムだけがトラックに響くのだ。４００メートルの楕円形の道が、彼女の神聖な戦いの舞台となる。

３０００メートル、５０００メートルの日本記録保持者である福士加代子。福士が挑む長距離トラックレースは、陸上競技のなかでもとりわけスリリングな展開が用意されている。レース序盤戦から先頭を行き集団を引き離して逃げ切ろうとする選手、トップを走る選手の背中を見ながら勝負する瞬間を探るように追随する選手、一団となった選手のなかで身を潜め、やがてラスト1周の鐘が鳴った刹那《せつな》にスパートをかける選手——。

私は、世界最速の選手たちと競い合う福士に、トラックで何を見、何を思うのかを聞いた。大きな瞳を瞬かせた彼女は、その興奮をこう語った。

「１００００メートルならトラック25周。５０００メートルなら12・5周。中国やアフリカの選手たちは体格も大きいのでまるで林の中にいるような気分です。集団で走る時には、体がぶつかり合うこともあるし、足を踏まれることもありますから、集中力が不可欠です」

スピードだけでない戦いもあり、それに負ければ転倒して棄権するようなことにもなりかねない。

「神経は使いますよ。ただ、周囲のことはよく見えていますね。どこが勝負どころなのか、誰をマークするのか、そこが勝負ですから。ラストの４００メートルになると『これが９６００メートル走ったあとなの？』と驚くほど一気にスピードが増すでしょう。スタンドから応援してくださっている方は、私と前を行く選手との距離が開くと『あーあ』と、思いますよね。実際、走っている私も同じように『あーあ残念』と呟《つぶや》いている。ここまで走ってもやっぱり置いていかれるのかぁ、と衝撃を受ける。でも、そんな瞬間が陸上をもっと面白くするんですよ。ゴールした直後、トップとの差を0・1秒でも縮めるために私は何をすればいいのか、と考えている。翌日からそのための練習ができると思うと、胸が弾むんです。だから、一番じゃなくても、入賞できなくても、やっぱり笑顔が浮かんでしまう」

格闘技にも似たレースの数々は、福士に明日への希望を抱かせている。

福士は、青森県津軽平野の中心部に位置する板柳町《いたやなぎまち》で生まれた。両親とふたりの兄と過ごした子供時代は、平凡であり、また愉快な日々であった。

「外で友達と遊ぶことが大好きでした。家から学校まで2キロぐらいあるんですが、それを走ったり歩いたりしているので、走ることも嫌いじゃなかった。でも、陸上選手になる意識なんてまったくなかったです」

小学校の生徒数は100人ほど。とにかく、運動が盛んな学校だった。

「朝の掃除があるんですが、その前に集合してみんなで運動するんですよ。男子は野球で女子はソフトボール。私はピッチャーをやっていました。6年生の時、盲腸で入院するんですが、退院したらファーストに付かされました。エースの座を奪われちゃった」

板柳中学校に進学すると迷わずソフトボール部に入る。

「小学校の時のソフトボール部の友達と一緒でしたから、中学でもソフトボールを続けることになんの疑問もありませんでした。中学はキャッチャーです。プロテクターを付けてみたくて、自分から『キャッチャーやる』と言い出したんですよ」

ソフトボールは好きだったがクラブはたいして強くはなかった。県大会の予選で敗退するが、悔しさもない。

「3年生の夏の県大会、キャッチャーの私のエラーで相手の三塁ランナーがホームインし、〝さよなら〟で負けました。でも、チームメイトは何も言わなかった。試合会場の近くの旅館に宿泊していたのですが、夜、みんなで枕投げしたのを覚えています」

福士が最も大切にしていたのは友達と過ごす時間だった。

「試合に負けてもケロッとしていました。ソフトボール部で遠征に行って遅くまでお喋りしたり、枕投げしたりすることが楽しくて3年間部活を続けたんです。進学する高校を決める時には、新しい友達と出会いたくて、同じ中学の生徒が誰も行かない高校へ行こうと考えていました。地域が狭く、誰もがお互いを知っている。なんとなく新しい仲間と新しい世界を求めていたんでしょうね」

大学進学を望んでいなかった福士は、技術を身に付けたいと工業高校の機械科を選ぶ。家から1時間ほどかけて通学しなければならない青森県立五所川原工業高等学校へ行ったのは、彼女ひとりだった。

「工業高校で女子が少ないこともあり、ソフトボール部はありませんでした。そこで、野球部やバレーボール部のマネージャーに志願したのですが、『女子のマネージャーはいらない』と断られてしまいました」

自らが日本新記録を叩き出すことなど知る由もない福士は、ついに陸上と出合う。

「そんな時、先生が『部活は今しかできないぞ』と新入生の私たちに言ったんですよ。同じクラスの子に陸上部に誘われた時、その言葉が思い起こされて、本当に今しかできないな、と軽い気持ちで陸上部に入りました」

陸上部の部員のほとんどは男子で、女子は福士を入れても5人だった。

「練習は男子のペースできつかったです。なので、私はよく練習をさぼりました。メニューにある距離を勝手に短くしたり、お喋りしながら走ったり。とにかく親しくなった同級生の女の子たちと一緒にいることが楽しくて、やめなかったんですよ」

楽しさを感じていたのは練習時だけではない。大会の会場や遠征先の旅館で他校の女子選手たちと知り合い、言葉を交わすことが、福士をレースに向かわせる理由だった。

しかし、ある大会で彼女は突如トップランナーとしての片鱗を示す。

「高校3年の時、東北大会のインターハイ予選があって、800メートルと3000メートルで優勝するんです。3000メートルの優勝は、100分の1秒の差で決まったんですよ。もう、自分でもびっくり。一番になることなんてまったく意識していなかったので、本当に驚きました」

その大会には実業団の監督やコーチが訪れており、福士は注目の的になった。

「その日には、小出義雄さんもいらしていて声を掛けていただいたんです。『鈴木博美（現・伊東）選手の走りに似ているね』と言っていただいたんですが、失礼ながらアトランタオリンピック10000メートル代表の鈴木さんのことも、当時積水化学陸上部監督だった小出さんのことも存じ上げませんでした。周囲から『実業団の目に留まったね、企業で陸上が続けられるよ』と騒がれても実業団の意味すらわからない。自分がスカウトされるなんて夢にも思いませんでしたから」

１９９９年、高校3年生の彼女は、アジア・ジュニア選手権女子３０００メートルで銅メダルを獲得、アジアでもその実力を知らしめた。

天真爛漫な福士の才能に真っ先に気づいていたのは、五所川原工業高校陸上部の安田信昭監督だった。猛練習とは縁のなかった福士は、人からの押し付けを嫌い、勝手気ままに走っていた。

内包するアスリートとしての力に気づかぬまま、それでも勝利することができる彼女になんとか陸上を続けさせたいと、監督は考えていた。

「ワコールの方が高校を訪ねてくださり、陸上部へと誘ってくださいました。それでも陸上を続ける気持ちはありませんでした。いろいろ決め付けられると私はそこから逃げる。監督は私の性格を知っていたので、私の友達に『実業団へ行って陸上を続けるように言い聞かせて欲しい』と、言ったそうです」

しかし、福士を知る友達は「自分で決めたほうがいいよ」と言った。普通に就職するか、熱心に誘ってくれるワコールで陸上を続けるか、悩んだ彼女は、ついに決断を下す。

「ワコールが京都にあることが決め手でした。いつか大阪で暮らしてみたいと思っていたんですよ。京都は、大阪の隣ですから」

新しい出会いを求め、クラスメイトが誰も行かない高校を選んだ。そんな彼女は、さらなる新世界を求め、２０００年の春に京都へ旅立った。

「ワコールに入ると、新人研修を受け、仕事のため部署にも配属されました。暮らすのは陸上部の寮ですが職場のすぐ近く。新しい生活に慣れるのにそう時間はかかりませんでした」

女子陸上界の名門であるワコール陸上部の一員となった彼女だが、練習には端《はな》から嘆息するばかりだった。

「朝、仕事の前に走るんですよ。朝練なんてそれまでやったことがない。もう本当にしんどかったです」

定められた練習メニューをこなしたことのなかった彼女は、加減も知らなかった。腹筋の強化を言い付けられるとひたすら腹筋を続け、脚の付け根の筋肉を痛めて病院通いを余儀なくされた。

福士の潜在能力を見事に引き出したワコール陸上部の永山忠幸監督は、福士のひたむきでがむしゃらな性格を鑑《かんが》み、彼女に自由な練習環境を与えてくれた。

「あまり試合の前からいろいろ言われると考えすぎてしまう。結果を出そうと思ったり、記録を意識したりすると絶対にいいことがありません。それをわかってくれた永山監督は、普段は私に何も言わない。なので、作戦やタイム目標はレース直前になって伝えられるんです」

02年以降、福士は豊潤な果実の収穫期を迎えていた。6月の日本選手権で5000メートル、10000メートルともに初優勝を果たし、釜山で行われたアジア大会への出場を決める。10月のアジア大会本戦では、5000メートル、10000メートルともに銀メダルを獲得。この10000メートルでは自己ベストを一気に50秒も縮める30分51秒81をマークし、渋井陽子（三井住友海上）に次ぐ日本女子歴代2位の記録を出した。12月に出場した全日本実業団対抗女子駅伝大会で転倒し、膝の靭帯《じんたい》を痛め半年もの間治療に専念するが、03年の日本選手権で復活し、パリで行われた世界陸上への初出場も果たす。

04年、10000メートルでアテネオリンピックにも出場した福士は、日本女子陸上界のエースとして誰もが知る存在となった。

「05年は世界陸上ヘルシンキ大会で走り、06年にはハーフマラソンに出場し、ワールドカップ陸上アテネ大会にも挑みました。でも、自分がトップランナーだなんて思ったことは一度もないんです。日本代表であることの責任は本当に重いものですが、ひとりのランナーとしては、自分にどんな可能性があるのか、ないのか、それを確かめたいと思っているんです。その過程が楽しいんですよ。優勝したいとか、新記録を出したいとか、それだけを考えることはありません。私の走る姿を陸上ファンの方たちが見て楽しんでもらえたら嬉しいし、走る自分がこの先どんなふうに変化できるのかを想像すると本当にワクワクします」

勝利への執念がないはずがない。記録更新を目指さないはずがない。しかし、福士があえて「勝利やタイムにこだわらない」と言うのは、勝負する者として絶対に自己を否定しないからだ。走ることはすなわち、彼女を無限の可能性に向き合う挑戦者にする。彼女は一度も自らを敗者だと思ったことがない。

07年の春、福士はアフリカへ飛んだ。エチオピアでのトレーニングを望み、2度の長期

1982年青森県生まれ。ワコール所属。高校生から陸上を始める。卒業後、2000年にワコール入社。02年日本選手権5000メートル、10000メートルで初優勝。アジア大会では銀メダルを獲得。04年アテネ五輪女子10000メートルに出場。06年アジア大会女子10000メートルでは金メダルを獲得。07年日本選手権女子10000メートルにて優勝し、02年から6連覇を達成した。08年北京五輪日本代表

合宿を行った。長距離トラックレースで常に上位に入るエチオピアの選手と同じ環境で走ることで、１００分の1秒を縮める何かを摑《つか》みたいと願ったからだ。彼女が英雄と言ってはばからないランナー、ハイレ・ゲブレセラシェ選手も、彼女を歓待し、いくつものアドバイスを授けている。

「晴れた日は走り、雨の日は走らない。みんな自然とともに生きていました。整地されている道なんてないんです。スターランナーたちも自然のままの荒れ地を何事もないように走り抜けていく。ハイレさんは、ランニングマシーンでのトレーニング中、つま先を使って走るとリズムが出るよ、と教えてくれました。それに、１００００メートルより、マラソンのほうがイージー（簡単）だよって言うんです。マラソンの男子世界記録を持っている方だけど、決して驕《おご》らない。いつも穏やかで優しくて、一緒に行った選手やスタッフ共々自宅では夕食もごちそうになりました」

　福士は、新たな領域に足を踏み入れようと大いなるレースへの出場を決めた。08年1月27日の大阪国際女子マラソンである。結果は4度転倒し、２時間40分54秒、19位。それでも、翌朝にジョギングを行った福士はこう話す。

「マラソンは私にとってずっと未知の領域でした。マラソン選手に『マラソンってきついの?』と聞くと、『それはきついよ、大変だよ』という答えが返ってくる。そうなんだ、やっぱり大変なレースなんだと、私はその苦しさを想像することしかできなかった。でも、42・１９５キロを走った今は、私も『そうそう、本当につらいよね』と言えますから。『最後はね、脚が震えて生まれたての子鹿みたいになっちゃうんだよー』って。結果は19位でしたけど、知らなかった苦しさを教えてくれた大切なレースです」

私は福士に、再度マラソンに挑むのかと問いかけた。笑顔になった彼女は、小首をかしげながら答えてくれた。

「走ることについては境界線も壁もないんです。トラックか、マラソン転向かと言われますが、どちらかに決める気もありません。今までどおり、トラックレースにも出場するし、10000メートルの日本新だって狙いたい。マラソンは私の持ちネタのひとつになったのかな。福士はまたマラソンを走るのかな、と楽しみにしていただければ嬉しいですね」

福士が目指すのは勝利や記録の先にある、彼女にとってのニューワールドなのである。

野球

哲学

宮本 慎也

Shinya Miyamoto

その目がボールの行方を追いかける刹那《せつな》、体はグラウンドの上で流れるように動き出す。野手のなかでも遊撃手に課せられた役目は大きい。守備においてボールに触れる機会が最も多いポジションであり、三遊間の深い場所から一塁や本塁へボールを投げるため強靱な肩も求められる。彼のような俊敏性と送球の正確さを兼ね備えたショートストップの存在が、野球というスポーツを迫力あるものにする。

ただひたむきに白球を追いかけ、常にファイティングスピリットを忘れない宮本慎也。守備についてもバッターボックスに立っても、一意専心の姿はファンの心を熱くする。東京ヤクルトスワローズを率いる彼は、紛れもなく日本野球界のリーダーでもある。私は宮本に、野球は自身にどんな思いをもたらすのか、と聞いた。彼は淀《よど》みなくこう言った。

「野球はまさに人生そのものです。グラウンドで全身全霊を傾けられるこのスポーツこそ僕の生活のすべてだと言ってもいい。だからこそ、どんな瞬間も真剣勝負でなければならないし、どんなプレーにも自分が出るんだと思います」

宮本は、出身校であるPL学園高等学校野球部の中村順司監督（現・名古屋商科大学野球部監督）から『球道即人道』という言葉を贈られ、常にそれを心にとめ置いてきた。

「野球という球技に打ち込む姿は、人生に向き合う姿勢に等しい。生きることに懸命でない人間は、野球でも良いプレーなどできるはずがない。そういった意味ですが、僕はこの言葉を人生の教訓にさせてもらっています」

宮本の盟友であり、尊敬する先輩であった古田敦也は、２００７年のシーズン閉幕とともに監督を退き球界から引退した。球団を去った古田のあと、ヤクルトの精神的支柱となる者は宮本をおいて他になかった。

「07年は最下位まで落ちました。しかし、それは実力どおりの成績です。そこを認めないと新しいチャレンジはできない。高田（繁）新監督は、チームが生まれ変わるための道筋をつくってくださっています。攻守交代の時に全力疾走しよう、と小さなことも言葉にしてくれる。確かにそうしたことの積み重ねでチームは変わるんですよ」

プロ野球は結果がすべて。しかし、しっかりとした過程《プロセス》がなければ良い結果などついてこない。

「プロですから努力することと勝利すること、その両方を大事にしていけたらと思います」

過程を大切にする心は、これまでの野球人生により培われた。野球人として誇りを胸に抱く彼がたどった道は一直線ではなかった。

宮本が野球を始めたのは小学校3年生の時だ。近所の同級生たちと地元の少年野球チームに所属した。5年生になると、父親の義行さんがチームの監督に就任する。

「卒業までの2年間、父が指導してくれました。そりゃあ厳しかったですよ。まず叱られるのは僕でしたから」

中学生になると、そのままシニアチームへ。野球漬けの日々は彼を逞しくしていった。1年生の時には150センチしかなかった身長が、3年間で25センチ伸びていた。そんな宮本に高校野球界の名門校、PL学園野球部から声が掛かる。

「PLの野球部に、という気持ちは強かった。それが叶うことになった時は嬉しかったです。PLに行くことは父にも相談せず自分で決めました」

桑田真澄、清原和博は入学する宮本と入れ違いに卒業したが、2年生には立浪和義、片岡篤史、野村弘樹、橋本清がいた。甲子園出場が当然とされるPL野球部で、彼は徐々に頭角を現していく。

1年生の時には甲子園のスタンドにいた彼は、翌年の夏、憧れのフィールドに立った。

「準決勝、代打で出て送りバントを失敗したんです。それでバッティングに切り替えたらヒットになった。そのおかげで決勝戦に出場できました。それにしても、先輩が築き上げた勝利を、もし僕のミスで無《む》にしたらというプレッシャーは大きかったです」

1987年、PLは春夏連覇を達成。その立役者だった立浪や片岡が卒業すると、宮本は野手として能力を発揮していった。しかし、高校卒業後すぐにプロから誘いを受けることはなかった。

「ドラフトに名前が挙がるほどの力も実績もなかったですからね。大阪から東京へ出て大学で野球を続けようと考えていたんですが、同志社大学から誘われ、片岡さんもいらしたので同志社大の野球部に入りました」

同志社大学野球部でもレギュラーの座を摑《つか》みリーグ戦で活躍した彼は、プリンスホテルに入社し、社会人野球に身を投じることになった。

「この時期、プロでやっていきたいという気持ちはすでに固まっていました」

プリンスホテルで2年を過ごした宮本は、94年のドラフト会議でヤクルトを逆指名し、ついにプロ野球選手となった。しかし、意気揚々と駆け出した直後、彼はプロの厳しさを思い知らされる。当時、ヤクルトは野村克也監督のもと、ID野球を実践しスタンドを沸かせていた。

「その野村監督に最初にかけられた言葉が『お前、こんな体で野球ができるのか』でした。練習でもプロとアマチュアの体力の差に愕然とさせられる。最初の頃は、木製のバットでボールを打っても振り抜く力がないんですよ。それで肉体改造するためにウェイトトレーニングに取り組みました」

レギュラーに定着できたのは3年目のシーズンから。球界屈指の知将に巡り合った宮本は、スパルタ式にプロの野球を叩き込まれていった。

「野村監督にはプロでやっていくために必要なことすべてを授けてもらいました。打席に入った時の狙い球の絞り方はもちろん、こういうプレーの時にはこういうところを見ろとか、もっと視野を広くしろとか、盗塁のサインが出た時にもっと気配を消せだとか、毎日怒られながらも野球選手としての基礎を教え込まれました」

野村監督の教育は実を結ぶ。ゴールデングラブ賞を6度獲得した宮本は、シーズンの失策が一桁という記録も更新している。

「自分がどこまでやれるか、それはわかりません。もちろん、40歳まで現役を目指したい。でも、自分を追い込めなくなったら、その時にはこの世界を離れなければならない、と思っています」

覚悟を持った宮本の魂は、冷静な表情に反して燃え盛っている。彼を奮い立たせるのは野球選手であることの誇りと、その代表として戦う機会を得たことにある。宮本はオリンピックやＷＢＣを戦う日本代表の重責を真に担ってきた。

「2003年、長嶋監督のもと、日の丸を付けて戦うことの苦しさと、それを凌駕《りょうが》する喜びを味わいました」

アテネオリンピック出場のためのアジア予選を戦う日本代表には上原（浩治）、松坂（大輔）、高橋（由伸）、城島（健司）、松井（稼頭央）ら、プロ野球界の人気選手が名を連ねていた。最も難しかったのは短期間でチームワークを得ることである。

「当初、チームの緊張感が希薄だった。スターばかりですが実は危うさもありました。案の定、壮行試合で負けたんですよ。そこから空気ががらっと変わります。代表の戦いは一発勝負なんだという意識が高まり、一致団結できました」

日本代表は予選を突破し、宮本はMVPを獲得する。ところが、その後、病に倒れた長嶋監督はアテネでチームを指揮することができなかった。

「04年8月、アテネ大会の決勝リーグではトーナメントの厳しさを思い知らされました。実力差があるオーストラリアに負けたんです。帰国すると長嶋さんが出迎えてくれた。銅メダルを見せ『すみません』と言うと、長嶋さんは笑顔を浮かべながら左手でメダルを握り、そしてひと言『意外と重いね』とおっしゃいました」

アテネでの敗戦は宮本に涙をもたらし、代表で戦うことの意味を改めて喚起させた。

「試合に優劣はありませんが、日の丸をつけて戦っていることの重さはやはり特別です。日本の代表に選ばれた誇りはいつも胸にありますし、だからこそ正々堂々とゲームに臨み。代表では一試合一試合に魂を込め、どんな一瞬も全力でプレーしなければ後悔するんです」

代表のユニフォームを着るチャンスはアテネ五輪の2年後に訪れる。王貞治監督率いる日本代表のメンバーに選出されたのだ。WBCを戦うチームには、シアトルマリナーズのイチローが名を連ねていた。イチローを仰ぎ見る若い選手たちは、異様なほどの緊張感を抱えることになった。

「イチローは誰もが認める最高の選手です。ただ他の選手たちとのコミュニケーションだけが問題だった。王監督は個々の選手を尊重し、キャプテンを置かなかったんですが、僕は敢えてイチローに言いました。『キャプテンのつもりでチームを引っ張っていって欲しい』と。すると彼は、若い選手を自宅に招待したり、一緒に食事に行ったりして、自らチームワークを高めてくれたんです」

イチローにリーダー役を託した宮本は、バッティングピッチャーを務め、ボールも拾い集めるなど雑事も進んで行った。

「バッティングピッチャーをやることなんてなんでもないことですよ。自分にできることは、どんなことでもするつもりで行っていましたから」

予選リーグは波乱の連続だった。日本は審判のミスジャッジでアメリカに惜敗し、最大のライバルである韓国には2度負けていた。

「2試合続けて韓国に負けたことがショックでした。準決勝で戦って3度負けることになるなら、このまま帰ったほうがいいとさえ思いました」

準決勝で再び韓国に負ければ、日本の野球は計り知れないダメージを受ける。そう考えていた宮本は7回に代打で出場し、三遊間を破るヒットを放っていた。

「3―0でリードしていた場面、韓国の投手ソン・ミンハンが投げてきたのはフォークボールでした。素晴らしい球だった。ランナー3塁の場面で、フォークボールは投げづらい球種なのに、初球からフォークを投げてきたので、彼にとって自信のある球だとわかりました。キャッチャーとしては2球目こそストライクを取りたいはず。しかし、そのキャッチャーのサインにも首を縦に振らなかった。僕は、ソンは自信を持っているフォークを必ず投げるはずだ、と考えました。それが的中したんです。あの打席、相手がよく見えていたし空気に呑まれることもなかった。これまで積み重ねたプレーで得た直感が生かされた瞬間でした」

準決勝で韓国を6―0で下した日本代表は、決勝でキューバを10―6と叩きのめし、WBC初代王者となったのだった。

そして今、宮本は08年8月の北京オリンピックに挑もうとしている。

星野仙一監督から代表キャプテンを命ぜられた彼は、07年10月の日本代表自主トレーニングの際、選手たちに向かって「オリンピックのゲームでは、一瞬たりとも気を抜いてはならない」と繰り返していた。

「星野監督がつくったチームは最強を求めているので年齢層がさまざまです。僕は若い選手にこう言いました。オリンピックには歴史がある。野球はロサンゼルスオリンピックの公開競技から始まって今年が最後になる可能性が高い。縦縞・日の丸のユニフォームを何百人という方が着て、関わった人は何千何万になると思う。オリンピックで金メダルを獲ることはそうした人すべての悲願なんだ、と」

1970年大阪府生まれ。東京ヤクルトスワローズ所属。日本プロ野球選手会会長。小学校3年生から野球を始め、地元の少年野球チーム、シニアチームに所属。PL学園高等学校、同志社大学の野球部に所属。大学卒業後、プリンスホテルに入社。社会人野球選手を経て、95年ヤクルトスワローズ（現・東京ヤクルトスワローズ）に入団。2004年アテネ五輪、06年WBC、08年北京五輪の日本代表に選出されている宮本の思いを受けた選手たちは心をひとつにし、勝利に対して貪欲になっていった。

「それでも予選を勝ち上がるのは容易ではなかった。特に第2戦目の対韓国戦は、本当にしんどいゲームでした。これまでの日本代表の試合のなかで最も苦しかった」

先発メンバーではなかった宮本は一塁コーチを務め、ベンチから声を掛け守備陣にアドバイスを送っていた。星野監督は成瀬善久→川上憲伸→岩瀬仁紀→上原浩治という思い切った継投策を仕掛けていく。韓国を3点に抑えた投手陣。4点を奪っていた日本は辛くも勝利する。

「あの場面で投げ切った彼らは本当に凄い奴らだと思います。見ている僕でさえ、最後は体が痺《しび》れるほど緊迫していましたよ」

宮本は3戦目の台湾戦に出場した。3連勝でオリンピック出場を決めたその直後、彼は星野監督に続き、2番目に胴上げされるという栄誉を得た。

「このチームの絆の強さを感じたのは星野監督を胴上げしていた時のことです。普通、優勝して胴上げをすると、中心にいない選手はスタンドに向かって万歳するじゃないですか。それがあのチームは全員が胴上げの輪に加わり、指先だけでも星野監督に触ろうとしていました。その様子を見ていた僕の知り合いから、あんな気持ちのいい胴上げを久しぶりに見たと言われて、みんなひとつになったのかなと思いました。メダル獲得のためにチームワークは最も必要な要素ですから、嬉しかったですね」

ペナントレースを戦いながら、オリンピックへの闘志をふつふつとわき上がらせる宮本に休息の時間はない。しかし、彼には家族の支えがある。

「嫁さんは僕が野球をどれほど好きか知っていますからね。ふたりの娘も頑張ってと応援してくれています。2歳になる息子はユニフォームを着ている人を見ると『パパ』と呼んでいるみたいで、父親が野球をやっていることはなんとなくわかっているんでしょう」

私は宮本に、年齢とその肉体のパフォーマンスについて聞いた。37歳の体は、まるで衰えを知らないように見える。そのためにどんな努力がなされているのだろうか。

「20代や30代前半に比べれば疲労の回復は遅くなっている。でも、今は敢えて練習量は減らさないようにしているんですよ。年を重ねたなりに体の使い方もいろいろと覚えた。なので、力任せだった若い頃より長時間バッティング練習ができるんです。若い選手には体力的に負けるもしれませんが、そこは経験であったり、執念であったり、そうしたもので補えると信じています」

宮本の情熱は煮えたぎるほどで、冷める気配もない。オリンピックという舞台《ステージ》で先陣を切って戦う彼の姿は、誰の心にもある野球への愛情を、今一度鮮明に浮かび上がらせるはずである。

躍動

走り高跳び

鈴木 徹

Toru Suzuki

身長よりも高く据えられたバーを越えるためには宙を跳ぶ以外はない。彼は、自らの身体が重力に反し高く浮かび上がることをイメージしながら助走を始める。熱気に満ちたスタンドも、自分を囲む陸上トラックも、目に映る光景は一瞬のうちに溶けて流れ出す。助走の最後、急なカーブを描くとバーは目の前に迫り、踏み切った脚が全身を上へと押し上げる。ふわりと浮揚した体はバーの上で仰向けとなり、背中はしなやかに反っていく。その瞬間、視界に広がるのは空だけだ。翼を持つ鳥になったような自由を謳歌する至福の時間――。それは静かで、時に永遠とも感じられる。

走り高跳びの日本代表として北京パラリンピックに挑む鈴木徹。私は彼に、身体が2メートルを超える跳躍の時、どのような感覚でいるのかと聞いた。鈴木は少し沈黙し、言葉を選ぶようにこう答えた。

「成功した時には自然に体が空中に引き上げられていく、そんな感じです。いい踏切りがバーンとできたらまさに飛んでいる気分。記録更新という目標ももちろんですが、この飛べる感覚に魅せられて、走り高跳びを続けているんです」

鈴木が走り高跳びを始めたのは、彼が人生の大きな転機を迎えたあとだった。

「1999年の2月、高校3年生で卒業を目前にしていた僕は、交通事故で右の膝から下を失いました。走り高跳びという競技に出会ったのは、足を切断する手術を受け、義足を付けたあとでした」

鈴木にとって義足を付けるという現実は、生き方とその目的を一変させた。

「スポーツは僕にとって生きることに等しかった。足の切断手術を受けた時には、絶対にスポーツ選手としてやっていこうという気持ちと、これまでのようにできるはずがないという落胆が一緒になって、混乱しました。当然、足を失って目指した道は閉ざされましたが、同時に新しい世界と新しい出会いを手に入れることができました」

18歳の才能あるスポーツ選手が事故で足を失い、やがてハイジャンパーとなってパラリンピックに出場する。その日々が波乱に富んでいたことは想像に難くない。しかし、過去を振り返る鈴木は、激動の月日を懐かしんでさえいる。

山梨県山梨市に生まれた鈴木は、子供の頃から飛び抜けた運動神経を見せていた。5歳で水泳を始め、その後も野球やバスケットボールで秀でたプレーを見せる。中学校に入学するとハンドボールに出合い、ドイツやスペインのプロリーグで活躍することを目指した。

「高校は山梨県下でハンドボールが最も強い駿台甲府高校へ進学しました。3年間はハンドボール一色。山梨代表のメンバーに選ばれ最後の国体では3位に入賞しました」

大学のハンドボール部も彼に注目していた。

「筑波大学へ推薦で進学します。4年間ハンドボールに没頭したら、欧州へ行ってプロになるんだと、目標を定めました」

筑波大学の寮に入ることになっていた鈴木は、卒業までの僅《わず》かな時間、それまでできなかったアルバイトや友達とのドライブに時間を割いた。そして、事故は起こる。早朝の5時、アルバイトを終え友人と夜通しのドライブを楽しんだ帰り道、右カーブで居眠りをしてガードレールに激突してしまったのだ。

「車中にガードレールが突き刺さり、そこにあるはずの右足が見えなかった。折れ曲がって運転席の後にあった足の感覚はまったくありませんでした」

甲府市内の病院に救急車で運ばれると、緊急手術が行われた。


「術後、1週間経って血液の循環しなければ切断しなければならない、と聞かされました。最初は望みを持っていましたが、数日も経つともう足が生き返らないとわかりました。でも、自分の身体能力があれば右足の膝から下がなくても、必ずまたスポーツができると信じられたんですよ。義足を付けてトレーニングし直せば必ず第一線に復帰できると思っていたんです。僕は、冷静な気持ちで医師に『手術をお願いします』と伝えました」

99年3月2日、高校の卒業式の翌日、手術が行われた。義足を付けられるよう彼の右足は膝下11センチが残されることになった。骨は剝《む》き出しになり、肉が包み込むまでには時間が必要だった。


「復帰する意欲はありましたが、もちろん、落ち込みました。そんな時、親身になって話を聞いてくれたのはケアしてくれた看護師さんたちです。ずっと戦ってきた僕は、弱さを見せることが恥ずかしいと思ってきたんですが、看護師さんには不安な気持ちをすべて聞いてもらいました。そこで、『信じれば必ずまたスポーツができる』と励ましてもらったんです」

ようやく傷口の塞がった鈴木は、以前のようにスポーツに身を投じるため、大学に1年間の休学を申請、東京身体障害者福祉センター（現・義肢装具サポートセンター）で半年間のリハビリを始めた。初めて義足を付けた鈴木は、アスリートとして取り返しのつかない障害を負ったのだと衝撃を受ける。

「足を切断した時より初めて義足を付けた日のほうが遥《はる》かにショックでした。歩くことはおろか立っていることもできない。右足に体重をかけると激痛が襲うんです。松葉杖を突いてもふらふらとバランスを失い転んでばかり。本当に目の前が真っ暗になりましたね」

しかし、鈴木はここで新たな人生に光を照らしてくれる人物にも巡り合っていた。義肢装具士の臼井二美男さんである。

「丁寧に石膏で型を取って作ってくれた義足を、臼井さんは『これがこの先、君の足になるんだよ』と言いました。痛みが出るたびに、膝との装着部分を丁寧に調節してくださった。臼井さんの指導があり、新しい足でスポーツをしたいという気持ちがわき上がってきたんです」

やがて、ひとりでも歩けるようになると、スポーツへの思いを抑え難くなっていった。99年9月、東京身体障害者福祉センターでのリハビリを終えた鈴木は、東京都多摩障害者総合スポーツセンターに通い本格的な運動を始める。

2カ月もすると廊下を軽く走れるまでになった。

「センターにはグラウンドはなく、指導員が母校である中央大学のグラウンドに連れて行ってくれました。臼井さんから短距離走用の義足を借りたので100メートルを走ってみたんです。ふと横を見ると走り高跳びの用具があった。中学生の頃、陸上大会で1メートル76センチを跳んで県でランキング2位になったことがあったんですよ。義足ハイジャンプの日本記録が1メートル50センチということも知っていたので、どこまでできるかやってみよう、と試してみたんです」

徐々にバーを上げていくと、すぐに1メートル50センチをクリアした。日が暮れる頃には日本新記録となる1メートル65センチを跳んでいた。

「舞い上がりましたね。誰も知らないグラウンドの片隅で、日本新記録が出せたんですから。自分が生きるところ、輝けるところは、ハイジャンプだと直感しました」

2000年4月、筑波大学に戻った鈴木はハンドボール部ではなく陸上部に所属することを願い出た。彼の直感は正しかった。

「4月から筑波大に入り、その1週間後に九州パラリンピックがあった。そこで1メートル74センチを跳んだんです。00年シドニーパラリンピックの最終選考も兼ねた大会だったんですが、日本新を出した僕は、いきなり日本代表に選ばれました」

義足で歩くことすらおぼつかなかった日から10カ月あまり、鈴木は自己記録を1メートル85センチまで伸ばしていた。

走り高跳びの選手用の義足など存在しない。臼井さんは、鈴木のための強靱なカーボンの板をアメリカから取り寄せ、新たな義足をつくってくれた。しかし、シドニーでの結果は6位入賞。記録は1メートル78センチだった。

「悔しかったですね。必ず、次のパラリンピックにも出場して、もっといい記録を残したいと思いました」

02年、筑波大学競技会で1メートル90センチをクリア。アメリカへ単身で渡り試合に臨んだこともある。

「その時、アメリカのジェフ・スキバ選手が2メートル8センチという世界新記録を残したんです。2メートルジャンパー誕生の瞬間を目の前で見せられました。僕のベストは1メートル90センチ。この日から2メートル超えのジャンプが目標になりました」

大学を卒業したあとも研究生となって筑波大に残った鈴木は、順当に国内選考で勝ち上がり、アテネパラリンピックへの出場権を摑《つか》む。ところが、大会での結果はまたも6位。シドニー以後、簡単に跳べるようになっていた1メートル80センチすら失敗する有様だった。

「アテネは板カーボンを使った短距離用の義足ではなく、日常使う歩行用義足で挑みました。ジェフ・スキバ選手がそうだったんで真似をしたんですが、それがうまくいかなかった。惨敗という気持ちを抱えて、アテネから帰国しました」

鈴木は、自分が走り高跳びの基本を何も学んでいないことを省みていた。

「自己流のままでは絶対に2メートルは跳べない。そう考え、知人に横須賀高校の陸上部で指導している福間博樹先生を紹介してもらったんです。04年の12月頃から福間先生に練習を見ていただきました。つくば市から車で3時間かけて週に一度横須賀へ通いました。野球でいえば、素振りを繰り返すような感じです。本当に基本的なことを一から教えてもらったので新鮮でした。力の入れ方とか腕の上げ方とか。踏切りの時の腕をダブルアームからシングルアームへ切り替えたのも先生のアドバイスでした」

基本を学んだ鈴木は、高く跳ぶための技術をひとつひとつ身に付けていった。

「1メートル90が簡単に跳べるようになった。2メートルという数字が見えてきて、何度でも跳びたかった。あそこが選手としてのターニングポイントだったと思います」

05年のシーズンを迎え、鈴木はまずプロ宣言をした。

「04年にアテネで負けたあと、プロになろうと決めました。障害があってもプロスポーツ選手で生きていけるという道筋を付けたかった。そのためには、誰かが動き出さなければ、と思ったんですよ」

鈴木は自身への協賛を依頼する企画書を作り、企業を回った。

「毎日5社ぐらいのアポを取りながら合計１００社ほど、スポンサーになって欲しいと頼んで回りました。ほとんど断られるんですが、それでも、プロの陸上選手だと宣言した自分をセールスすることが面白かったですね」

鈴木の心意気に賛同してくれた3社の企業がスポンサーに名乗りを挙げてくれた。プロであることの自負は彼に集中力を与える。05年イギリスで開催されたパラリンピックワールドカップで1メートル98センチをクリアし銀メダルを獲得、06年ジャパンパラリンピックではついに念願の2メートルを跳んだ。

「2メートルを跳んだ時、感激はありましたけど、あの高さが自分の限界とも思えなかったんです。北京では2メートルを超え、メダルを狙っていきたいですし、いつかはジェフ・スキバ選手の世界記録にも追い付き、追い越したい。短距離用のカーボン製の義足も臼井さんのお陰でさらに進化しています」

鈴木の夢は、北京パラリンピックでの表彰台にとどまらない。記録が上がれば、一般の陸上大会にも参加することができるのだ。２メートル13センチをクリアすれば日本選手権への出場も叶う。


１９８０年山梨県生まれ。陸上競技を開始してから3カ月でシドニーパラリンピックの大会参加基準を超え、日本人初の走り高跳びの選手として出場。シドニーパラリンピック、アテネパラリンピックでは6位入賞。２００５年パラリンピックワールドカップ、ヨーロッパ選手権で銀メダルを獲得。06年のジャパンパラリンピックにて2メートルをクリアし、2メートルジャンパーとなった（日本記録／クラス：F44切断・機能障害―立位）。08年北京パラリンピック代表

「義足の僕が当たり前に健常者の選手と競い合う。そういう力を付けたいですね。一般の大会に出ることで、障害者のスポーツを知ってもらえる機会にもなるでしょう。僕のジャンプが、そんなきっかけのひとつになれば嬉しいんです」

鈴木の競技を支えるのは自己の肉体の可能性を信じる心と家族への愛情だ。足を失った彼を献身的に看護した看護師のひとり、麻美さんは人生のパートナーになった。

「入院中に知り合ってからずっと僕の一番の理解者でした。結婚したのは04年12月24日。今でも看護師を続けながら、僕を支えてくれています」

ふたりには1歳になる息子、勇悟君がいる。

「北京パラリンピックには連れて行こうと思っているんですよ。でも、きっと覚えていないでしょうね。ロンドンなら5歳ですから、それまで頑張りたいなと思います」

私は鈴木に、訪れた悲運とそこから先の人生についてどう思うか、と聞いた。時には、あの事故がなければと悔やむことはあるのだろうか。

「もう後悔はありません。今では、義足を付けることも僕の人生の一部だったと思えるんですよ。家族や友人、将来の夢や希望。人間は誰もがそんな宝物を持っている。しかし、事故に遭う前の自分はそれに気づいていなかった。今、こうしてハイジャンプという競技に向き合える自分は、たくさんの宝物を持っていると言葉にできますから」

初出一覧

本書はJALグループ機内誌『SKYWARD』に掲載された連載「アスリートインタビュー」から35人分をまとめたものです。なお、単行本化にあたり、一部、加筆・修正を加えました。

松坂大輔	2005年5月号
吉田沙保里	2005年6月号
為末大	2005年7月号
中嶋一貴	2005年9月号
清水宏保	2005年10月号
菅山かおる	2006年1月号
朝青龍	2006年2月号
柳沢敦	2006年3月号
野口みずき	2006年4月号
井口資仁	2006年5月号
冨田洋之	2006年6月号
別府史之	2006年7月号
北島康介	2006年8月号
田臥勇太	2006年9月号
村主章枝	2006年11月号
井上康生	2006年12月号
本橋麻里	2007年1月号
室伏広治	2007年2月号
五郎丸歩	2007年3月号
小笠原道大	2007年5月号
石川佳純	2007年6月号
末續慎吾	2007年7月号
鈴木絵美子	2007年8月号
柴田亜衣	2007年9月号
山本隆弘	2007年10月号
田山寛豪	2007年11月号
上野由岐子	2007年12月号
梅崎司	2008年1月号
土佐礼子	2008年2月号
伊調千春・馨	2008年3月号
田中将大	2008年4月号
福士加代子	2008年5月号
宮本慎也	2008年6月号
鈴木徹	2008年8月号

トップアスリート／小松成美

こまつ　なるみ／一九六二年、神奈川県生まれ。ノンフィクション作家。会社員を経て一九九〇年より執筆活動に入る。人物ルポルタージュ、スポーツノンフィクションなどを各誌に発表。著書に『中田語録』（文春文庫）、『中田英寿　鼓動』（幻冬舎文庫）、『イチロー・オン・イチロー』（新潮社）、『さらば勘九郎　十八代目中村勘三郎襲名』（幻冬舎）、『和を継ぐものたち』（小学館）、『中田英寿　誇り』（幻冬舎）、『信じるチカラ』（ポプラ社）ほか多数

二〇〇八年七月三〇日／初版第1刷発行
著者／小松成美　発行者／片桐松樹　発行所／株式会社 扶桑社 http://www.fusosha.co.jp/
郵便番号一〇五－八〇七〇　東京都港区海岸一－一五－一　電話／〇三－五四〇三－八八七五（編集）　〇三－五四〇三－八八五九（販売）
DTP制作／Office SASAI　編集協力／株式会社JALブランドコミュニケーション、山口あゆみ・盆子原明美（JALグループ機内誌『SKYWARD』）、入江啓祐（SPAZIO INCONTRO CO. LTD）　編集／秋葉俊二　印刷・製本／株式会社廣済堂
定価はカバーに表示してあります。落丁・乱丁本は扶桑社販売部宛にお送りください。送料は小社負担にてお取替えいたします。

ISBN 978-4-594-05716-9

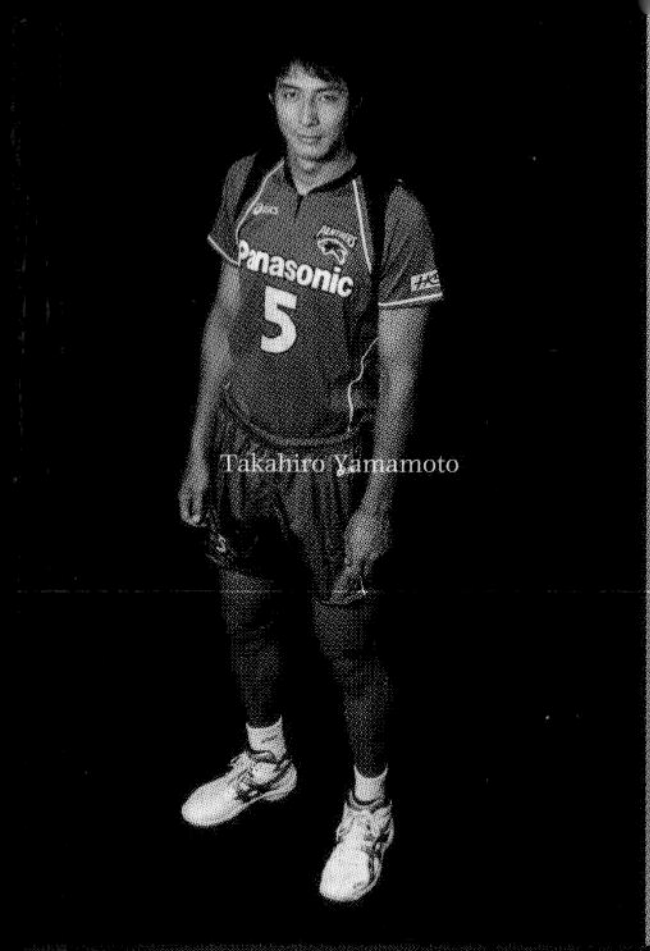
Takahiro Yamamoto

Shingo Suetsugu

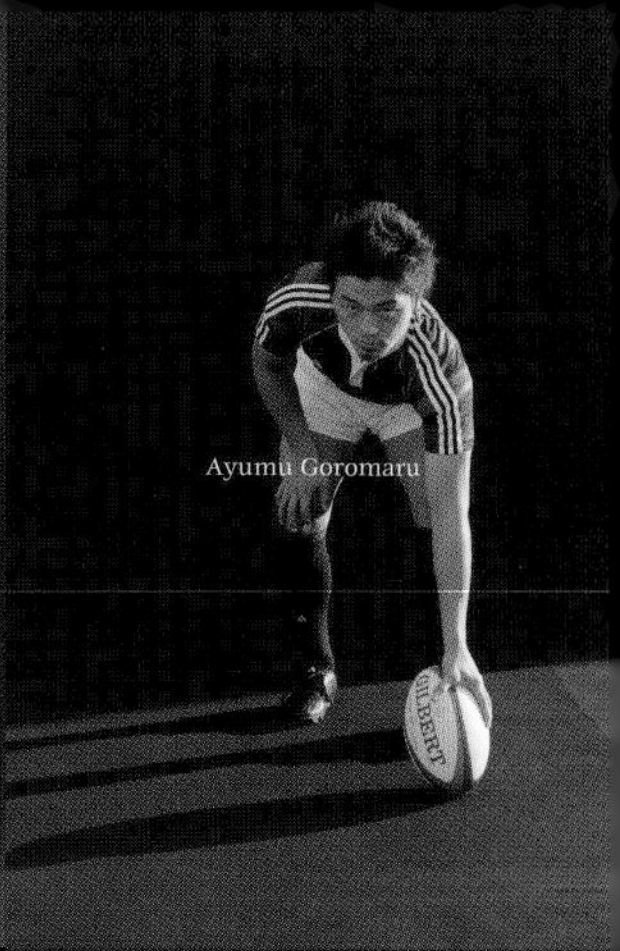
Ayumu Goromaru

Hirokatsu Tayama

Emiko Suzuki

Michihiro Ogasawara

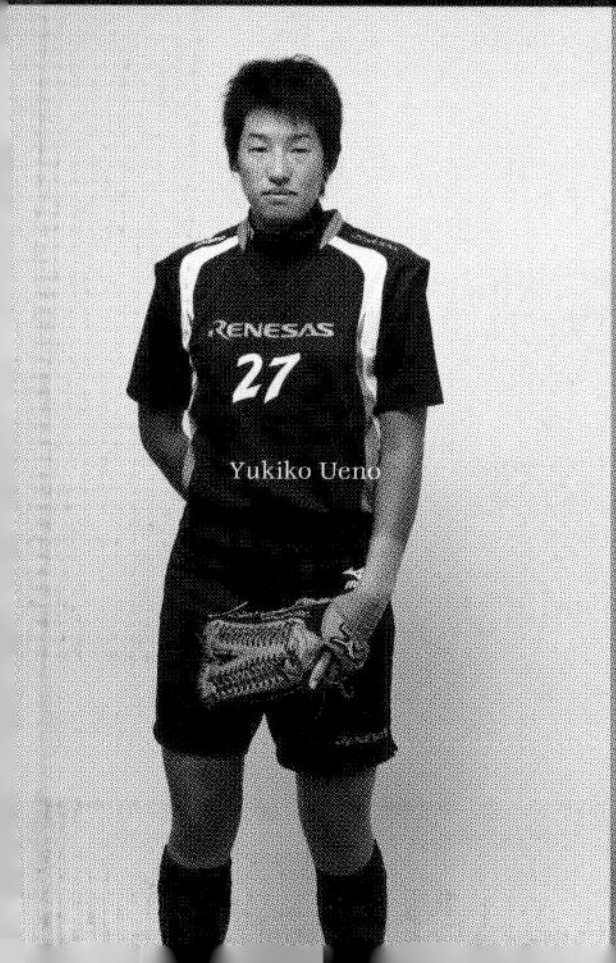
Yukiko Ueno

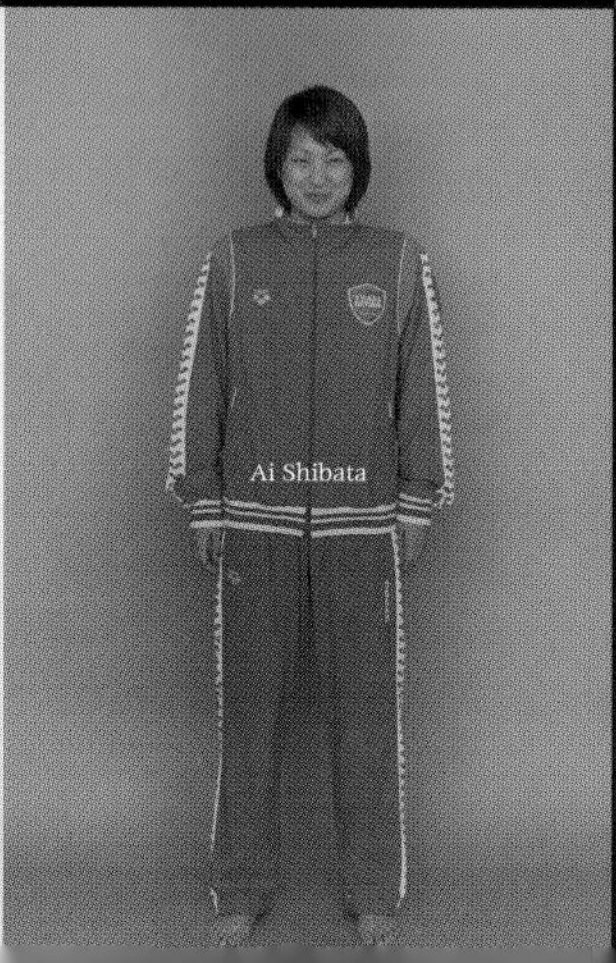
Ai Shibata

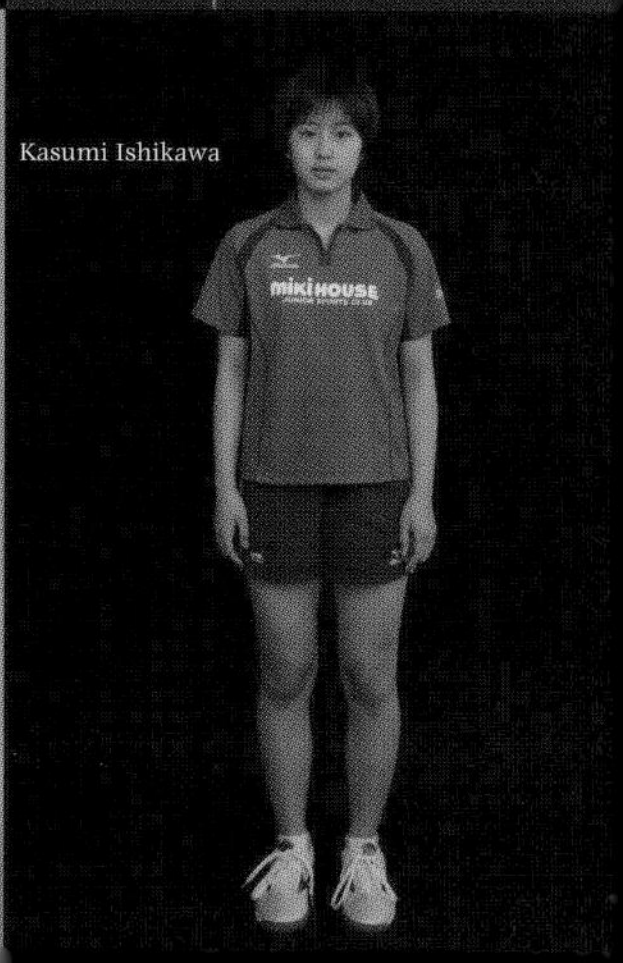
Kasumi Ishikawa